생명의 서

지혜를 전수하며 영원을 준비하는 **특별 자서전 쓰기**

BOOK OF LIFE:

Your Special Autobiography
to Deliver Wisdom & Prepare for Eternity

_____

샬롬 김 지음

2023
VMK

_____

고난의 인생을 지나치며 가 아닌
고귀한 인생을 완성하시면서

지혜를 전수하고
영원을 준비하는

매우 특별한 책에
저자로 초대받으신

_____ 께

_____ 드립니다

_____ 년 ___ 월 ___ 일 ___ 요일

감사와 헌정

이 책이 출판되기까지
비전과 영감, 지혜와 여건으로 동행해 주신 주님께
기도와 기대, 지도와 지원을 아끼지 않은 동역자들께
새롭게 다가와 새 역사를 함께 만들어갈 동반자들께

남아 있는 삶과 남아 있을 자녀, 다가 오는 죽음과 그 이후의 삶, 어떻게 준비하고 계십니까?

성경의 가르침을 아는 우리는 불의한 청지기가 지혜로 행하여 칭찬받았던 것처럼 천국에 있는 행위록에 기록되어 있을 불의를 미리 살피며 삶을 돌아보아야 할 것입니다. 그러므로 생명록에 기록된 이름이 의미 있게 해야 할 것입니다. 또한 모든 지혜를 자녀들에게 최대한 전수해 주어야 할 것입니다.

그런 면에서 [생명의 서]는 우리네 삶 전반을 살피고 가야할 길을 제시하는 가이드북입니다. 저자는 심혈을 기우려 그리스도인의 바른 삶과 교회가 가야 할 지향점을 제시 하고 있습니다. 모든 성도와 교회들이 기쁨으로 주님의 미래를 맞이하기를 바라는 마음을 담아 이 책을 추천합니다.

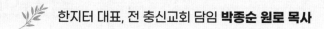
한지터 대표, 전 충신교회 담임 **박종순 원로 목사**

지구의 다음 세대를 위하여 그리고 천국의 다음 시대를 위하여!

지혜를 전수하며 영원을 준비하는 이 [생명의 서]는 성경 다음으로 시니어들이 필수적으로 읽고 써야 할 책이라고 생각합니다. 미주 복음 방송국에서도 준비된 시니어가 차세대다라는 주제를 설정하고 그 인식을 확산시키는 첨병의 역할을 감당하고 있습니다.

그런데 그간 그것을 돕기 위한 적절한 자료가 없어 절실하던 차에 샬롬 김 박사의 책은 시니어들에게 종합적이고 필수적인 책입니다. 시니어들의 전반적 삶을 완성케 하고 자녀들의 삶을 완성케 해주는 책이기에 커리큘럼이 없어서 고민하는 교회와 시니어들에게 강력 추천합니다.

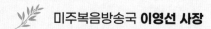
미주복음방송국 **이영선 사장**

살아 있는 모두가 죽기 전에 꼭 읽고 완성해야 등대와 같은 필독서!

이 책은 하나님께서 각자에게 주신 사명을 찾게 하고, 그 사명을 따라 하나님의 자녀로서 하나님께 영광을 올려드려 형통한 삶을 살아갈 수 있도록 그 길을 안내하는 등대와 같은 필독의 책입니다. 그럴 때 하나님께서 각자에게 주신 비전의 현장이 성시화가 되는 역사가 있을 것입니다.

잠깐 읽고 감동받고 끝나는 것이 아니라, 구체적으로 자신의 삶에 적용하고, 또 자녀들에게 그것을 전수하도록 고안된 이 책은 매우 감동적이고 효율적으로 모든 영역의 삶을 완성하게 합니다. 살아 있는 모두가 죽기 전에 꼭 읽고 완성해야 할 등대와 같은 필독서를 적극 추천합니다.

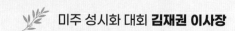
미주 성시화 대회 **김재권 이사장**

백악관에서 동쪽으로 떨어진 워싱턴 DC 14번가 650번지에 위치한 양복점이 하나 있다. 양복점의 주인 Georges de Paris는 '대통령의 디자이너'란 이름에 걸맞게 개성 강한 패션 감각으로 정평이 나 있습니다. 한 고객이 찾아와 당시 대통령이 입은 옷과 똑같은 정장을 주문했을 때 드파리는 말했다.

"당신을 대통령으로 만들어 드릴 수는 없지만
당신을 위한 대통령의 옷은 만들어 드릴 수 있습니다."

대통령의 옷처럼 대통령의 죽음도 있을까? 왕의 죽음 말이다. 성경은 죽음과 장례의 모든 것을 담고 있습니다. 사무엘 상 31장과 사무엘 하 1장에서 사울 왕의 경우를 통하여 우리는 창세기 족장들의 죽음과 장례(창세기 47장~50장)에 이은 왕가의 죽음과 장례를 봅니다. 사무엘 상 31장에서 사울과 요나단이 전사한 후 그 시체를 가져다 "불사르고 그의 뼈를 가져다가 야베스 에셀 나무 아래에 장사하고 칠 일 동안 금식하였더라"(삼상 31:12-13). 그리고 다윗은 그들을 위하여 슬픈 노래로 조상한다 (삼하 1:17-27) 이런 이야기 속엔 우리에게 친숙한 국장(國葬), 화장(火葬), 수목장(樹木葬), 조가(弔歌)와 조사(弔辭)가 등장합니다.

시인 이성복은 스승의 정의는 '생사(生死)를 건네주는 사람'이라고 했습니다. '죽음이 무엇인지' 알려주기 위해 생사를 공부하는 사람이라고. '죽음의 강을 건널 때 겁먹고 급류에 휩쓸리지 않도록 이쪽으로 바지만 걷고 오라'고. (김지수 기자 인터뷰에서)

질문하게 됩니다. 우리의 죽음과 장례는 과연 어떠하고, 우리에게 그런 스승이 있는가?

나는 샬롬 김박사의 이 귀한 저술에서 그 답을 찾는다. 반갑고 놀랍다. 성경을 교본으로 한 〈생명의 서〉에서 내 인생의 스승을 만날 수 있다니…. 샬롬 김박사야말로 이 시대에 이 주제 대하여 참된 스승이 아닌가? 그는 우리로 하여금 각 개인으로서 혼자 죽음을 맞이할 것이 아니라 그간 성경과 역사 속에 축적된 지혜를 활용하여 맞이하고, 거기에 자신의 지혜를 더하여 자녀들에게 전수해 주라고 말한다. 그간 죽음이 늘 인류에게 있었지만 각 개인이 생소하게 공포속에서 맞았습니다. 이제 그것을 영전식으로 맞이하도록 삶과 죽음에 대한 혁명 방법을 건네 주고 있습니다. 이 책은 말합니다.

"당신을 이 땅에서 왕으로 만들어 드릴 수는 없지만
당신이 존귀한 죽음과 장엄한 장례를 통해 진정한 왕궁으로 가시도록 할 수 있습니다."

우리나라 최초 임종감독, 엔딩플래너를 육성하는 〈비채 인문학당〉 촌장
하이패밀리 대표, 동서대학교 석좌교수 **송길원 목사**

목차
CONTENTS

사랑하는 사람을 위하여

누구에게나 기록하여 전해 주어야 할 것들은 있습니다.
특별히 사랑하는 이에게는

사랑은 사랑을 기록하고,
기록하는 자는 복이 있으니
그의 사랑이 영원히 기억되고 기념될 것입니다.

여호와께서 모세에게 이르시되
이것을 책에 기록하여 기념하게 하고 여호수아의 귀에 외워 들리라. | 출애굽기 17:14

여호와께서 두 돌판을 내게 주셨나니
그 돌판의 글은 하나님이 손으로 기록하신 것이요. | 신명기 9:10

삶을 지어온 그대에게
dr. shalom

1.

평평하기만 한 것이
어찌 산이겠으며
그래서야 어찌
대단한 생명들을 품겠으며...

평탄하기만 한 것이
어찌 삶이겠으며
그래서야 어찌
위대한 사명들을 품겠으며...

2.

들쑥하여 계곡도 있고
날쑥하여 등성도 있어
낮고 높은 생명을 위한
우뚝 선 산이 되는 것

쑥쓰러운 고난도 있고
으쓱하는 성취도 있어
멀고 큰 사명을 위한
우뚝 선 삶이 되는 것

3.

남 보기엔 그냥 자연이지만
남 볼까 하는 별난 사연이 있는
강물의 산, 눈물의 삶,
다 잊고 산, 다 딛고 선.

그리 다가온, 그리 다져온
그리 지나온, 그리 지어온
산뜻한 산, 애뜻한 삶.
따뜻한 산, 뿌듯한 삶.

4.

계절들을 완성하지 않고야
어찌 산이 되겠으며
시절들을 완성하지 않고야
어찌 삶이 되겠으며

그런 산에 깃드는
이해를 초월한 평화, 샨티!
그런 삶에 깃드는
모두를 감싸는 평화, 샬롬!

샬롬 김 [비전의 서] P. 259

자신에게

내가 이미 얻었다 함도 아니요 온전히 이루었다 함도 아니라
오직 내가 그리스도 예수께 잡힌 바 된 그것을 잡으려고 달려가노라

형제들아, 나는 아직 내가 잡은 줄로 여기지 아니하고
오직 한 일 즉 뒤에 있는 것은 잊어버리고 앞에 있는 것을 잡으려고
푯대를 향하여 그리스도 예수 안에서
하나님이 위에서 부르신 부름의 상을 위하여 달려가노라. ┃ 빌립보서 3:12-14

내가 달려갈 길과 주 예수께 받은 사명
곧 하나님의 은혜의 복음을 전하는 일을 마치려 함에는
나의 생명조차 조금도 귀한 것으로 여기지 아니하노라. ┃ 사도행전 20:24

전제와 같이
내가 벌써 부어지고
나의 떠날 시각이 가까웠도다

나는 선한 싸움을 싸우고
나의 달려갈 길을 마치고 길을 지켰으니
이제 후로는 나를 위하여 의의 면류관이 예비되었으므로
주 곧 의로우신 재판장이 그 날에 내게 주실 것이며
내게만 아니라 주의 나타나심을 사모하는 모든 자에게도니라. ┃ 디모데 후서 4:6-8

자녀에게

사랑하는 자녀들아, 내가 이것을 쓰는 것은

성경에 축적된 지혜와 유산으로 나의 영원한 삶을 준비하여
나로 천국에서 영화로운 삶을 살며 주님께 영광을 돌려 드리려 함이며

내가 성경과 삶을 통해 축적한 지혜와 유산을 너희에게 전수하여
너희로 세상에서 형통한 삶을 살며 주님께 영광을 돌리게 하려 함이라.

내가 하나님의 아들의 이름을 믿는 너희에게 이것을 쓰는 것은
너희로 하여금 너희에게 영생이 있음을 알게 하려 함이라. | 요한 1서 5:13

나의 자녀들아, 내가 이것을 너희에게 씀은
너희로 죄를 범하지 않게 하려 함이라.
만일 누가 죄를 범하여도 아버지 앞에서 우리에게 대언자가 있으니
곧 의로우신 예수 그리스도시라. | 요한 1서 2:1

이것을 네게 쓰는 것은…
너로 하여금 하나님의 집에서 어떻게 행하여야 할지를 알게 하려 함이니
이 집은 살아 계신 하나님의 교회요 진리의 기둥과 터니라. | 디모데 전서 3: 14-15

보라, 내가 너희에게 쓰는 것은
하나님 앞에서 거짓말이 아니로다. | 갈라디아서 1:20

1권
[생명의 서]
오리엔테이션

1장 예상치 못한 여행의 시작

멘토 ♕ ————————————————————————————

여기서는 멘토와 만나고, 멘토와 함께 여행함으로써 『생명의 서』가 어떤 책이고, 왜 이 책을 읽고 써야
하는지를 알게 될 것입니다.

1장. 예상치 못한 여행의 시작

여기에서는 『생명의 서』를 왜, 어떻게 써야 하고, 1권 『생명의 서』가
어떻게 구성되어 있는지 멘토와 더불어 알게 될 것입니다.

멘토: 샬롬, 당신에게 평안을 전합니다.
나: 당신은 누구시죠?

멘토: 나의 이름은 멘토입니다. 당신에게 중요한 소식을 가지고 왔습니다.
나: 좋은 소식인가요, 나쁜 소식인가요?

멘토: 그것은 당신이 어떻게 생각하느냐에 달려 있습니다. 하나는 나쁠 수 있고,
또 하나는 기쁠 수 있습니다. 어떤 것을 먼저 듣기 원합니까?
나: 그렇다면 나쁜 소식 먼저 듣겠습니다.

멘토: 나쁜 소식은 당신이 죽을 거라는 것입니다. 당신은 처음부터 죽음이라는 불치병을 가지고
태어났고, 그간 살아온 삶에 온전치 못한 부분이 있었기에 죽음이 불가피합니다. 당신이 지금
나를 인식하고 나와 이런 대화를 나누는 것이 죽음이 가까이 왔다는 증거입니다.
나: 네? 죽는다고요? 그럼 제가 앞으로 얼마나 살 수 있는 건가요?

멘토: 얼마나 남아 있는지는 비밀입니다.
나: 저는 전혀 준비가 되지 않았습니다. 그렇다면 기쁜 소식은 무엇입니까?

멘토: 좋은 소식은 당장 죽지는 않을 거라는 것입니다. 더 좋은 소식은 당신의 온전치 못했던 삶을
회복할 기회가 남아 있다는 사실입니다. 당신이 지금 나를 인식하고 나와 이런 대화를 나누는 것
이 회복의 기회가 있다는 증거입니다. 또 그 회복은 당신으로 하여금 나머지 인생을 그 어느 때보
다 보람찬 황금기로 살게 해줄 것입니다.
나: 당장 죽지도 않고 나머지 삶을 황금기로 살 수 있다니 그것이 사실이라면 정말 기쁜 소식이군
요. 그럼 제가 무엇을 어떻게 해야 합니까?

멘토: 당신이 해야 할 일은 결정과 실행입니다. 우리의 대화가 이것으로 끝난다면 당신의 삶은 허
망해지고 죽음은 두렵게 다가올 것입니다. 그러나 당신이 앞으로 나와 여행을 함께한다면 당신의
나머지 삶은 달라질 것입니다. 그간 살아온 삶을 완성하며 그 어떤 것도 두려워하지 않는 인생을
살게 될 것입니다. 나와 함께 여행을 시작하시겠습니까?
나: 어떤 여행인지 궁금합니다.

멘토: 이 여행은 매우 특별합니다. 당신의 과거와 현재, 그리고 아직 알 수 없는 미래에 관한 것입
니다. 행복과 두려움으로 뒤섞였던 어제까지의 시간들과 다가올 미래의 시간들을 모두 행복하게
만드는 여행입니다.
나: 그러면 구체적으로 이 여행을 어떻게 하는 것입니까? 좀 혼돈스럽습니다.

멘토: 여행은 이 책을 통하여 하게 될 것입니다. 우리는 책 내용 속에서 서로 대화를 나누며 여정을 함께할 것입니다. 말씀드린 대로 주제는 당신의 온전한 완성입니다. 당신의 이해를 돕기 위해 우리는 다른 사람들의 삶도 방문하고, 그들과 당신의 삶을 비교하며, 당신의 과거와 현재와 미래도 찾아 갈 것입니다. 그리고 그것들을 이 책에 기록할 것입니다. 그런 면에서 이 책은 당신의 매우 특별한 자서전이 될 것입니다.

나: 이 책을 통해 소통하고 자서전과 같이 기록도 할 것이라고요?

멘토: 네, 그렇습니다. 기록하는 이유는 당신이 저와의 여행이 끝난 후에도 적은 내용들을 돌아보며, 또 자녀들에게도 보여주어 그들이 인생을 보다 잘 준비하도록 돕기 위함입니다. 왜냐하면 육체의 끝은 당신의 자녀들이고 영혼의 끝은 천국일 것이기 때문입니다. 그래서 이 책은 당신의 인생을 완성할 뿐만 아니라 그 완성이 당신의 자녀들을 천국으로 이어지게 할 것입니다.

나: 갑자기 너무 심오한 말씀을 하시니 얼떨떨합니다. 제가 다 이해할 수는 없지만 그간 제가 생각하지 못했던 중요한 일일 것 같습니다.

멘토: 그렇습니다. 이 일은 당신 인생의 지금 이 시점에서 가장 중요한 일입니다.

나: 그런데 생각해 보니 제가 지금 당장 해야 할 일들이 많아서 어렵겠는데…다음에 하면 안 될까요?

멘토: 당신은 그동안 늘 바쁘게 살아왔지요. 그런데 누가복음 16장에 나오는 청지기를 아시지요? 어느 날 주인이 청지기를 불렀습니다. 주인은 그에게 그동안 일한 장부를 가지고 와서 계산을 한 뒤 파면을 하겠다고 했습니다. 그간 주인이 준 비전과 사명에 근거하여 살지 못했던 그는 당황하여 파면 전에 살길을 찾으려 노력했습니다. 주인은 그가 파면 직전에 혼신의 힘을 다하여 살 궁리를 마련한 것을 칭찬하지요. 그 비유는 각 사람이 인생 속에서 한 일을 마지막에 심판하겠다는 이야기입니다. 언젠가 당신에게도 닥칠 일이죠. 그 일이 느닷없이 오기 전에 저와 미리 살 궁리를 하려는 것이 이 여행의 목적입니다.

> 그동안 더 많은 일을 함으로 더 많은 것을 성취하려고 자신을 혹사했다면
> 이제 더 중요한 일에 집중함으로 더 많은 것을 얻을 수 있도록 할 때입니다.

나: 계산할 때가 온다는 말이 좀 두렵게 느껴지는군요. 그런데 더 많은 일을 하면 더 많은 것을 성취하는 것은 우주의 이치 아닌가요? 저는 이 방법이 세상에서 가장 공평하게 열매를 거두는 방법으로 여겨집니다.

멘토: 성실은 중요합니다. 그러나 그 성실은 우선순위와 온전한 방향을 알고 행할 때만 선한 열매로 맺히고 거둘 수 있습니다. 많은 사람이 더 비싸고 더 좋은 것을 먹고 입기 위하여 더 많이 일하고 돈을 더 벌어야 한다고 생각합니다. 그런데 이보다 더 나은 방법이 있다고 말씀하시는 분이 계십니다.

나: 아, 그렇군요. 우선순위와 온전한 방향… 알겠습니다. 이 세상에서 잘 먹고 잘살기 위하여 그저 성공에만 힘쓰며 살았던 저에게는 너무 어려운 이야기인 것 같아 두렵습니다.

멘토: 물론 어려울 수 있습니다. 하지만 가장 어려운 일은 결단과 실행뿐이고 나머지는 무척 쉽습니다. 그 이유는 이 여행의 핵심 주제를 당신이 누구보다 가장 잘 알고 있기 때문입니다.

나: 저도 온전해지고 자녀에게도 복된 일이 정녕 일어날 수 있나요? 그렇게 된다면 이 여행의 끝에는 무엇이 기다리고 있습니까?

멘토: 이 여행의 끝에 세 가지 선물이 주어질 것입니다.

첫째, 당신은 이 땅에서 남은 삶을 마치 천국처럼 살게 될 것입니다. 당신은 내면으로 전혀 다른 사람, 새 사람이 되어 이 땅에서 당신에게 주어진 곳을 천국으로 만들 것입니다.
둘째, 당신의 자녀들이 그런 당신을 통해 큰 복을 받고 당신의 모든 복된 것들을 전수받아 세상에서 영성과 전문성을 갖춘 지도자로 자라나게 될 것입니다.
셋째, 당신이 이 땅에서 사명을 완수한 후에는 하나님께서 계신 천국으로 돌아가게 될 것입니다. 그곳에서 이긴 자들에게 예비된 상급들을 받아 누리며 영원을 살게 될 것입니다. 주님께서 요한계시록 2-3장에서 언약하신 그것들이 모두 당신이 품고 실현할 궁극적인 비전입니다. 그 비전을 품으면서 영의 눈을 열고 상상해 보십시오.

당신의 삶이 완성되었을 때 실현될 비전의 모습은 다음과 같습니다.

나: 오, 그런 삶을 살고 있는 미래의 저를 비전으로 보니 세상에서 가장 영화로운 그 어떤 것과도 감히 비교할 수 없을 것 같습니다. 지금 이 순간 나를 위해 이런 삶을 예비하신 하나님 아버지의 은혜와 나를 위해 죽어 주신 주님의 사랑과 나와 함께하시며 동행해 주시는 성령님께 무한 감사와 영광과 찬송을 드립니다. 그리고 저와 이 여행을 함께해 주실 멘토님께 감사드립니다.

멘토: 다음은 이 여행을 함께하는 그대가 기억할 내용입니다.

죽음이 순서 없이 온다고 두서없이 맞이해서는 안 됩니다.
안타까움이 없는 인생을 완성함으로 두려움 없는 죽음을 맞이해야 합니다.

죽음이 찾아와 영혼과 입술을 마비시킨 상황에서 무슨 유언을 할 수 있을까요?
유언 몇 마디가 남은 자녀들이 세상을 정복하고 승리하기에 족한 지혜가 될 수 있을까요?

많은 이가 영원할 것처럼 살다가 한 순간, 몇 마디의 옹알이와 함께 세상을 떠났습니다.
남은 이들은 잠시 슬퍼할 뿐 아무것도 배우지 못한 채 자신의 죽음을 곧 대면하게 됩니다.

이전 인류는 매번 그렇게 각자에게 갑자기 찾아온 죽음 앞에 혼자 외롭게 죽어 갔고,
새 인류 또한 그렇게 각자에게 갑자기 찾아올 죽음 앞에 혼자 괴롭게 죽어갈 것입니다.

이제 죽음에 대하여 대대로 세상이 마주한 그 허무한 방식을 끝내고
새롭고 온전한 방법으로 새 역사를 위한 혁명을 시작하여야 합니다.

죽음은 인간과 처음부터 있지 않았고 하나님과 영원히 있지도 않을 것입니다. 첫 죽음이
마지막 죽음인 사람은 복되지만, 두 번 죽는 사람의 죽음은 재앙이 될 것입니다.

의로운 이에게 죽음은 다만 승진을 위한 졸업식, 천국 귀국을 위한 잔치일 뿐입니다.
그러기 위하여 천국적 관점에서 인생을 재평가하고 완성할 필요가 있습니다.

그리고 모든 축적된 지혜를 후손에게 전수하여 그들이 더 나은 인생을 살 수 있도록 해야 합니다. 두려움 가운데 얼떨결에 죽음을 맞이함으로 비전과 지혜가 사장되는 일은 끝내야 합니다.

죽음이 오기 전 비전과 지혜를 전수하여 역사를 바꿔야 합니다!
심판을 받기 전 비전과 사명을 완성하여 인생을 바꿔야 합니다!
천국에 가기 전 거룩한 예복을 준비하여 영원을 바꿔야 합니다!
지구의 다음 세대를 위하여 | 천국의 다음 시대를 위하여

이 땅과 영원한 삶에 대하여 최고의 비밀을 품고 있는 고문서인 성경의 지혜와 더불어
그간 살면서 축적한 지혜를 나눔으로 이 땅과 천국에서 더 잘사는 방법을 나눌 것입니다.

저는 이 여행을 통하여 당신에게 보물로 채울 다양한 빈 창고를 마련해 드릴 것입니다.
당신의 보물로 빈 창고를 채움으로 이 땅의 새 세대와 천국의 새 시대를 여십시오.

그러기에 이 책의 진정한 저자는 당신입니다.
그리고 이 책의 진정한 독자는 당신의 자녀들입니다.

나: 멘토님, 이 여행을 왜 이 책을 통해서 해야 하는지 설명해 주십시오.

멘토: 책은 삶을 깊이 있게 돌아보게 하는 매우 효과적인 도구이기 때문입니다. 그간의 삶을 돌아보고 죽음과 그 이후를 준비하게 해준 좋은 책들이 있었습니다. 성경은 최고의 책이고 그 외 다른 책들도 있습니다. 예를 들어, 영국의 문호 존 번연 John Bunyan이 1678년에 쓴 『천로역정』과 찰스 디킨즈 Charles Dickens가 1843년에 쓴 『크리스마스 캐롤』입니다. 『천로역정』은 크리스천이라는 주인공이 천국의 문을 향하여 나아가는 여정 속에서 다양한 사람들을 만나 미혹과 유혹들을 받지만 그것을 이기고 천국으로 나아가는 감동적인 이야기입니다. 『크리스마스 캐롤』은 구두쇠로 알려진 회계법인의 갑부 에벤에셀 스크루지 영감이 죽은 자신의 동료인 제이콥 말러의 유령과 다른 유령들을 통해 자신의 짓궂은 과거와 비참한 미래를 방문하여 돌이키고 선한 자선 사업가로 변화하는 이야기입니다.

나: 저도 그 책들을 읽고 영화로도 본 적이 있어서 기억합니다. 그런데 그 책들은 저에게 감동은 주었지만 실제로 제 삶을 바꾸지는 못했습니다. 이 책은 언급하신 두 책과 비슷하게 쓰여졌나요? 그렇다면 저는 이 책에 관심이 없습니다.

멘토: 앞의 두 책은 감동을 주며 삶을 돌아보게 하지만, 실질적으로 읽는 이들의 삶에 구체적인 변화를 주기에는 한계가 있을 수 있습니다. 그러나 이 책은 다를 것입니다.

나: 그렇게 유명한 책들도 제 삶을 바꾸지 못했는데 하물며 이 책이 어떻게 제 삶을 바꿀 수 있을지 확신이 안 갑니다.

멘토: 이 책은 위에 언급한 두 책들과 달리 당신을 돌아보고 당신의 삶을 온전케 할 구체적인 방법들을 찾고 행하게 할 것입니다.

이 책은 두 권의 다른 책을 참고하여 쓰여졌습니다.
그 두 권의 책은 사람이 한 번도 본적이 없고 읽어 본적이 없는 것들입니다.

그 두 권의 책이 믿을 만하고 진실하다는 증거는 우선 성경에 기록되어 있다는 것이고, 두 책의 저자가 하나님이라는 사실입니다.

모세 | 주께서 기록하신 책에서 내 이름을 지워 버려 주옵소서. | **출애굽기 32:32**
다윗 | 나의 눈물을 주의 병에 담으소서 이것이 주의 책에 기록되지 아니하였나이까. | **시편 56:8**
말라기 | 여호와를 경외하는 자와 그 이름을 존중히 여기는 자를 위하여 여호와 앞에 있는 기념책에 기록하셨느니라. | **말라기 3:16**
예수님 | 그러나 귀신들이 너희에게 항복하는 것으로 기뻐하지 말고 너희 이름이 하늘에 기록된 것으로 기뻐하라 하시니라. | **누가복음 10:20**

모세와 다윗은 주께서 이 책들을 기록하셨다고 말합니다. 모세와 말라기와 예수님께서 말씀하신 책은 "여호와를 경외하는 자와 그 이름을 존중히 여기는 자"의 이름이 적혀 있는 생명책입니다. 다윗이 자신의 행위가 "주의 책에 기록"되었다고 하는 것은 행위책을 말합니다.

그런데 예수님께서는 이름이 그 책, 곧 생명책에 기록된 것은 세상의 어떤 일을 이룬 것보다 기뻐할 일이라고 말씀하십니다. 도대체 그 책이 무엇이기에 그럴까요? 이것의 구체적인 비밀이 요한계시록에서 밝혀집니다.

요한 | 또 내가 보니 죽은 자들이 큰 자나 작은 자나 그 보좌 앞에 서 있는데 책들이 펴 있고 또 다른 책이 펴졌으니 곧 생명책이라. 죽은 자들이 자기 행위를 따라 책들에 기록된 대로 심판을 받으니 누구든지 생명책에 기록되지 못한 자는 불못에 던져지더라. | 요한계시록 20:12, 15

죽은 모든 사람들이 "저가 행위를 따라 책들에 기록된 대로 심판을 받"지만 "생명책에 기록"된 사람만이 구원받고, 나머지는 "불못에 던져지"게 됩니다.

나: 멘토님, 그럼 과연 누구의 이름이 생명책에 기록될 수 있을까요?
멘토: 생명책에 기록된 사람들은 예수님께서 말씀하신 대로 예수님을 믿고 따르는 제자들과 이기는 자들입니다.

이기는 자는 내가 그 이름을 생명책에서 결코 지우지 아니하고 그 이름을 내 아버지 앞과 그의 천사들 앞에서 시인하리라. | 요한계시록 3:5

그런데 문제는 그들 중에서 이름이 지워질 수도 있다는 것입니다. 지워지지 않을 한 가지 조건은 생명책에 이름이 적혀 있는 자들이 "이기는 자"가 될 때입니다. 이러한 이김은 인간의 힘과 능력으로 이길 수 있는 것이 아닙니다. 오히려 정반대입니다.

만군의 여호와께서 말씀하시되 이는 힘으로 되지 아니하며 능력으로 되지 아니하고 오직 나의 영으로 되느니라. | 스가랴 4:6

이 이김의 핵심은 예수님을 믿음으로 생명책에 이름이 기록되고 예수님께서 주신 비전을 실현하기 위하여 여호와의 신에 의지할 때 진정으로 이길 수 있다는 것입니다.

나: 멘토님, 참으로 어렵고 두려운 이야기가 아닐 수 없습니다. 그럼 제가 어떻게 해야 구원을 받고 생명책에 이름이 기록될 수 있습니까?
멘토: 그것에 관한 이야기는 내일 또 하도록 합시다.

4 생명책에 이름이 기록된다는 것

나: 멘토님, 저의 이름도 생명책에 꼭 기록되기를 원합니다.
멘토: 당신의 이름이 생명책에 기록되게 하기 위하여 다음 질문들에 답해 보십시오.

Q. 당신의 이름이 생명책에 기록되어 있고 지워지지 않을 것을 확신합니까?

그렇습니다 ▦	아닙니다 ▦	잘 모르겠습니다 ▦

아니거나 잘 모르겠다면 두 단계의 일을 함께해 보십시오.
천국의 생명책에 이름이 기록될 수 있는 자격은 먼저 예수님을 믿는 것입니다.

Q. 당신은 예수님을 구주로 영접했고 예수님께서 구원자 되심을 믿습니까?

그렇습니다 ▦	아닙니다 ▦	잘 모르겠습니다 ▦

혹시, 아니거나 잘 모르는 상태일지라도 지금 이 순간부터 구원의 확신을 가지고 살면서 예수님과 그분의 진리를 따르기 원한다고 진심으로 고백하면 됩니다. 예수님을 믿고 구원을 받으며, 생명책에 이름이 기록되기 위하여 엄청난 일을 해야 하는 것은 아닙니다. 다음 성경의 말씀에 근거하여 예수님을 믿겠다고 결단하시면 됩니다.

> 영접하는 자 곧 그 이름을 믿는 자들에게는 하나님의 자녀가 되는 권세를 주셨으니 | 요한복음 1:12
> 하나님이 세상을 이처럼 사랑하사 독생자를 주셨으니 이는 그를 믿는 자마다 멸망하지 않고 영생을 얻게 하려 하심이라. | 요한복음 3:16
> 이기는 자는 이와 같이 흰 옷을 입을 것이요 내가 그 이름을 생명책에서 결코 지우지 아니하고 그 이름을 내 아버지 앞과 그의 천사들 앞에서 시인하리라. | 요한계시록 3:5

성경은 하나님의 진실된 말씀을 기록한 책입니다. 그래서 위 성경의 말씀에 따라 다음과 같이 고백하고 행하면 됩니다.

하나님, "영접하는 자 곧 그 이름을 믿는 자들에게는 하나님의 자녀가 되는 권세"를 주신다고 하셨으니, 저도 오늘 이 순간부터 예수님을 "영접"하고 예수, "그 이름"을 믿겠습니다. 이제 지난 죄들에 대하여 회개하고 돌이키겠습니다. 저의 죄를 용서하여 주시고, 저의 생명을 구원하여 주십시오.

말씀에 근거하여 제가 "하나님의 자녀"가 된 것을 믿고 감사드립니다. 이제 하나님의 자녀가 되었으니 저를 지으시고 이 땅에 보내신 비전을 알고 실현하는 삶을 살겠습니다.

성장하기 위하여 성경을 읽고, 성전을 즐겨 찾아 성도와 함께 예배드리며, 성령의 충만함으로 물질과 세상과 육체와 마귀를 이기겠습니다. 감사드리며 예수님의 이름으로 기도합니다. 아멘.

멘토: 이 기도를 진심으로 드렸다면 이제 생명책에 당신의 이름이 기록된 것을 확신할 수 있을 것입니다. 물론 천국에서 기록된 것이니 이 땅에서 우리가 실감을 다 할 수 없습니다. 그런데 생명책에 이름이 쓰였다는 것의 실체를 이해하는 것은 어렵지 않습니다. 이렇게 생각해 보십시오. 당신의 이름이 이 땅에서 중요하게 기록된 곳이 있습니다. 바로 동사무소에 있는 주민등록 서류입니다. 이곳에 이름이 기록되었다는 말은 당신이 법적으로 그 동의 주민, 국가의 국민으로 살 수 있는 자격을 가지고 있다는 것입니다.

즉, 생명책에 이름이 기록된 것은 천국의 시민권 대장에 등록이 된 것입니다.

나: 아, 생명책에 이름이 기록된다는 것은 내가 천국 시민으로 등록되었다는 그런 쉬운 말이었군요. 그렇게 설명하시니 이제 생명책에 이름이 기록된 것이 얼마나 감사한 일인지 실감이 나는군요.
멘토: 그렇습니다. 그래서 예수님께서 이렇게 말씀하십니다.

그러나 귀신들이 너희에게 항복하는 것으로 기뻐하지 말고
너희 이름이 하늘에 기록된 것으로 기뻐하라 하시니라. | **누가복음 10:20**

    당신은 지금 이 땅에서 살면서 천국 시민권을 획득한 것입니다. 천국의 시민권은 모든 인간들이 가장 소원하는 선물입니다. 천국은 모든 인간이 물질적 결핍, 육체적 질병, 관계적 불화, 비전적 실패가 없이 풍족하게 살며, 건강하게 영원을 살며, 화목하게 행복을 영위하며, 자신의 비전을 실현하며 살 수 있는 곳입니다. 인간이 이 땅에서 소원하는 모든 것이 상상할 수 없는 크기로 완성되는 곳이기 때문입니다. 그런데 이곳을 가지 못하는 자의 미래는 참혹합니다.

사망과 음부도 불못에 던져지니 이것은 둘째 사망 곧 불못이라
누구든지 생명책에 기록되지 못한 자는 불못에 던져지더라. | **요한계시록 20:14-15**

나: "둘째 사망"이 있고 "누구든지 생명책에 기록되지 못한 자는 불못에 던져"진다는 말이 몸서리가 쳐지고, 이제 제 이름이 생명록에 기록되어 있다는 확신이 얼마나 감사한지 모르겠습니다. 그간 막연하게 생각했던 것들이 조금씩 이해가 됩니다.
멘토: 구원의 확신과 생명책에 이름이 기록된 것을 확신하신 것에 축하를 드립니다.

육체로 이 땅에서 한 번 죽는 것이 마지막 죽음이어야 합니다. 그렇지 않으면
불못에 던져지는 둘째 죽음을 맞게 되고 그 때는 영원을 그곳에서 사는 것입니다.

멘토: 설교자들은 성도들이 천국에 가면 하나님께서 다음 두 가지 질문을 할 것이라고 말합니다. 그 질문들을 미리 알고 답을 준비하며 산다면 도움이 되겠지요. 두 질문과 우리가 드릴 수 있는 좋은 답은 다음과 같습니다.

Q1. 예수님을 믿었고 믿음으로 살았는가?

> 네, 하나님의 진리를 믿었습니다. 저의 믿음은 약했으나 성령의 은혜로 주신 믿음으로 더 강한 믿음의 삶을 살 수 있었기에 감사와 영광을 돌립니다.

Q2. 예수님의 사랑으로 사랑하며 살았는가?

> 네, 예수님의 십자가 사랑을 받고 감사하여 최대한 사랑하였습니다.
> 저의 사랑은 늘 부족했지만 성령의 은혜로 주신 사랑을 통하여 더 온전한 사랑을 할 수 있었기에 감사와 영광을 돌립니다.

이 답의 핵심은 인생을 하나님의 진리에 대한 믿음과 예수님 십자가의 사랑으로 사는 것이고 동행해 주신 성령의 은혜로 가능했음을 고백하는 것입니다.

나: 멘토님, 성령님의 역할이 너무나 중요하군요.

멘토: 그렇습니다. 천국의 진리와 사랑을 땅에 사는 인간의 논리로 행하지 못하기 때문입니다. 생각해 보십시오. 어찌 인간이 하나님의 진리를 알 수 있고 예수님 십자가의 사랑으로 행할 수 있겠습니까? 그것은 오직 성령과 동행할 때 가능합니다. 그리고 우리는 모든 영역에서 모든 것을 처음부터 잘할 수 있는 사람이 못됩니다.

그래서 성령께서는 우리에게 비전의 영역을 주시고 그 영역에 관해 집중하여 전문가가 되게 하시며 존재가 완성되도록 하셨습니다. 그래서 모든 것을 다 하는 것이 아니라 오직 한 비전 영역에 집중하면서 쉽고 기쁘고 보람 있게 성장하면서 성숙하도록 하셨습니다. 그러면서 그 영역에 전문가가 되어 하나님께서 주신 영적/물적/관계적 자원을 활용하며 영향력과 명예와 경제력도 가지고 남들을 돕도록 하셨습니다. 비전은 하나님께서 각 사람을 이 땅에 태어나게 하시면서 존재 목적으로 주신 일에 관한 것입니다. 하나님께서는 비전과 비전의 일을 실현하기 위하여 자원도 주십니다. 이 영역에 대한 질문은 다음과 같을 것입니다.

Q3. 내가 네게 준 비전과 그것을 실현하기 위하여 준 자원들을 어찌했는가?

예수님께서는 평가하시고 결산하시는 분입니다. 청지기의 비유(누가복음 16장)와 요한계시록에서 아시아 7교회를 평가하시는 것을 봐도 알 수 있습니다. 하나님은 우리에게 비전과 사명뿐 아니라 자원을 주십니다. 그리고 그것을 평가하십니다.

나: 멘토님, 정말로 이 질문을 주님께서 하신다면 어떻게 답해야 할지 전혀 모르겠습니다. 주님께서 주신 비전이 무엇이었는지 그리고 도대체 저에게 어떤 자원을 주셨는지 아무런 실마리도 없습니다.

멘토: 당황스럽지요? 우선 이 질문에 우리가 할 수 있는 답을 알아봅시다.

Q3. 내가 네게 준 비전과 그것을 실현하기 위하여 준 자원들을 어찌했는가?

> A. 네, 주님께서 주신 비전 실현을 사명으로 삼고 노력하였습니다.
> 부족하지만 성령께서 주신 은사와 열매를 통하여 우선 마음과 목숨, 뜻과 힘을 다하는 가운데 예수님을 닮으며 비전 영역에서 전문가가 되려고 노력했습니다. 그리고 진리, 사랑, 의에 근거한 정책을 개발하고 수행함으로 비전 영역을 하나님의 나라로 만들었습니다.
>
> 그리고 제게 보내 주신 자녀와 멘티 제자들에게 비전과 지혜를 전수했고 이제 그들이 저보다 더 온전하게 주님의 비전을 세상에서 실현하며 더 많은 곳을 하나님 나라로 만들고 있습니다.
>
> 이 모든 것이 주님께서 제게 비전을 주시고, 비전의 사람들을 붙여 주시며, 활용할 자원을 주시고 동행해 주신 결과이기에 모든 영광을 주님께 돌립니다.

나: 아, 이 세 가지 질문 자체를 알게 된 것도 감사한데 답까지 알려 주셔서 감사합니다.

멘토: 이 세 질문들에 대하여 이 땅에서 늘 올바른 답을 준비하는 마음으로 산다면 좋을 것입니다. 그렇게 산다면 당신은 이 땅과 천국을 동시에 연결하여 사는 것이 될 것입니다. 거스르는 세상에서 잠시 핍박도 받겠으나 비전 실현을 위하여 과감하게 버린 것들에 대하여 백 배의 복과 천국의 영원을 상급으로 소유하게 될 것입니다(마가복음 10:29-30).

나: 멘토님, 그렇게만 될 수 있다면 너무나 기쁘겠습니다. 그러나 기대감에 가슴은 뛰지만 구체적으로 어찌해야 할지 몰라서 답답함이 더 큽니다.

멘토: 이해합니다. 그래서 우리가 이 책을 통하여 하나씩 풀어 나가게 될 것입니다.

나: 멘토님, 이 책의 제목이 왜 『생명의 서』이고 부제목이 [마지막 죽음과 첫 영원을 위한 자서전 쓰기]입니까?

멘토: 이미 살펴 본 것처럼 천국에는 생명책과 행위록이 있습니다. 그리고 이 책은 당연히 천국에 있는 생명책에 기록된 이름이 지워지지 않도록 하며, 다가올 죽음이 마지막 죽음이 되게 하며, 처음 맞는 영원을 잘 하기 위한 것입니다.

우선 이 땅에서 행위책에 있는 내용을 미리 살피고 대처함으로
궁극적으로 생명책에 기록된 우리 이름을 지키도록 하기 위함입니다.

인간은 모두 한 번 죽게 될 것인데 그것이 마지막인 사람은 복됩니다.
한번 죽는 것은 사람에게 정해진 것이요 그 후에는 심판이 있으리니 | 히브리서 9:27
그런데 두 번 죽는 사람이 있습니다.

사망과 음부도 불못에 던져지니 이것은 둘째 사망 곧 불못이라
누구든지 생명책에 기록되지 못한 자는 불못에 던져지더라. | 요한계시록 20:14-15
이 죽음은 피해야 합니다.

---

1. 이 책은 천국 행위책에 쓰여 있을 각자의 삶의 이야기 중에 회개, 용서 그리고 화해가 되지 않았음으로 심판을 받을 수 있는 것들을 찾고 회개와 화해를 통해 해결하도록 할 것입니다.

2. 또한 이 책은 하나님께서 우리를 이 땅에 보내시면서 우리에게 주셨던 존재 목적인 비전 실현과 자원 활용을 한 것에 대한 점검을 하고 미흡한 부분을 해결하도록 할 것입니다.

3. 두 가지를 실현하심으로 이기는 자가 되어 둘째 죽음을 피하고 요한계시록 2-3장의 복을 받게 할 것입니다.

다만 이기는 자가 된다는 것은
우선 하나님께서 주신 믿음을 지킨다는 것이며
궁극적으로 우리에게 주신 비전과 사명에 대하여
모든 순간 성령께 의지하여 목숨을 걸고 충성을 다한다는 말입니다.

이것은 인간의 행위로 구원을 받거나 구원을 잃는 것과는 다른 이슈입니다.
인간적 선행으로 구원을 받을 수도 없으며, 하나님의 구원을 잃을 수도 없습니다.

인간이 행위록의 죄 하나도 지울 수 없고, 생명책의 이름 한 자도 고칠 수 없습니다.
오직 우리의 회개와 용서, 믿음과 비전, 주님의 은혜와 은총으로 할 수 있습니다.

멘토: 이 책은 다음과 같은 구조로 구성되어 있습니다.
『생명의 서』는 성경이 여러 권으로 구성된 것과 같이 7권, 31장,
200단원으로 구성되어 있습니다.

1권 『생명의 서』 오리엔테이션
당신이 어떤 현실에 처해 있는지 파악하며 이 책을 읽고 써야 하는 중요한 이유와
어떻게 써야 할지를 알려줍니다.

2권 추억의 서_주님, 행복했습니다!
그간 당신이 살면서 축적한 소중한 추억 자원들을 살피고 자녀들에게도 추천할 것입니다.

3권 회복의 서_주님, 저를 온전케 하옵소서!
당신이 죽은 후 평가 심판 받을 것에 대하여 이 땅에서 미리 살피고
어떻게 회복할 수 있을지 살필 것입니다.

4권 인생의 서 _주님, 제 삶의 어제와 오늘입니다!
당신의 자서전적인 내용을 본격적으로 살피게 됩니다. 예수님의 평가 방법을 통하여
인생을 돌아보며 평가하게 될 것입니다.

5권 죽음의 서_주님, 이제 두렵지 않습니다!
죽음에 대한 전반적인 진실과 올바른 대처법을 알려줍니다.

6권 지혜의 서_주님, 지혜를 전수합니다!
당신이 인생을 살아오면서 깨닫고 축적한 지혜, 비법과 인맥 등을 자녀들에게
전수해 주기 위한 준비를 할 것입니다.

7권 비전 경영의 서_주님, 비전을 꼭 실현하겠습니다!
당신이 남아 있는 날 동안에 실현해야 할 비전에 대한 계획을 세움으로 하나님 나라
귀국 준비를 철저하게 할 것입니다.

8 『생명의 서』 글쓰기의 비법_큰 그림

멘토: 이 책 『생명의 서』는 읽는 부분과 쓰는 부분이 있습니다. 읽는 부분은 진실된 정보를 얻고 그에 근거하여 판단하고 행동하기 위한 것입니다. 그리고 쓰는 부분은 각자의 삶을 자서전적으로 살피기 위함입니다. 『생명의 서』 중 자서전적인 내용 글 쓰기를 위하여 준비할 큰 그림에 대하여 살펴보겠습니다.

---------------------------------- | 큰 그림 | ----------------------------------

1. [인식과 각오] 이 책을 쓰는 과정은 인생에서 가장 중요한 일입니다. 왜냐하면 이 『생명의 서』가 진정으로 여러분의 인생과 자녀들의 인생을 완성하는 데 큰 도움을 줄 것이기 때문입니다. 이것을 읽고 쓰고 나누는 앞으로의 시간을 통하여 당신의 인생과 자녀들의 역사와 미래가 바뀔 것입니다. 그래서 인식과 각오와 결단이 필요합니다.

2. [가족 공지] 가족과 주변인들에게 이것을 알리고 진지하게 읽고 쓸 시간을 확보하기 위하여 활동 시간의 조정과 협조를 요청하십시오.

3. [공동체 활용] 매주 『생명의 서』 모임에 참석하여 서로 응원하고 격려를 받으십시오. 공동체에는 힘이 있어 같이 대화를 나누면서 하면 훨씬 쉽게 할 수 있습니다.

4. [읽고 숙지하기] 매일 읽으면서 감동이나 도전이 되는 부분이나 자녀와 꼭 기억하여 실행하고 나누고 싶은 부분이 있다면 밑줄을 긋고 옆에 메모를 하십시오. 그리고 그것을 언제 실행하거나 나누었는지도 기록하십시오. 기억력과 실행력 증진 그리고 치매 예방에 도움이 될 것입니다.

5. [영적 준비] 『생명의 서』를 읽고 쓰는 과정과 순간을 마치 하나님의 백보좌 앞에서 행위책과 생명책을 대하는 심정으로 행하십시오. 쓰기 전 성령님께 꼭 필요한 내용이 기억나게 해달라고 기도하십시오.

6. [생명의 서 구상 노트] 『생명의 서』를 알찬 내용으로 채우기 위하여 [생명의 서 구상 노트]라는 빈 노트를 활용하여 미리 생각과 자료를 정돈해도 좋습니다.

7. [자료 정돈] 필요한 사진, 졸업장, 각종 증명서 등 자료를 연대별, 주제별로 미리 구분해 보십시오.

8. [쓸 수 있는 만큼] 자서전적 내용은 쓸 수 있는 만큼, 은혜가 되는 만큼만 쓰면 됩니다. 절대로 부담 갖지 마십시오.

9. [반복] 이 책을 완성한 후 다시 읽고 보완하여 쓰고 재 수정하면 더 깊어질 것입니다.

글을 읽고 쓰는 환경도 중요합니다.

1. [방] 가장 방해가 없는 곳을 정하고 몸의 높이와 맞는 책상과 체형에 맞는 의자와 방석, 등 받이를 준비하십시오. 높이를 조절하는 책상에서 가끔씩 서서 읽거나 쓰면 허리 아픈 것을 예방하고 집중력도 높일 수 있을 것입니다.

2. [시간 안배] 모래 시계나 토마토 시계를 활용하여 30분 단위로 읽거나 쓰고 꼭 5-10분 정도씩 휴식을 취하십시오.

3. [휴식과 근육 이완] 휴식하면서 영양 보충, 근육 이완을 해 주십시오. 방안이나 밖에서 걸으면서 뇌와 눈 그리고 손과 허리와 다리의 긴장을 풀어 주십시오. 손목 털기 운동과 눈 운동을 위하여 먼 산 보기, 얼굴 근육을 풀기 위해 찡그렸다 펴기, 눈을 쎄게 감았다 활짝 뜨기, 눈동자 굴리기, 멀리 보다가 가까이 보기, 손을 비벼 따뜻해진 손바닥으로 눈 감싸기와 제자리 뛰기 등을 하십시오.

4. [소음] 적절한 소음은 도움이 됩니다. 배경 음악으로 잔잔한 찬양 경음악 연주를 틀어 놓는 것도 뇌를 활성화하는 데 도움이 됩니다.

5. [영양] 초콜릿 등 약간 당분이 있는 간식, 커피나 녹차 등을 자주 마셔 주고, 아로마 향을 맡으며 영양을 섭취하는 것은 뇌 활성화에 도움이 됩니다.

――――――――――――――――――――――――― | 계획 | ―――――――――――――――――――――――――

이 책은 하루에 하나씩 읽을 수 있고 아니면 며칠 분량을 한꺼번에 읽을 수도 있습니다. 자신의 스케줄과 몸 상태와 영감에 따라 자유롭게 하십시오. 그러나 일반적으로는 규칙적으로 행하는 것이 좋습니다.

아래에 『생명의 서』를 하루 중 몇 시쯤, 얼마 정도, 어디에서 규칙적으로 쓸 것인지를 정하고 기록해 보십시오.

『생명의 서』를 주로 쓸 시간: ＿＿새벽, ＿＿오전, ＿＿오후, ＿＿저녁, ＿＿밤, ＿＿틈틈이

『생명의 서』를 주로 쓸 요일: ＿월, ＿화, ＿수, ＿목, ＿금, ＿토, ＿일 (※하루는 안식하시기 바랍니다.)

『생명의 서』를 주로 쓸 기간: ＿＿＿＿＿＿＿년 ＿월부터 ＿＿＿＿＿＿＿년 ＿월까지
(필요하다면 자신의 리듬과 삶의 환경에 맞추어 스케줄과 장소를 조정하셔도 됩니다.)

『생명의 서』를 주로 쓸 공간: 집의 ＿＿＿＿＿＿＿＿＿＿＿공간, 그 외 ＿＿＿＿＿＿＿＿＿＿＿＿＿＿＿

9 책 쓰기가 두려운 나

멘토: 글쓰기가 두려운가요? 무엇을 써야 할지 모르겠다고요? 두려워 마십시오.

이 책은 여러분이 살아온 삶에 관한 것으로 여러분만이 쓸 수 있는 적임자입니다.
이 책은 자녀에 대한 사랑과 주님께 대한 사랑만 있으면 잘 쓸 수 있습니다.
그리고 하루에 조금씩 이 책이 인도하는대로 따라 가면 됩니다.
성령님께 기도하면서 쓰다 보면 쓸 것이 생각나고 잘 쓸 수 있는 영감도 떠 오를 것입니다.
쓰고 난 후에 '내가 이것을 썼단 말인가' 하고 놀라게 될 것입니다.

당신이 살아온 시대는 정말 특별했고 오늘 이런 역사를 만든 당신은 위대합니다. 이 말은 그 시대를 하나님의 은혜 속에서 당신의 세대가 특별하게 만들었다는 것입니다.

- 1884년 맥크레이, 알렌 선교사 입국
- 1903-5년 선교사들과 미국 하와이 사탕수수밭 이민 감사예배
- 1907년 평양 대부흥운동 및 장대현교회 7명 첫 목사 안수
- 1910년 일본의 강제 합병
- 1919년 3.1운동
- 1920-30년 일본 이민
- 1938년 강제 징용
- 1945년 해방과 1950년 6.25 민족 상잔
- 1960년 4.19, 1961년 5.16
- 1963-1977년 독일 광부 파견
- 1966년 독일 간호사 파견
- 1964-1973년 월남 파병
- 1970년 4월 20일 새마을 운동 출범
- 1974년 중동 파견
- 1980년 세계복음화 대회, 광주 민주화 운동,
- 1984선교 100주년 대성회
- 1988년 올림픽
- 1997년 IMF 금융의기와 금 모으기 운동
- 2002년 삼성의 소니 추월 3대 계획: 메모리 반도체, 모니터, 컬러 TV
- 2005년 삼성의 소니 추월
- 2010년대 K-Food, Drama, Music, Movie열풍
- 2020년 12월 현재168개국 22,259명 선교사 파송

1962년도 1인당 GNP는 87달러로 아프리카의 가나와 비슷했고, 실업률은 30%였던 한국이 현재는 세계 10위 경제 대국, 수출 6위 무역 강국, 1인당 국민소득도 G7 추월국이 되었습니다.

당신은 역사가 오늘까지 발전해 오는데 있어서 중요한 구성원이셨습니다.

난 직업도 변변치 않고 한 것이 없다고요? 아닙니다. 지난 그 격동의 시대를 앞장서서 혹은 뒤에서 함께하면서 눈물로 기도하며 만들어 왔습니다. 이제 자녀들이 사랑으로 세계를, 믿음으로 미래를 열 수 있도록 당신의 눈물의 기도와 인내와 지혜로 이루신 고난 극복과 비전 실현에 대한 이야기를 직접 들려주어야 합니다.

멘토: 우리가 책을 잘 쓸 수 있는 중요한 근거가 있습니다. 글쓰기의 원조가 되시는 하나님께서 우리를 그 하나님의 형상으로 지으시고 우리 속에 글 쓰기를 할 수 있는 모든 자원을 갖추어 주셨다는 것입니다. 그 근거는 다음과 같습니다.

> 여호와께서 시내산 위에서 모세에게 이르시기를 마치신 때에 증거판 둘을 모세에게 주시니
> 이는 돌판이요 하나님이 친히 쓰신 것이더라. | 출애굽기 31:18

> 모세가 여호와와 함께 사십일 사십야를 거기 있으면서 떡도 먹지 아니하였고 물도 마시지
> 아니하였으며 여호와께서는 언약의 말씀 곧 십계를 그 판들에 기록하셨더라. | 출애굽기 34:28

하나님께서 친히 쓰셨고, 여호와께서 언약의 말씀을 기록하셨다고 모세는 고백하고 있습니다. 그렇다면 하나님께서 생명록도 직접 기록하실까요? 답은 "네" 입니다.

> 그들의 죄를 사하시옵소서 그렇지 아니하시오면 주께서 기록하신 책에서 내 이름을 지워 버려
> 주옵소서. 여호와께서 모세에게 이르시되 누구든지 내게 범죄하면 내가 내 책에서 그를 지워 버리리라.
> | 출애굽기 32:32-33

기록 문화는 하나님으로부터 시작된 것입니다. 이전 세대가 구축한 것을 다음 세대가 기록으로 받을 때 그 토대 위에 새로운 지식과 지혜가 쌓이며 역사가 발전했습니다. 그러므로 하나님께서 성경을 기록해 주셨습니다.

구약과 신약을 영어로는 Old & New Testament라고 씁니다. Testament는 유언, 언약, 증거라는 뜻을 가지고 있습니다. 유언을 뜻하기도 하지만 유산에 대한 증거가 되는 언약의 유언이라는 뜻이 강합니다. 그래서 구약은 오래전의 언약과 증거이고 신약은 새로운 언약과 증거라는 뜻입니다. 성경은 우리에게 하나님께서 주신 유산에 대한 증거가 되는 언약의 유언입니다.

구약은 영어로 O.T. Old Testament 올드 테스트먼트,
신약은 N.T. New Testament 뉴 테스트먼트입니다.
이제 당신이 P.T. Parent Testament 페어런트 테스트먼트,
부모의 증언과 언약과 유언을 주실 때입니다.

그간 자녀들을 위하여 성경쓰기를 하신 분들도 계십니다. 참으로 귀하고 존경스러운 일입니다. 이제 여러분의 삶의 이야기를 써 주십시오. 그 삶 속에 역사하신 주님의 사랑을 전해준다면 자녀들에게 이 책은 성경 다음으로 소중한 책이 될 것입니다. 이『생명의 서』는 당신의 삶의 실패, 성공, 지혜, 유산의 내용이 모두 담겨 있기에 성경처럼 은혜로우면서 자녀의 삶과 직결된 책이 될 것이기 때문입니다. 자녀들이 이 책을 읽을 때마다 힘을 얻을 것이며 자신들의 부모가 왜 그렇게 열심으로 성경을 소중히 여기고 그 안에서 축복을 받으며 살려고 했는지에 대한 살아 있는 증거들을 얻게 될 것입니다. 그리고 그들도 하나님께서 주신 비전을 실현하며 살 것입니다.

민감한 이야기 쓰기에 대하여

멘토: 이 책에 자서전적인 이야기를 씀에 있어서 어떤 이야기를 어떻게 써야 할까요?

어떤 내용을 어떻게 써야 하는가에 대하여는 하나님의 방법을 배워야 합니다.
최대한 진실하게, 최대한 간결하게, 최대한 은혜롭게

최대한 진실하게

성경은 다양한 민감한 이야기를 최대한 진실되게 기록하여 전해줍니다. 예를 들어, 아담과 하와의 미혹과 타락, 가인의 살인, 아브라함이 사라를 바로에게 상납한 상황과 하갈을 통해 아들을 낳은 것, 야곱이 4명의 아내를 갖게 된 배경과 가정 불화, 형제에게 팔림을 당한 요셉, 다윗의 간음과 우리아에 대한 야비한 살인, 가룟 유다의 예수님 팔기, 수제자 베드로의 예수님 부인 등입니다. 이와 같이 성경이 사건들을 진실 그대로 기록하는 것은 천국 행위책의 단면을 보여 줍니다.

최대간 간결하게

진실을 쓰되 간결하게 쓰십시오. 성경은 창세기 1장부터 우주 창조와 생명체 창조라는 엄청난 이야기를 손바닥 길이로 딱 1장에 압축하여 기록케 하십니다. 그러나 짧지만 그 속엔 창조에 대하여 알 만한 내용들이 비밀스럽게 들어 있어서 믿음과 지식이 있는 이들은 알아차릴 수 있도록 하셨습니다. 그래서 책에서 주어진 공간에 적절한 길이로 핵심만 요약하여 기록하십시오.

최대한 은혜롭게

진실을 간결하지만 은혜롭게 쓰십시오. 은혜롭게라는 말은 죄는 감추고 선행만 쓰는 것이 아니고 죄악, 실수, 실패를 통하여 여러분의 죄, 악, 부족함, 연약함, 인내, 사랑, 비전을 깨닫게 해주시고 변화시켜 끝내 성장, 성공, 성숙시켜 주신 부분을 쓰라는 것입니다. 성경이 집중적으로 기록하는 부분이고 우리가 집중할 부분입니다. 읽는 이에게 교훈과 은혜가 되도록 써 주십시오.

다 회개하고 용서와 화해한 것도 써야 할까요? 그래도 써야할 이유가 두 가지 있습니다.

첫째, 나의 부족함 속에 역사하신 주님의 은혜에 감사와 영광을 드리기 위함입니다.

둘째, 내가 겪은 것들을 자녀와 멘티 제자들이 겪을 수도 있는 일이기에 그들이 교훈을 얻을 수 있도록 하기 위함입니다. 성경도 그 이유로 쓰인 것과 같이 말입니다. 이 『생명의 서』는 여러분이 자녀에게 주는 실패학과 성공학의 언약과 유언인 부모의 언약 P.T. Parent Testament 가 될 것입니다.

멘토: 어거스틴(354-430)은 북아프리카 알제리와 이태리에서 죽을 때까지 전쟁 난민들을 돌보다 열병에 걸려 76세에 죽은 신학자이자 성직자였습니다. 그는 기독교 신학에 지대한 공헌을 한 책들을 많이 저술했는데 그 중에 유명한 책이 『고백록』(397-400)입니다.

　　어거스틴의 『고백록』이 후세에 큰 영향을 끼친 데는 두 가지 이유가 있습니다. 첫째, 자신의 죄에 대하여 매우 세밀한 고백과 철저한 회개를 했다는 것입니다. 둘째, 깊은 헌신에서 나온 믿음의 세계에 관한 묵상들을 나눈 것입니다. 이렇게 한 이유는 자신의 글을 읽는 이들에게 자신의 삶을 통하여 배우고 더 나은 삶으로 성숙하기를 바랐던 진심이 통했던 것입니다.

다음은 『고백록』 내용의 일부입니다.

> 나는 가정교사나 학교의 선생님들 그리고 심지어는 부모님에게까지 거짓말을 하였으며, 이는 결국 놀기를 좋아하고 세속적 구경거리에 정신을 빼앗겨 열심히 배우들을 흉내 내려는 쓸데없는 허영심에 따른 소치였습니다. 나는 또한 탐심의 노예가 되어 부모님의 장롱이나 책상에서 물건을 훔쳤고 나보다도 더 놀기를 좋아하는 친구들과 함께 어울려 놀면서 훔친 것들을 나누어 주기도 했습니다. 우리는 즐겁게 어울려 놀았지만 결국 그들의 친구가 될 수 있었던 것은 훔친 돈과 물건 때문이었습니다. (1권 19장)

> 내 육신의 나이 열 여섯 살 때에 나는 어디에 있었습니까? 주의 전에서 기쁨을 누리지 못한 채 미친 세상의 정욕에 이끌리어 방황하고 있었습니다. 주님께서 금하신 규례를 어기며 부끄러운 죄악 속에서 헤매었고 정욕의 광란 속에서 완전히 미쳐버린 시절이었습니다. (2권 4절)

> 오 지극히 높으신 곳에 계신 하나님이시여! 나를 위해 펼쳐 주신 당신의 손은 이 깊은 흑암으로부터 나를 건져 주셨습니다. 이는 나의 어머니가 무릎 꿇고 눈물로 당신께 기도드린 까닭입니다. (3권 19절)

> 오 주님! 이 책을 기록하면서 주님에게 고백합니다. 어머니는 평생동안 부족한 자식을 위해 우셨는데 나는 이제 겨우 어머니를 위해 한 시간 남짓 울었습니다. (3권 33절[1])

　　그는 자신의 죄를 고백하고 그가 변한 것이 그의 어머니의 눈물의 기도 덕분임을 강조합니다. 이처럼 우리가 죄를 고백하는 것은 용서받지 않아서가 아니라 그런 나를 구원해 주신 은혜를 드높이고, 우리 자녀와 비전 멘티 제자들에게 그런 경험을 극복할 수 있었던 은혜와 용기, 그리고 지혜를 나누려는 것입니다. 당신이 이제 어거스틴을 변화시킨 어머니 모니카의 역할을 할 때가 되었습니다.

『생명의 서』에 대한 결단

멘토: 다음은 이 책을 완성하겠다는 당신의 결단에 관한 것입니다. 당신의 진실된 고백을 담아 밑줄에 오늘 날짜와 이름을 쓰심으로 서명하시고 그 축복의 주인공이 되십시오.

1. [현재와 미래]

나는 현재가 내 인생에서 가장 중요한 황금기인 것을 안다. 그간 내가 이 땅을 위한 삶이었다면 지금부터 내가 어떻게 사느냐에 따라서 나의 영원과 내 자녀의 영원을 결정할 것이다. 고통스러운 삶의 허무한 끝이 아니라 고귀한 삶의 완성품으로 주님 앞에 설 수 있도록 치열하고 성실하게 나머지 삶을 살 것이다. _____

2. [심판과 준비]

나는 천국에서 생명책과 행위책으로 심판 받을 것을 안다. 그래서 미리 행위책을 써보고 예수님의 평가 시스템으로 인생을 평가도 해보면서 부족한 부분에 대하여 '청지기의 지혜'로 보완할 것이다. 그래서 기필코 이기는 자로서 가정, 교회와 사회에 새로운 부흥을 일으키고 심판 때 드릴 주님 기뻐하시는 정답을 준비할 것이다. _____

3. [죽음과 상급]

나는 그간 막연하였음으로 피하고 싶었던 죽음의 진실을 철저히 파악하여 자유케 될 것이다. 영적인 것뿐 아니라 육체적, 의료적, 경제적, 유산 전수, 장례의 내용들을 잘 알고 준비하여 죽음의 불안과 공포감을 없애고 상급을 향한 천국 귀국 준비를 할 것이다. _____

4. [자녀와 유산]

나는 사랑하는 자녀들이 앞으로 더 험악해질 세상에서 빈손으로 지혜없이, 쌓인 기도 없이 혼자 외롭게 고통받으며 살게 하지 않을 것이다. 그래서 자녀들이 하나님을 믿는 믿음 위에 하나님께서 주신 비전에 따라 하나님께서 주신 자원을 활용하며 시대를 주도해 나갈 수 있도록 할 것이다. 그간 내가 터득하고 쌓아온 모든 지혜와 자원을 전수하여 그들이 그들의 자녀들에게 전수하게 함으로 풍성한 열매를 맺는 믿음의 가문을 만들 것이다. _____

2권
추억의 서

주님, 행복했습니다!

2장 자녀들과 나누고 싶은 추억들

멘토 ♔ ————————————————————————————

여기에서는 그간 우리가 살면서 축적한 소중한 추억들을 돌아보고 그 추억들이 자녀들에게 소중한 영적, 감정적 자원이 되어 그들이 풍요로운 삶을 살 수 있도록 할 것입니다.

2장. **자녀들과 나누고 싶은 추억들**

여기에서는 과거의 추억을 되새기고 자녀들과 나누며 그들이 훗날
부모를 회상하며 영적인 삶을 개발하도록 도울 것입니다.

14 추억의 음식과 영적 음식

멘토: 육신을 가진 인간에게 가장 중요한 것 중 하나는 음식입니다. 그래서 하나님께서는 창세기 1장 29절과 30절에서 인간에게 번성, 충만, 땅 정복, 다스림의 사명을 주신 후 이어서 양식을 주십니다. 사명을 감당하는 자에게는 필요한 자원을 주신다는 비밀이 담겨 있는 구절입니다. 가족에게도 빼 놓을 수 없는 추억이 음식입니다. 과거에 혼자 혹은 가족과 함께 나누었던 음식에 대한 추억을 적어 보십시오. 언젠가 자녀들이 이 음식들을 먹으며 부모를 기억하고 기념할 것입니다. 자녀들에게도 물어보시고 함께 기록하셔도 좋습니다.

음식 이름	좋아하는 이유와 추억거리	시기/장소 등

천국 귀국 전 마지막으로 먹고 싶은 음식

멘토: 잠시 음식에 관한 추억에 잠겨 보셨지요? 그런데 아시나요? 음식에 관하여 묵상할 때 **빼놓**을 수 없는 것은 영적 양식입니다. 영적 양식은 첫째, 아버지의 뜻이고 둘째, 성찬이고, 셋째, 성령의 열매입니다.

첫째는 아버지의 말씀과 뜻입니다.

예수께서 대답하여 이르시되 기록되었으되 사람이 떡으로만 살 것이 아니요
하나님의 입으로부터 나오는 모든 말씀으로 살 것이라 하였느니라 하시니 | 마태복음 4:4

예수께서 이르시되 나의 양식은 나를 보내신 이의 뜻을 행하며 그의 일을 온전히 이루는 이것이니라
| 요한복음 4:34

하나님께 속한 사람의 영적 양식은 하나님의 말씀과 하나님께서 주신 비전의 일을 행하는 것에 있습니다. 그럴 때 하나님께서 육적 양식을 공급하신다는 것입니다.

둘째는 성찬입니다.

예수님께서 십자가에 못박혀 죽으시기 전날 자신의 살과 피를 먹고 마심으로 유월절 만찬이 성찬화의 예표가 될 것을 보여주셨습니다. 예수님의 살과 피는 우리에게 선악과와 생명과가 되어 선악을 알되 선을 행하고, 영생을 살게 해줍니다. 우리에게 매우 중요한 영적 음식이 아닐 수 없습니다.

셋째는 성령의 열매입니다.

천지를 창조하신 주님께서 인간들에게 곡식과 과실을 음식으로 주시고, 동물들에게 풀을 음식으로 주셨습니다. 인간들에게 성령을 주신 후에는 성령의 열매를 맺도록 하셨는데, 이는 성령의 열매가 영적 존재들의 양식이며, 우리가 성령의 열매를 맺을 때 우리 또한 생명 나무가 된다는 것으로도 이해할 수 있습니다.

하나님의 나라는 먹는 것과 마시는 것이 아니요 오직 성령 안에 있는 의와 평강과 희락이라. | 로마서 14:17

오직 성령의 열매는 사랑과 희락과 화평과 오래 참음과 자비와 양선과 충성과 온유와 절제니
이 같은 것을 금지할 법이 없느니라. | 갈라디아 5:22-23

성찬은 예수님께서 우리에게 주시는 것이고, 성령의 열매는 성령님께서 우리에게 주시는 것이되 우리가 열매를 맺어야 합니다. 우리가 하나님의 말씀과 예수님의 살과 피를 먹고 마시며 하나님의 뜻을 행할 때 성령의 열매가 맺힙니다.

나: 음식은 그저 먹는 육적 음식만 생각했는데 이와 더불어 영적 양식도 소중하게 생각해야 함을 알게 되어 감사합니다.

멘토: 인생의 희로애락에 노래가 빠질 수 없습니다. 슬퍼서, 기뻐서, 감사해서 부른 노래를 떠올려 보십시오. 그리고 노래와 연관된 추억과 좋아하는 이유도 적어 보십시오. 이 노래와 찬양의 추억이 자녀들에게 전달되어 그들도 주님을 찬양하게 될 것입니다.

노래(찬양) 제목	좋아하는 이유와 추억거리

천국 귀국 전 마지막으로 부르고 싶은 노래

멘토: 아래에 자주 부르며 힘을 얻었던 최고 애창곡 두 곡의 가사를 적으십시오.
자녀들에게 유산으로 남을 것입니다.

노래(찬양) 제목	노래(찬양) 제목
가사	가사

추억의 영화와 책

멘토: 당신이 잊을 수 없는 영화를 자녀들에게 추천해 주십시오. 영화는 매우 중요한 비전과 삶의 가치 그리고 진리를 깨닫고 전달하는 방법 중 하나가 될 수 있습니다. 많은 영화 중 특별히 기억에 남는 영화를 고른 이유도 적어 보십시오. 자녀들도 힘들고 부모님이 그리울 때 이 영화를 보며 힘을 얻을 것입니다.

영화 제목	좋아하는 이유와 추억거리

천국 귀국 출발 전 보고 싶은 영화

멘토: 성경, 소설, 시 등 좋아한 책을 자녀들에게 추천해 주십시오. 자녀들이 힘들고 부모님이 그리울 때 이 책들을 보며 힘을 얻을 것입니다. 예를 들어서, 성경을 추천한다면 성경 중에서도 어떤 이야기를 추천할지 적어 보십시오.

책 제목	좋아하는 이유와 추억거리

천국 귀국 출발 전 다시 읽고 싶은 책

최고 애송시와 취미

멘토: 아래에 읊조리며 힘을 얻은 시를 자녀들에게 추천해 주십시오.

애송시 제목	애송시 제목
내용	내용
기타	기타

멘토: 아래에 어린 시절부터 지금까지 즐기고 있는 취미에 관하여 기록해 보십시오. 자녀들과 함께한 기억이라면 더욱 빼 놓을 수 없겠죠. 이 취미의 추억은 자녀들을 통해 취미가 이어질 수 있고 주님께 감사하고 찬양하는 통로가 될 것입니다.

취미	좋아하는 이유와 추억거리

천국 귀국 출발 전 마지막으로 하고 싶은 것

멘토: 자주 암송하거나 좋아하는 성경 구절은 무엇입니까? 자녀들에게 꼭 전해 주고 싶은 구절, 내가 노년에 힘을 얻을 구절, 투병 중, 죽기 전에 암송하고 싶은 구절들을 선정하여 보십시오. 자녀들도 부모님을 추억하며 이 구절들을 통하여 힘을 얻을 것입니다.

번호	좋아하는 성경 구절	좋아하는 이유
1		
2		
3		
4		
5		
6		
7		
8		

천국 귀국 전 임종 상황에서 꼭 붙잡고 암송하고 싶은 성경 구절

멘토: 삶에 지표가 되었던 좌우명, 가훈, 핵심 가치들에 대하여 나누어 주십시오. 이러한 말씀들은 자녀들에게 전달될 것입니다.

번호	좌우명 / 가훈 / 핵심 가치	좋아하는 이유
1		
2		
3		
4		
5		
6		
7		
8		

격언, 좌우명, 가훈 그리고 성경 말씀은 북극성과 같이 우리의 사고의 방향을 인도합니다. 무의식적으로 가슴 깊이 그리고 뇌리에 깊게 새겨져 결정적인 순간에 빛을 발할 것입니다. 마음에 새긴 격언, 좌우명, 가훈 그리고 성경 말씀은 역사를 일으킵니다.

조상에 대하여

멘토: 아래에 가문의 시조와 전통, 조부모, 부모에 대한 이야기를 적고 나누어 보십시오.

멘토: 아래에 배우자에 대한 추억을 기록해 보십시오. 어디서 어떻게 만났고, 어떤 감사와 아쉬움이 있는지요? 배우자를 선택할 때 어떤 점을 유의하는 것이 좋을지 자녀들에게 조언해 주십시오.

멘토: 아래에 자녀와 손주들에 대한 좋은 추억을 짧게 적어 주십시오. 특별히 자녀별로 기도해 주었던 주요 내용들도 기록해 보십시오.

멘토: 아래에 인생을 살면서 가장 잘한 결정 3가지와 후회하는 결정 3가지를 쓰고 그 이유를 적어
보십시오. 자녀들에게도 큰 도움이 될 것입니다.

3권

회복의 서

주님,
저를 온전케 하옵소서!

멘토 ♕ ─────────────────────────────────

여기에서는 훗날 하나님 앞에서 행위책을 통하여 평가받을 것에 대비하여 이 땅에서 미리 회개하고 용서를 받기 위한 책입니다. 성경적 회개와 용서법 그리고 그것을 실천한 사람들의 이야기를 통해 용기와 지혜를 얻게 될 것입니다.

3장. **온전한 회개**

여기에서는 회개를 통하여 회복된 사람들을 살피며
성도가 회복될 수 있는 비전을 제시할 것입니다.

죄에 대한 성경의 진실

나: 멘토님, 한 때 성경하면 죄가 떠올라 성경을 읽기 싫은 적이 있었습니다.

멘토: 그것은 그나마 자신이 죄인이라는 인식을 가지고 있기에 그랬던 것이겠지요. 거기에서 성장하시어서 성경에서 죄를 알고, 회개의 비밀까지 알아서 죄를 도말하고 성숙하도록 하시려는 것이 주님께서 우리에게 성경을 주신 이유입니다.

죄라는 말은 부정적인 느낌을 주지만 그것이 전부일까요?

회개를 위하여 자신의 죄를 아는 것은 최고의 지식 중에 하나이고
회개하여 비전 실현에 장애를 없애는 것은 최고의 지혜 중에 하나입니다.

이유는
죄는 하나님께서 각 개인과 인류 공동체가 하나님께서 예비하신
모든 축복을 순적하게 누리며 성숙하는 것을 방해하는
잘 못된 신념과 행동에 관한 것이기 때문이고

이것을 알고 될이키면 하나님께서 예비하신 모든 복을 누리며
비전을 실현하며 행복을 누리며 나눌 수 있게 되기 때문입니다.

사람들은 성경에서 말하는 모든 율법을 다 지켜야 한다고 생각하며 그 순간 숨이 막힌다고 합니다. 모세5경에만 율법이 613개가 있습니다. 행하라는 것이 248, 하지 말라는 것이 365개입니다. 창세기에 3개, 출애굽기에 110개, 레위기에 246개, 민수기에 51개 그리고 신명기에 199개가 있습니다. 그러므로 이스라엘 사람들은 그때나 지금이나 이 율법들을 익히고 지키는데 신경과민증이 걸릴 정도였습니다.

이런 것을 잘 아시는 예수님은 감사하게도 이것을 두 계명으로 요약해 주셨습니다.

첫째 계명_네 마음을 다하고 목숨을 다하고 뜻을 다하여 주 너의 하나님을 사랑하라.

둘째 계명_네 이웃을 네 자신같이 사랑하라. | 마태복음 22:37, 39

나: 아, 이렇게 간단하게 요약이 되는군요. 이러면 좀 쉽겠네요.

멘토: 그러면 613개가 아니라 딱 두 개니까 기쁜 마음으로 지킬 수 있을까요?

나: 아, 꼭 그렇지만은 않을 것 같습니다.

멘토: 율법 지킴의 용이도는 율법의 개수에 달려 있지 않습니다. 하나님께서는 원래 모세에게 10개의 계명을 주셨지만 그 핵심을 파악하지 못한 사람들은 더 논리적인 율법을 원했습니다.

율법은
손해의 논리로 가면 수 만개도 모자라고
사랑의 논리로 가면 두 개로 충분합니다.

이 두 율법의 준수는
물질, 육신, 세상의 논리로 하면 불가능하고
믿음, 소망, 사랑의 논리로 하면 가능합니다.

나: 아 그렇군요. 그런데 물질, 육신, 세상의 논리는 무엇입니까?
멘토: 그것은 요한 1서 2장 15-16절에서 말하는 육신의 정욕, 안목의 정욕, 이생의 자랑을 목적으로 사는 삶을 말합니다. 그런 사람은 절대 하나님과 이웃을 사랑할 수 없습니다.

나: 그러면 믿음, 소망, 사랑의 논리는 무엇입니까?
멘토: 그것은 고린도전서 13장 13절에서 말하는 것으로 영원한 가치에 목적을 둔 삶을 뜻합니다.

나: 그런데 믿음, 소망, 사랑이 어디 말처럼 쉽습니까?
멘토: 그렇지요, 쉽지는 않습니다. 그런데 그것을 쉽게 만들어 주는 것들이 있습니다.

믿음, 소망, 사랑의 논리로 가면 가능하지만 여전히 어렵죠.
하지만 진리, 십자가, 성령님과 함께 가면 너무나 쉽습니다.

가능하고 쉬운 것을 통합하면 더 쉽습니다.
진리의 믿음, 십자가의 사랑, 성령님의 소망과 비전으로 행하는 것입니다.

막연한 믿음이 아니라 하나님의 진리를 알고 믿는 것입니다.
막연한 사랑이 아니라 예수님의 십자가 사랑으로 사랑하는 것입니다.
막연한 소망이 아니라 성령님을 통해 받은 비전을 소망하며 실현하는 것입니다.

하나님 진리의 믿음은 비전의 목적지로 가는 지적인 방법을 일려 주고
예수님 십자가의 사랑은 목적지로 가는 정서적 방법을 알려 주고
성령님 소망의 비전은 그 목적지를 오늘 보며 누리며 행복하게 가게 합니다.

멘토: 혹시 나와 가족이 지속적으로 육체의 질병과 사업의 실패와 관계의 불화와 생명의 이른 죽음들을 경험하고 있습니까? 아직 온전히 회개 되지 않은 죄를 인하여 하나님께 막힘이 되고 그것을 빌미로 사탄이 형통을 막고 있을 수 있습니다. 그렇다면 다음 죄의 목록을 보시고 온전한 회개가 되었는지 점검하여 보십시오. 그래서 죄가 무엇인지를 알려주고 회개 법을 제시해주는 성경은 참으로 보물 중에 보물입니다. 성경엔 수많은 죄 목록이 있지만 결론은 다음 두 가지를 행하지 않은 것입니다.

> **첫째_** 네 마음을 다하고 목숨을 다하고 뜻을 다하여 주 너의 하나님을 사랑하라.
> **둘째_** 네 이웃을 네 자신같이 사랑하라. | 마태복음 22:37, 39

이것은 모세의 십계명의 핵심입니다. 십계명은 사람의 형통을 막는 중요한 죄 목록을 제시해 줄뿐 아니라 그 죄를 부축이는 잡영을 알고 대적하게 합니다. 마치 애굽의 열 재앙이 그것을 주관하는 애굽을 지배하던 열 가지 잡영을 무력화시키는 것처럼 말입니다.

다음 리스트를 보시고 잘 실천한 부분을 V 체크하여 보십시오. 체크가 안된 부분이 있다면 서둘러 회개하심으로 좋으신 하나님께서 예비하신 복된 것을 나와 자녀들이 누리게 하십시오.

		십계명에 근거한 질문	하위 죄들	V
하 나 님 사 랑	**1**	**[하나님 사랑과 잡령들 대적]** 너는 나 외에는 다른 신들을 네게 있게 말찌니라. 나와 자녀들은 오직 하나님을 믿고 그 진리를 따르고 있는가?	삼위일체 하나님을 전심으로 사랑하지 않고 무당, 여타 종교적 가르침을 따르기	
	2	**[우상 숭배 금지와 우상의 영 대적]** 너를 위하여 새긴 우상을 만들지 말고 나와 자녀들은 다른 신에 절하며 그 가르침을 따른 것을 온전히 회개함으로 우상숭배의 영의 지배를 무력화하고 자유로운가?	대대로 섬기던 가족의 우상, 제사를 통해 잡령들이 역사토록 하는 것, 다른 종교 행사 동조, 동참, 마법추구	
	3	**[하나님 경외와 미혹의 영 대적]** 너의 하나님 여호와의 이름을 망령되이 일컫지 말라. 나는 하나님께 대적한 일과 하나님의 이름으로 서원한 것을 행치 않은 일을 회개하고 온전히 돌이켰음으로 자유로운가?	좌절스러운 일이 있을 때 하나님을 원망하고 저주한 것, __만 해 주시면 __하겠다고 서원하고 지키지 않은 것	

이웃사랑			
	4	**[안식일 예배와 거룩 회복과 쾌락의 영 대적]** 안식일을 기억하여 거룩히 지키라. 나는 주일에 예배를 범하며 대신 거룩치 못하여 올무가 되는 일을 행한 것을 회개하고 온전히 돌이켰음으로 주의 날의 모든 축복을 받고 있는가?	주의 날에 허락하신 성취에 감사하여 감사 찬양과 예물을 드리지 않고 그것을 헛된 것에 쓰며 인생을 허비한 것	
	5	**[부모와 가족 사랑과 가족 파괴의 영 대적]** 네 부모를 공경하라. 나는 부모님을 전도하고, 시시때때 효도하며 공경함으로 부모와 형제를 통해 하나님께서 예비하신 복을 누리며 사는가?	부모, 형제, 친지를 사랑하지 않음으로 전도하지 않고, 지옥으로 가게하며, 불효와 불화로 가족이 고통 주고받기	
	6	**[생명 존중과 죽음의 영 대적]** 살인하지 말찌니라. 나는 마음이나 실제로 남을 살인하지 않고 주님의 사랑으로 존경하며 축복하며 살므로 죽음의 영이 주는 공포와 질병에서 자유로운가?	자살, 부모 살인, 가족 살인, 이웃 살인을 포함한 모든 살해 의도나 실제 살인, 술, 담배, 마약 중독의 자해	
	7	**[결혼 존중과 음난의 영 대적]** 간음하지 말찌니라. 나는 마음으로나 실제로 간음한 것을 온전히 회개하고 온전히 돌이켰음으로 음난의 영의 미혹에서 나와 자녀들이 자유로운가?	음난 (사진, 영화, 음악, 대화, 자위, 꿈 속에서 성교하는 것을 통한 음난한 미혹 즐기기), 간음, 강간, 혼음, 동성애, 동물과의 성교	
	8	**[물질 존중과 맘몬의 영 대적]** 도적질하지 말찌니라. 나는 도둑질을 했던 것을 온전히 회개하고 돌이켰음으로 물질의 영의 미혹에서 자유롭고 하나님이 주시는 의로운 풍요를 누리고 있는가?	가난과 결핍을 벗어나기 위하여 비전 실현에 성실히 집중하기 보다 남의 것을 불의하게 취한 것,	
	9	**[진실 존중과 거짓의 영 대적]** 네 이웃에 대하여 거짓 증거하지 말찌니라. 나는 거짓말한 모든 것을 온전히 회개하고 돌이켰음으로 거짓의 영의 미혹에서 자유롭고 진실과 진리의 열매를 누리고 있는가?	거짓말, 거짓 증거, 뒤에서 비방, 중상, 편가르기, 뇌물로 판단 흐리게 하기, 다툼, 편견과 차별, 핍박	
	10	**[이웃 존중과 시기와 교만의 영 대적]** 네 이웃의 집을 탐내지 말찌니라. 나는 남의 재산을 탐했던 모든 것을 온전히 회개하고 돌이켰음으로 탐욕의 영의 미혹에서 자유롭고 하나님께서 주신 것에 만족하며 평화와 풍요를 누리고 있는가?	열등감, 시기, 질투, 교만으로 인한 탐심, 육체와 물질에 과도한 집착	

성경이 말하는 회개의 방법

멘토: 그간 우리가 했던 회개와 용서는 과연 우리의 생명을 지켜줄 수 있는 온전한 방법이었을까요? 회개와 용서함에 있어서 우리가 놓친 것이 있을까요? 예수님께서 말씀하시는 회개와 용서는 오늘 날 우리가 생각하는 것과 같은 것일까요?

구약에서 회개를 뜻하는 말들은 다음과 같습니다.

나함 nacham_한숨 쉬다, 한탄하다, 위로하다, 후회, 미안해하다, 마음을 바꾸다, 생각을 좋게하다, 슈브 shub_응답하다, 돌아가다, 돌이키다, 죽다, 죽음에서 살아나다, 행위를 선하게 바꾸다

신약에서 회개를 뜻하는 대표적인 말은 다음과 같습니다.

메타노이아 metanoia_ 마음을 바꾸다, 돌이키다, 회개하다

결론적으로 회개는 하나님께서 각 개인과 인류 공동체가 하나님께서 예비하신 모든 축복을 순적하게 누리며 성숙하는 것을 방해하는 잘 못된 신념과 행동을 돌이켜 회복되는 것입니다.

회개의 과정은 다음과 같지만 신약에서 예수님의 은혜로 단순화됩니다.

1) 죄의 해악을 깨달고 애통해 하기, 2) 피해자의 아픔과 손실에 미안해하며 보상하기,
3) 제사장에게 제물 드려 제물의 피로 죄 대속받기 4) 회복에 대한 감사드리기

예수님께서 모든 제물과 그 피를 파하고 자신의 피로 회개가 가능해지도록 하심으로 불쌍한 동물들이 인간의 죄악으로 죽음 받지 않도록 하셨습니다. 그런데 이 사랑이 남용되어 말로만 쉽게 회개하고 또 같은 죄를 번복하는 일이 벌어짐으로 믿는 성도가 죄에 중독되는 일이 벌어졌습니다.

개인적으로 하나님께 회개하고 돌이킬 것은 주님께 혼자하여야 합니다. 그러나 다른 사람과 공동체가 함께 할 회개도 있습니다.

그러므로 예물을 제단에 드리려다가 거기서 네 형제에게 원망들을 만한 일이 있는 것이 생각나거든 예물을 제단 앞에 두고 먼저 가서 형제와 화목하고 그 후에 와서 예물을 드리라.
너를 고발하는 자와 함께 길에 있을 때에 급히 사화하라. 그 고발하는 자가 너를 재판관에게 내어 주고 재판관이 옥리에게 내어 주어 옥에 가둘까 염려하라.
진실로 네게 이르노니 네가 한 푼이라도 남김이 없이 다 갚기 전에는 결코 거기서 나오지 못하리라.
| 마태복음 5: 23-26

온전한 회개가 안되면 세상적으로는 피해자와 그 가족과 사회가 가해자의 성공을 시기하고 방해합니다. 그리고 영적으로는 사탄이 빌미를 잡고 가해자가 고통 속에서 하나님께 온전히 회개하기까지 즉, 죄값이 "한 푼이라도 남김이 없이 다 갚기"까지 괴롭힙니다. 그래서 믿는 성도라도 삶에서 형통이 없을 수 있습니다. 그래서 성경이 말씀해 주시는 회개의 방법이 우리의 능력이 됩니다.

멘토: 아직 해결되지 않는 회개거리가 있다면 어떻게 하면 좋을까요?

회개를 통하여 화해하지 않으면 다음과 같이 됩니다.

개인적으로 양심의 가책에 시달리고 사회적 혹은 법적으로 문제가 될 수 있습니다.
영적으로 주님께서 우리를 모른다고 하실 수 있는 일이고, 사탄이 지속적으로 빌미를 잡고 우리의
삶을 공격할 수 있습니다.
죽은 후에도 피해자와 사탄이 이 문제를 가지고 참소한다면 "옥에 갇히고 죗값을 다 치르기 전에
나올 수 없기" 때문입니다. (마태복음 5:25-26)

그러나 기쁘고 감사한 소식은 온전한 회개를 통하여 이 모든 것을 무효화할 수 있습니다.

온전한 회개의 방법은 다음과 같습니다.

주님께 죄와 죗값의 심각성을 깨닫게 해주심과 문제 해결의 지혜와 용기를 주심에 감사해야 합니다.
당사자에게 진심이 배인 미안함을 표하며 필요하다면 회복을 위한 지원과 적절한 보상을 드림으로
적대감을 무효화하고 서로의 존엄성을 회복하고 화해합니다.
그 다음에 주님께 화해 노력을 아뢰어 용서를 구한 후 사탄과 세상에 공표하여 그 문제로 인해 더이상
인생에서 빌미가 잡히지 못하도록 선포하는 것입니다.

만약 회개하고 화해할 사람을 만나지 못하거나, 아직 만날 용기가 없는 경우에는

아직 용기가 안 난다면 주님께 진실된 회개를 하고, 무명으로 용서를 구하며 배상할 것을 그에게 보냅
니다. 그가 죽었거나 연락처를 모른다면 자신이 지은 죄와 유사한 것으로 고통 당하는 사람들을 돕는
기관에 회개 보상금을 보내는 것입니다.

현재 이 책을 쓰면서 할 일은

이 『생명의 서』를 쓰면서 인식한 사건에 대한 진실된 회개의 내용을 기록하십시오.
화해를 위한 행동을 옮길 계획을 세우고 그대로 행하는 것입니다.

멘토: 이미 이전의 과오에 대해 회개를 했다면 또 할 필요는 없습니다. 그러나 그것이 온전한 회
개, 용서, 화해였는지는 확인해 보십시오. 서로의 존엄성을 회복하고 누릴 천국 기쁨의 크기를 안
다면 온전한 회개, 용서, 화해를 위해 하는 번거로움은 아주 작은 투자입니다.

멘토: 사람 간의 회개, 용서 그리고 화해의 중요성을 반어법적으로 보여주는 [밀양]이라는 영화가 있습니다. 2007년 칸 영화제에서 전도연 배우에게 여우주연상을 안겨준 깊이 있는 영화입니다. 여주인공의 이름은 '신애'로 기독교적 주제를 다루고 있습니다.

잔혹한 살인자에게 아이를 잃은 신애는 절망 속에서 새로운 희망을 주시는 예수님을 영접합니다. 삶에 대한 새로운 인식과 안식을 얻는 그녀는 주님의 사랑에 감격하여 아들을 죽인 살인자를 용서해주려고 교도소에 찾아갑니다. 그런데 그 살인자가 자신도 감옥에서 주님을 영접하고 회개해서 다 용서받았다고 말합니다.

신애는 혼돈에 빠집니다. 내가 용서해주기도 전에 하나님께 회개하면 다 용서받았다고 믿으면서 평안하게 사는 그 살인마를 신애는 도저히 용서할 수 없었습니다. 마음이 무너진 신애는 그런 하나님과 기독교가 싫어졌습니다. 그리고는 스스로 타락하고 남도 타락시키고 마침내 정신병원에 입원하게 되고 퇴원하지만 끝내 회복되지 못합니다.

살인자도, 피해자도 예수님을 믿고 예수님께 회개하고 용서를 받은 것은 고귀한 일입니다. 그러나 영화는 더 온전한 이해 없이 행해진 값싼 회개가 어떤 문제를 야기하는지를 지적합니다. 영화의 원작은 소설가 이청준의 『벌레 이야기』입니다. 소설에서 살인범은 나름 진정한 참회를 하고 사후 신장과 안구를 기증하기로 했으며 피해자 엄마에게도 용서를 빕니다. 어찌 보면 모범 답안 같은 변화를 하고 성자처럼 살고 있습니다. 그런데 소설에서 피해자 어머니인 약사가 절규합니다.

"하지만 나보다 누가 먼저 용서합니까. 내가 그를 아직 용서하지 않았는데 어느 누가 나 먼저 그를 용서하느냐 말이에요. 그의 죄가 나밖에 누구에게서 먼저 용서될 수 있어요? 그럴 권리는 주님에게도 있을 수가 없어요. 그런데 주님께선 내게서 그걸 빼앗아가버리신 거예요."[2]

소설과 영화에서 두 여주인공의 공통점은 살인자를 끝내 용서하지 못한다는 것입니다. 소설에서 약사는 살인자의 사형 집행 후 자살을 함으로 하나님께 최대의 반항을 합니다. 영화 속에서의 신애는 하나님께 대한 반항으로 장로를 타락시키고 정신병원에 갔다가 실낙원 같은 모습으로 그려지는 집으로 돌아오는 장면으로 끝납니다.

소설은 성자가 된 살인자와 그를 용서하지 못하여 스스로 살인자가 된 피해자 중 누가 진짜 벌레인지를 질문합니다. 영화 [밀양]은 신애가 살게 된 도시의 이름이지만 동시에 비밀스러운 태양이라는 뜻도 있습니다. 그리고 밀양에 사는 종찬이라는 사람을 조용히 부각시킵니다. 종찬은 하나님을 대적하고 정신병원에도 다녀온 신애를 무조건적인 사랑으로 따뜻한 햇빛처럼 돌봅니다. 마치 하나님께서 죄인과 의인에게 차별없이 따뜻한 햇빛을 주시는 것처럼 말입니다. 두 작품 모두 기독교를 비판한 이야기로 보이지만 온전한 용서, 회개 그리고 화해 없이 자신의 고집으로 살면 모두 파멸한다는 성경적 진실을 보여 줍니다.

멘토: 다음은 온전히 회개한 지혜와 용기 있는 영웅들의 이야기입니다.

3,000년 전의 회개

3,000년 전 이스라엘의 왕이었던 다윗은 이웃에 살던 충직한 병사의 아내를 사랑하는 죄를 지었고 그 죄를 덮기 위하여 그녀의 남편을 전쟁터에서 죽게 만들었습니다. 하나님은 선지자 나단을 보내어 다윗의 죄를 지적하고 회개하도록 하십니다. 시편 6편과 51편은 그의 회개를 보여줍니다.

내가 탄식함으로 피곤하여 밤마다 눈물로 내 침상을 띄우며 내 요를 적시나이다. | 시편 6:6
하나님께서 구하시는 제사는 상한 심령이라 하나님이여, 상하고 통회하는 마음을 주께서 멸시하지 아니하시리이다. | 시편 51:17

여기에서 세 가지를 알 수 있습니다. 하나님의 법과 사랑, 그리고 인간의 반응입니다. 사실 왕이면 자신이 국가의 법과 같은 존재이지만 그는 자신 위에 하나님과 하나님의 법이 있다는 것을 인정했습니다. 그리고 사랑의 하나님은 다윗으로 하여금 회개할 기회를 주십니다. 그리고 다윗은 왕으로서의 모든 자존심을 내려 놓고 겸손하게 그리고 절실하게 회개합니다. 이것이 "하나님의 마음에 합한 자"라는 말을 듣게 된 위대함입니다.

4년 만의 회개

2006년 경기도 하남에 사는 한 청년이 12만 원을 가지고 도시락 가게를 방문했습니다. 그가 중학교 때 돈이 없어 내지 못했던 도시락 값보다 더 많은 12만 원을 들고 간 것이었습니다. 고등학교 졸업 후 일을 하여 4년 전의 돈을 지불한 것이었습니다.[3]

9년 만의 회개

2006년 한국 그랜드 인터컨티넨탈 호텔에 따르면 미국인 P 씨가 최근 50달러가 동봉된 편지 한 통을 보냈습니다. 9년 전 가지고 간 슬리퍼 값의 10배를 지불한 것이었습니다. 호텔 지배인은 50달러를 돌려주며 슬리퍼 한 켤레를 보냈다고 합니다.[4]

짬뽕 2개

2022년 7월 강원 춘천시 후평동에서 50년 가까이 중식당을 경영했던 김모(76) 씨는 집 앞에 지역 상품권 3만 원과 다음 글이 적힌 편지를 받았습니다. "예전 중식집을 하셨을 때 갑작스러운 이사로 본의 아니게 식대를 못 드리고 왔습니다. 죄송합니다."[5]

멘토: 다윗왕의 회개와 음식값의 회개는 모두 고귀합니다. 주님 앞에 모든 상한 심령의 회개의 가치는 같습니다. 죄가 없었던 의인이 없고, 회개하지 않은 성자가 없으며, 미래가 없는 죄인도 없습니다.

멘토: 회개를 통해 한국 교회 부흥의 시발점이 되게 한 분들을 평양에서 만나 보겠습니다.

100년 전 평양 장대현 교회에서는 4개월여 간 연합 기도회가 열렸습니다. 그런데 기적적인 일이 전혀 일어나지 않았기에 모두 실망하고 있던 참이었습니다. 마지막 집회에 1,000명의 성도들이 기도를 하고 있었는데 교회 대표인 길선주 장로가 회개하기 시작했습니다. "저는 아간입니다. 하나님께서 나 때문에 축복하실 수 없습니다. 저는 1년 전 내 친구가 임종하면서 맡긴 재산을 관리하면서 그 미망인의 돈 100불을 가로챘습니다. 제가 하나님을 가로막았습니다."

그러자 거의 완전에 가까운 사람이라고 존경받고 있던 한 집사가 부흥운동이 진행되는 동안 안절부절못하다가 마침내 교회 구제기금 훔친 것을 자백했습니다. 한 여인은 저녁 군중이 모인 자리에서 간음죄를 고백했고 그의 남편은 눈물로 걸어 나와서 범죄한 아내 앞에서 무릎을 꿇고 그녀를 용서했습니다. 이러한 놀라운 사건들은 사람들을 움직이게 하지 않을 수 없었으며 교회는 사람들로 들끓게 되었습니다.

어떤 사람들은 조롱하기 위해 교회에 왔다가 두려움 중에 기도하기 시작했습니다. 한 도둑 두목은 호기심으로 왔다가 죄를 깨닫고 자기를 감옥에 넣어 달라고 간청했습니다. 깜짝 놀란 경찰관은 그를 고소하는 사람도 없고 증거도 없으므로 체포할 수 없다고 맞섰고 그는 결국 풀려났습니다. 부흥회 기간에 평양을 맡고 있던 일본 관리가 있었는데 그는 서구의 불가지론에 물들어 신자를 경멸하는 사람이었습니다. 그런 그도 그곳에서 결국 주 예수를 따르는 무리가 되었습니다.

1910년 10월, 어느 한 주의 평양 교회 통계를 보면 그 주에만 4,000명이 세례를 받았고, 수천 명이 새로 교회에 등록했습니다. 신자들은 하나님의 사역을 위해 그들이 가진 모든 것을 바쳤습니다. 남자들은 시계를 끌렀고, 부인들은 패물을 내놓았습니다. 다른 이들은 땅문서를 바쳤습니다. 그들은 더 바칠 것이 없어서 울었다고 합니다.

http://www.cs.ucla.edu/~hjmoon/technote/read.cgi?board=FREE_BOARD&y_number=15&nnew=1

위 글은 현장을 경험한 캐나다 조나단 고포드(Jonathan Goforth, D.D.) 선교사와 그의 아내 로잘린드(Rosalind)가 경험한 것을 쓴 소책자 『조선에 성령의 불이 휩쓸었을 때』(When The Spirit's Fire Swept Korea)[6]를 요약한 글입니다.

나: 멘토님, 한국 교회의 부흥에는 해외 선교사님들의 순교도 귀했지만, 평양의 믿음의 선배들의 회개가 너무나 중요한 전환점이었군요. 회개를 통한 정결함의 중요성을 알겠습니다. 회개는 주님께서 기쁘게 역사하실 발화점인 것을 깨달았습니다. 이제 저의 회개를 통하여도 제 자신과 가정, 교회와 비전 영역의 변화에 전환점이 되기를 간절히 간구합니다.

4장. **온전한 용서**

여기에서는 용서를 통하여 회복된 사람들을 살피며 성도가
회복될 수 있는 비전을 제시할 것입니다.

멘토: 어디까지 용서해야 할까요? 성경은 모두를 무조건 용서하라고 말씀하시는 것 같은데 그것이 어디 쉬운 문제인가요?

한일간 강제 징용과 위안부, 북한 공산주의자들의 6.25만행은 쉽게 용서될 수 없는 일입니다. 그리고 홀로코스트(holocaust, 1933-1945) 동안 약 600만의 유럽계 유대인들이 학살당한 것도 그러합니다. 이런 역사적 사건 외에도 개인들이 당하는 억울한 일들도 많습니다.

사실 출애굽기에서는 "이는 이로" 즉 피해 받은 만큼 갚는 것으로 해결하라고 했습니다.

> 그러나 다른 해가 있으면 갚되 생명은 생명으로, 눈은 눈으로, 이는 이로, 손은 손으로, 발은 발로,
> 상하게 한 것은 상함으로, 때린 것은 때림으로 갚을지니라. | 출애굽기 21:23-25

어쩌면 이것이 가장 합리적으로 보이기도 합니다. 문제는 모두 이런 방식으로 행한다면 머지 않아 온전한 사람은 하나도 남지 않을 거라는 것입니다. 그래서 등장하는 것이 용서입니다. 그러나 학대를 당하고 살아남은 이들 그리고 가족을 잃은 이들은 용서에 대하여 다양한 견해를 가지고 있습니다.

> 어떤 이들은 절대로 용서할 수 없고 잊을 수도 없다고 주장하고,
> 용서는 하되 절대로 잊지 말라고 하는 사람도 있고,
> 용서하고 잊으라는 사람도 존재합니다.

그렇다면 어떤 것이 맞을까요? 각자 알아서 선택하면 되는 것일까요?

유대인들 중에는 나치의 만행에 대하여 절대로 용서하지도 잊지도 말아야 한다고 하는 이들이 있습니다. 그 이유는 피해자들에 대한 예우와 미래에 대한 공포 때문이라고 합니다. 유대인들과 독일의 주변국들은 국가적으로는 독일의 나치를 용서하였습니다. 그들을 어떻게 왜 용서하였을까요?

독일은 나치가 저지른 행위를 반인륜으로 규정하고 성경적인 참된 회개와 배상, 그리고 매년 피해자들을 위한 회개와 헌화 시간을 반복적으로 가짐으로 그 회개의 진실성을 증명했고, 주변국들은 자신의 부모를 죽인 독일을 용서하고 함께 성장을 추구하고 있습니다. 그러나 성경적 회개와 화해에 대한 진리를 모르는 일본 정부는 진정한 회개도 없고 그럼으로 진정한 용서도 못하고 주변국과 갈등을 유발하고 있습니다.

이런 역사가 보여주는 것은 성경적 회개의 중요성입니다. 독일은 전범국이고 독일 교회도 나찌에 협조하며 배교를 한 부분도 있었지만 그래도 기독교적 사상을 가지고 있었기에 의식 있고 믿음 있는 정치 지도자들의 노력으로 그런 죄를 회개하고 주변 피해 국가들에 사죄를 함으로 화해를 가져왔던 것입니다. 성경의 진리를 믿는 지도가 있었던 나라는 성숙하게 행동했고 그 복된 열매를 거두었습니다.

멘토: 이제 성경이 말하는 용서에 대하여 살펴보겠습니다.

　　진정한 용서는 나에게 해를 끼친 그 사람도 하나님의 형상으로 지음을 받았으며 그러므로 언젠가 그가 돌이키면 하나님께서 주신 미래 비전을 실현할 존귀한 사람이 될 것으로 기대하고 대하라는 것입니다. 그의 부족함을 용납하고, 나에게 끼친 손해 부분에 대하여 배상을 요구하지 않으며 그의 미래를 축복해 주는 것입니다. 그래서 그가 나로 인한 죄의 족쇄 없이 하나님께서 주신 미래 비전을 자유롭게 실현할 수 있도록 지원하는 것입니다. 그것이 예수님께서 당신에게 기대하시는 관점입니다.

　　그런데 내가 먼저 원수를 용서하는 것은 매우 중요합니다. 내가 용서하지 않으면 하나님께서도 나의 죄를 용서하지 않으시기 때문입니다. 그래서 주님은 주기도문에서도 먼저 하는 용서를 강조하시며 내가 용서받고 온전한 구원을 받는 것이 필수 조건임을 말씀하십니다.

> 우리가 우리에게 죄 지은 자를 사하여 준 것 같이 우리 죄를 사하여 주시옵고
> 너희가 사람의 잘못을 용서하면 너희 하늘 아버지께서도 너희 잘못을 용서하시려니와
> 너희가 사람의 잘못을 용서하지 아니하면 너희 아버지께서도 너희 잘못을 용서하지 아니하시리라.
> | 마태복음 6: 12, 14-15

　　그런데 용서는 절대로 쉽지 않습니다. 그 이유는 1) 지금 자신에게 지속적으로 해를 끼치고 있고 2) 그들은 회개하지 않고 있으며 3) 용서를 구하지 않고 있기 때문입니다. 그런데 이런 자들도 용서해야 할까요? 예수님이라면 어떻게 하실까요? 과연 그런 사람들도 용서하라고 하실까요? 예수님께서 십자가에 못 박혀 죽으시며 하신 첫 번째 말씀은 다음과 같습니다.

> 이에 예수께서 이르시되 아버지 저들을 사하여 주옵소서 자기들이 하는 것을 알지 못함이니이다.
> | 누가복음 23:34

　　예수님께서 이렇게 말씀하시는 정황을 살펴보아야 합니다. 예수님께서는 1) 지금 자신을 죽이고 있는 자들 2) 회개하지 않은 자들 3) 용서를 구하지 않는 자들에 대한 용서를 아버지께 간구하시는 것입니다. 우리도 예수님처럼 절대로 용서할 수 없는 사람을 용서해야 합니다. 왜입니까?

　　이유는 우선 용서는 1) 용서하는 사람으로 하여금 영적, 심리적, 육체적 2차 피해를 피하고 평안을 누리게 함이고 2) 또 용서해줌으로 하나님과 같은 권세를 행할 수 있으며 3) 용서받는 이로 하여금 수치와 불안감, 양심을 회복하게 하려는 것입니다. 예수님의 십자가 용서에 대한 더 자세한 내용은 저자의 책,『크로스 코드』를 참고하십시오. [7]

　　이런 용서는 오직 주님만 하실 수 있을까요? 한 손녀가 차를 후진하다가 마당에서 일하시던 할머니를 치었고, 죽어가던 할머니가 이런 말을 하셨습니다. "난 괜찮다. 내가 괜히 거기 있어서 손주에게 몹쓸 경험을 하게 했구나. 다 내 잘못이다." 사랑하면 용서할 수 있고, 용서할 필요도 없는 것입니다. 현재를 사랑하지 못하더라고 변화와 성숙을 추구하는 그 사람의 미래는 미리 사랑할 수 있습니다. 측량할 수 없는 사랑으로 우리를 용서하신 그분이 우리도 그렇게 하라고 하십니다.

멘토: 그러면 용서를 어디까지, 어떻게 해야 할까요?

예수께서 이르시되 네게 이르노니 일곱 번뿐 아니라 일곱 번을 일흔 번까지라도 할지니라. | 마태복음 18:22

예수님께서 하신 이 말씀은 숫자적으로 7X70=490번을 말하는 것이 아니라 숫자에 관계없이 하라는 것입니다. 이것을 인간이 어떻게 할 수 있는지 궁금하시죠? 쉽습니다. 당신이 용서를 받아야 할 입장이라고 생각해 보십시오. 그러면 무한의 용서를 받고 싶겠죠? 사실 주님께서는 우리가 태어난 순간부터 수 십 번이 아니라 수 억 번을 용서해 주셨습니다.

예수님께서 용서를 이렇게 심각하게 말씀하시는 이유를 돈에 비유하여 말씀해 주십니다. 용서는 빚의 탕감과 같습니다. 내가 빚진 만 달란트를 탕감(용서)받고, 백 데나리온 빚진 자를 용시하지 않는 사람은 사악하여 용서받지 못한다고 마태복음 18장 23-35절에서 말씀하십니다. 그러므로 용서는 대상과 사건에 관계없이 무조건 하라는 것입니다. 그러면 히틀러나 김일성은 어떻게 해야 할까요? 용서는 하고 심판은 주님께 맡기라는 것입니다. 우리는 이미 [밀양]이라는 영화에서 신애가 용서하지 못함으로 스스로를 가장 먼저 파괴한 것을 보았습니다.

용서할 때 가장 큰 수혜자는 바로 자신입니다. 그 이유는 용서는 주님께서만 하실 수 있는 용서의 권세를 행사함으로 악순환의 고리를 끊는 권세자 반열에 서는 것이며, 하나님의 권세자로서 자신의 죄들도 용서받을 수 있는 자격을 획득하기 때문입니다. 그렇다면 용서는 어떻게 해야 할까요?

용서는 다음과 같이 하십시오.

주님께서 나 같은 사람도 용서하신 것을 우선 인식하고 감사드리며
성령님의 도우심을 청하며 나에게 잘못한 사람의 과실을 내가 먼저 용서하기를 주님께 말씀드리고
그 당사자에게 직접 말하는 것입니다.
그리고 그를 아무일 없었던 것처럼 대하며 그가 성장할 기회를 주는 것입니다.
그가 자신이 잘못한 것을 진심으로 회개하지 않는다면 심판은 주님께서 하실 것입니다.

만약 당사자가 없거나, 만나지 못하거나, 만나고 싶어하지 않는다면……

가해자의 가족이나 연관된 자에게 자신의 용서를 말하여 그가 나의 선한 선물을 인식하도록 하십시오. 전혀 연락이 안 되어 그것도 불가능하다면
하나님께서 기회를 주시도록 우선 이 책에 기록하고 증거가 되게 하십시오.

나: 멘토님, 용서를 하는 것이 그런 권세와 자격을 얻게 되는 것임을 알게 해 주셔서 감사합니다. 용서하면 악한 자를 더 악하게 만드는 것이 아닌가 라는 생각도 했는데 그게 아니었네요. 나머지는 주님께 맡기고 행하겠습니다.

멘토: 베티 제인 스펜서와 골디 메 브리스톨이라는 두 사람은 서로 다른 판단으로 다른 용서를 합니다. 미국의 상담 신학자 데이빗 억스버거(David Augsburger) 박사는 그의 책 『용서하도록 돕기』(Helping People Forgive)에서 두 용서의 사례를 소개합니다.

베티 제인 스펜서-용서해야 하나요?

그 여자의 이름은 베티 제인 스펜서다. 몇 년 전 그녀의 농장에 마약을 한 청년들이 들이닥쳐, 그녀의 아들들을 몰살하고 그녀도 총에 맞아 죽을 뻔한 사건이 있었다. 범인들은 체포되어 감옥으로 갔는데 그중 한 청년은 예수를 영접하고 그녀에게 용서를 구하는 상황이었다.

그녀는 깊은 상심에 있다가, 이제 피해자의 권리를 주장하는 단체를 만들고 전국을 돌며 강연을 하는 사람이 되었다. 예수님을 영접한 그 살인자가 잘 되기를 원하지만 다시는 그와 어떤 연관도 맺고 싶지 않다는 것이 그녀의 확고부동한 마음이었다.

그녀는 출석 교회 담임인 로드 목사에게 질문을 하였다. 질문의 요지는 과연 내가 미안하다는 말을 하지 않는 범인을 용서하여야 하는가?였다. 아마 그 청년은 베티에게 용서를 구할 때 미안하다는 말을 안 했나 보다. 그 목사님은 자신에게 6개월의 시간을 달라고 한 다음 유대 기독교 전통의 서적을 연구하면서 답을 찾으려 노력하였다.

그리고 6개월 후에 답을 주었다. 용서하지 않아도 된다는 답이었다.

골디 메 브리스톨-제가 그 사람입니다.

1980년대 초 캘리포니아 남부에서 한 여자가 납치당한 후 난폭하게 강간을 당하고 살해되었다. 범인은 잡혀 종신형을 받았다. 그러나 법은 상심한 어머니에 대하여 어떤 위로도 주지 못하였다. 어머니 골디 매 브리스톨은 분노로 인해, 우울증과 불면증에 시달렸다. 주체하지 못할 정도가 된 그녀는 직장도 그만두고 다른 도시로 이사를 하였지만 정착을 못하였고 비통함만 더 커진 상태에서 또 이사를 하여야 했다.

그러던 어느 날 새롭게 사귄 친구가 교회에 초대를 하였고 처음엔 시큰둥했지만 지속적인 교회의 성경 공부와 따뜻한 관계들을 통하여 조금씩 마음을 열기 시작하였다. 3-4년이 지난 시점에서 조금씩 딸의 기억 중에 아름답고 소중한 기억들을 되살릴 수 있었다. 딸과의 행복했던 기억들은 딸의 마지막 죽음의 비탄보다 더 크게 다가왔고 비인간적인 괴물쯤으로 생각하였던 살인자에 대한 생각도 조금씩 바뀌기 시작하였다. 영원히 용서치 못할 것이라고 생각했던 것에 반하여 이제는 용서를 생각하기 시작하였고 그것을 교회에서 간증하기도 하였다. 그녀는 마침내 살해된 자녀를 가진 부모 모임에서 강연을 하였고 감옥의 수감자들에게도 강연을 하였다.

그런 어느 날 그녀는 집 근처 감옥의 원목의 초청으로 30여 명의 죄수들 앞에서 설교단을 꼭 쥐고 간증을 하였다. 긴 고통의 세월과 회복기, 용서할 수 있는 마음을 갖게 된 어렵게 얻은 승리에 대하여 그녀는 가슴 깊이 우러난 감동을 나누었다.

"나는 담 밖에 있던 한 여인이 자신의 소중한 딸의 생명을 짓밟은 사람을 용서했다는 것을 말하기 위하여 이 자리에 섰습니다. 그분이 당신도 용서했습니다. 예수님의 이름으로 당신이 사랑받고 있음과 인간으로서 존귀함을 가지고 있다는 것을 느끼기 원합니다. 당신이 무슨 일을 저질렀든지 나는 당신을 용서하였습니다. 하나님께서 당신을 용서하셨고 이제 사회에서 존경받고 존귀한 사람으로 되돌아오기를 바라십니다." 그녀가 잡고 있던 설교단이 흔들리고 있었고 잠시 고요한 침묵 후 한 사람이 일어섰다.

"브리스톨 여사님, 제 이름은 마이클 데니스 케이스입니다. 제가 바로 당신이 용서한 그 사람입니다." 그녀는 예상치 못한 일로 인해 숨이 멎을 지경이 되었다. 그녀의 눈에 눈물이 가득 차고 그녀는 천천히 팔을 벌렸다. 그가 단상으로 흐느끼면서 나왔고 그들은 껴안았다. 그녀의 용서를 향한 여정이 끝난 것이었다. 그리고 그의 용서의 완성을 향한 여정이 막 시작되고 있었다.[8]

멘토: 위의 두 이야기 중에서 어느 쪽에 더 공감이 가는지요?

용서는 이렇게 극적인 사건들에만 해당될까요? 그렇지 않습니다. 가장 중요한 용서는 가족 간의 사소한 것부터 시작되어야 합니다. 어린 시절에 어머니로부터 돈을 훔쳤다고 오해를 받고 매질을 당한 어떤 딸이 그녀의 어머니가 많이 편찮으시자 전에 그 사건에 대하여 대화하면서 "엄마, 나 그때 돈 안 훔쳤어요"라고 말씀드렸답니다. 어머니는 "나는 기억이 안 난다. 그런데 내가 그렇게 했다면 미안하다. 나를 용서해다오"라고 대답했고 따님은 그 대화 후 어머니에 대한 서운함과 미움을 풀고 돌아가시기 전까지 어머니를 극진히 모셨다고 합니다.

진정으로 지혜로운 사람은 회개, 용서, 화해를
매일 잠자리에 들기 전에 함으로 묶인 것을 풀고 자유하며
주님께서 자신에게 주신 비전 실현에 장애물을 만들지 않는 사람입니다.

분을 내어도 죄를 짓지 말며 해가 지도록 분을 품지 말고 마귀에게 틈을 주지 말라.

하나님의 성령을 근심하게 하지 말라 그 안에서 너희가 구원의 날까지 인치심을 받았느니라.
너희는 모든 악독과 노함과 분냄과 떠드는 것과 비방하는 것을 모든 악의와 함께 버리고
서로 친절하게 하며 불쌍히 여기며 서로 용서하기를 하나님이 그리스도 안에서 너희를 용서하심과
같이 하라. | 에베소서 4:26-27, 30-32

멘토: 한센인을 돌보며 고름을 빨았던 손양원 목사님과 비슷한 길을 간 목사님이 계십니다.

　　김요석 목사님은 독일 튀빙겐 대학교에서 사회학 박사 학위를 취득한 분입니다. 그런데 그 학위 가지고는 진정으로 사회를 바꿀 수 없음을 깨닫습니다. 그래서 히브리어, 그리스어, 라틴어 등을 함께 배워야 하는 신학 박사 학위를 이어서 취득합니다. 당시 선진국에서 풍요로운 삶을 살면서 그 유명한 튀빙겐 대학에서 교수 자리를 내정 받았던 그는 그 자리를 마다하고 한국에서 음성 한센병자촌(나병환자촌)에서 사역을 하였고, 환자들의 살 속으로 썩어 들어가는 환부의 고름을 빨아 내어 고통을 줄여주는 일을 서슴지 않고 행하였습니다.

　　그가 영호 마을에서 목회를 할 때 주변 동네에 양 씨라는 분이 있었습니다. 그 분은 불교가 득세하는 동네에서 예수를 잘 믿었고 이웃들에게 서운한 대접을 많이 받으면서도 믿음을 지켰습니다. 어느 한 여름에 양 씨의 돼지 다섯 마리가 옆집의 채소를 다 먹었답니다. 옆집 주인이 손해 배상으로 돼지 다섯 마리를 다 달라고 한다며 화가 나서 목사님을 찾아왔습니다. 목사님은 하나님께서 더 많은 것으로 갚으실 것이니 다 주라고 하였답니다. 참으로 어려운 일이었지만 그는 순종하였답니다.

　　그리고 그 해 가을에 양 씨가 웃으면서 목사님께 상의를 하러 왔답니다. 말인 즉, 이웃집의 황소 7마리가 자신의 밭의 채소들을 뜯어먹고 있었고 이웃집 주인이 사색이 되어 변상할 방법을 물어 왔다는 것입니다. 당연히 이전에 자신의 돼지를 빼앗긴 논리로 황소 7마리를 끌고 오고 싶었지만 목사님께 먼저 여쭙고 싶었답니다. 이에 김 목사님은 예수를 믿는 이로써 똑같이 앙갚음을 하지 말고 용서하라고 하였답니다.

　　양 씨는 침통한 마음으로 집에 돌아갔습니다. 그리고는 어렵게 순종하였습니다. 그리고 그 다음날 양 씨가 다시 신이 나서 웃으면서 와서는 이웃집 사람이 한 말을 전하였습니다. 그의 이웃은 밤에 한숨도 못 잤답니다. 도대체 왜 황소를 달라고 하지 않을까? 왜 아무 손해 배상도 받지 않을까? 자기는 돼지를 다 끌고 왔는데 그렇게 밤새 고민을 하던 이웃은 그렇게 밤을 새고 오후에 마침내 돼지 90마리를 끌고 자신의 집으로 왔습니다. 그리고는 자신의 행동 때문에 화가 났을 텐데 그렇게 용서해준 자신을 이해할 수 없다면서 앞으로 이웃끼리 잘 지내자는 말과 함께 돼지를 다 주었답니다. 그 돼지들은 자신이 준 돼지들이 그간 새끼를 낳은 것들이었습니다. 양 씨는 돼지를 다 돌려받은 것도 모자라 수고 한 번하지 않고 많은 새끼까지 얻은 것도 기뻤지만 무엇보다 사람들이 자신을 통해 예수님을 알게 되고 예수님 잘 믿는 사람으로 인정받았다는 사실이 가장 큰 기쁨이라고 하였습니다.

　　양 씨의 용서 이야기는 진리를 믿고 실현하며 사는 사람의 용기와 결단 그리고 그 복된 결과를 보여줍니다.

5장. 회복된 사람들의 이야기

여기에서는 불의한 것 같으나 회복되어 의롭게 된 사람들을 살피며
이들처럼 성도도 회복될 수 있는 방법과 비전을 제시할 것입니다.

멘토: 처음 소개할 사람은 예수님의 비유에 나오는 사람입니다. 누가복음 16장에 나오는 한 청지기 이야기를 통해 어떻게 회복되고 의롭다 여겨질 수 있는지 그 방법에 대하여 알아 보겠습니다.

한 청지기가 불의하게 살아서 이제 파면을 당하고 후에 살길이 막막한 상황에 처했습니다. 그가 꾀를 내어 주인에게 빚진 자들을 불러 빚을 깎아 주므로 환심을 사서 그들이 훗날 자신을 돌보아 주도록 합니다. 불의한 종이 불의한 일을 했지만 주님은 그 청지기를 칭찬하십니다. 주님이 칭찬하신 부분은 그가 살길을 찾기 위해 행한 지혜입니다. 이처럼 만약 당신이 그간 불의하게 살아왔다 해도 이제는 천국에서 살길을 찾기 위하여 행동해야 한다는 것입니다. 이 이야기를 우리의 삶과 연결하면 다음과 같습니다.

1. "청지기"(16:1)라 함은 주인에게 비전을 받고 비전 실현을 위한 자산을 경영하는 사람입니다. 우리 모두도 하나님의 청지기입니다. 따라서 우리 존재도 하나님께서 주신 비전과 자원을 부여받은 사명자라는 것을 말해줍니다.

2. "주인의 소유를 낭비한다"(16:1)는 말은 주님께서 당신에게 비전과 사명을 주시고 이를 이루도록 영적, 혼적, 육체적, 물질적 자원도 주셨는데 당신이 그 자원을 엉뚱한 일에 허비한 상황이라는 것입니다.

3. "청지기의 직무를 계속하지 못한다"(16:2)는 말은 곧 심판과 끝이 온다는 말입니다. 그것이 파면일 수도 있고, 은퇴일 수도 있지만 궁극적으로는 죽음을 의미합니다.

4. "네가 보던 일을 셈하라"(16:2)는 말은 그 동안의 삶을 행위와 열매에 따라 심판한다는 말입니다. 이것은 요한계시록에서 행위에 따라 심판하겠다고 누누이 강조하시는 말씀입니다. 이때 청지기로서 받은 비전을 실현하기 위해 믿음과 성실함으로 살아온 이들은 당황하거나 놀라지 않고 오히려 기대하게 됩니다.

5. "땅을 파자니 힘이 없고 빌어 먹자니 부끄럽구나"(16:3)라는 말은 자신이 심판을 당할 것이며 이는 궁극적으로 죽음 후 가게 될 지옥의 상황을 말합니다.

6. "주인이 내 직분을 빼앗으니 내가 무엇을 할까?"(16:3)는 죽기 전에 어떻게 사태 수습을 할 것인지 스스로 생각하는 상황입니다.

7. "불의한 재물로 친구를 사귀라"(16:9)는 것은 이제라도 회개하며 그간 불의하게 모은 재물을 풀어서 다른 사람과의 관계를 회복하라는 것입니다. 그런 후 하나님과의 관계도 회복하고 하나님께서 주신 비전에 합당한 삶을 살라는 것입니다.

8. "너희가 만일 남의 것에 충성하지 아니하면 누가 너희의 것을 너희에게"(16:12)라는 말은 하나님께서 맡기신 것에 대하여 청지기 정신으로 충성하면 주께서 청지기에게 예비된 상급을 주실 것이라는 것입니다.

예수님께서 이 불의한 청지기 이야기를 해 주신 중요한 이유는 1) 당신의 삶을 돌아보고 2) 주어진 비전과 사명을 온전히 감당치 못한 미흡한 부분을 돌이키며 3) 남은 삶 동안 그것을 회복하여 다음에 전개될 삶에서 잘살 수 있도록 하라는 것입니다. 이 땅에서의 남은 삶, 그리고 앞으로 펼쳐질 천국에서의 새로운 삶을 위하여 당신은 매우 중요한 일을 시작하셨습니다. 『생명의 서』는 당신이 맡은 일을 자세히 살피고 셈하며, 살 궁리를 하도록 돕는 책입니다. 힘내십시오!

36 칭찬받은 불의한 삭개오

멘토: 오늘은 인생을 살면서 내외적으로 많은 문제를 가지고 살았지만 온전한 변화가 무엇인지를 보여준 용기 있는 사람 삭개오에 대하여 살필 것입니다.

누가복음 19장에 나오는 삭개오에겐 민감한 이슈가 많았습니다. 키가 작았고, 유대인들이 혐오하는 로마편에 서서 세금 걷는 일을 했습니다. 유대인들의 관점에서 보면 로마 앞잡이로, 사악한 죄인이 아닐 수 없습니다. 그런 그가 변했습니다.

어느 날 예수님께서 삭개오가 사는 여리고 동네를 방문하셨을 때 사람들이 모여들었습니다. 키가 작은 그는 돌무화과나무에 올라가서 예수님을 보았습니다. 세리장이고 부자였던 그는 소위 체면과 자존심도 있었을 텐데 말입니다. 아마 그에게는 그런 자존심보다 자기 삶 속에서 가지고 있는 열등감, 소외감, 그리고 세금을 거두면서 가지고 있었던 죄책감 등이 더 커서 그 문제를 주님께 치유받고 싶었던 것 같습니다.

삭개오는 겉으로 보기와는 달리 속으로는 진리, 사랑, 회복을 간절히 원했던 순수한 사람이었던 것 같습니다. 그런 그의 간절함을 주님께서 알아보시고 그의 집에 들어가 하루를 머무셨습니다. 모두가 혐오하는 죄인 집에 주님 스스로 들어가신 것입니다.

주님을 모시고 말씀을 들은 삭개오는 이렇게 말합니다.
> 삭개오가 서서 주께 여짜오되 주여 보시옵소서 내 소유의 절반을 가난한 자들에게 주겠사오며
> 만일 누구의 것을 속여 빼앗은 일이 있으면 네 갑절이나 갚겠나이다. | **누가복음 19:8**

그러자 예수님께서 말씀하십니다.
> 예수께서 이르시되 오늘 구원이 이 집에 이르렀으니 이 사람도 아브라함의 자손임이로다
> 인자가 온 것은 잃어버린 자를 찾아 구원하려 함이니라. | **누가복음 19:9-10**

왕따를 당하던 자신에게 왕이 오셔서 따뜻하게 품어 주시자 내밀한 곳에 있던 열등감과 재물을 불의하게 모았다는 죄책감을 해결할 용기를 얻습니다. 그리고 이제 진리의 사람, 사랑의 사람, 공의의 천국 가치를 가진 사람으로 변합니다. 그래서 삭개오는 불의한 청지기의 반대편에 서서 예수님을 만나 심리적·사회적 열등감, 물질적 집착으로부터 자유로운 사람이 됩니다.

불의한 청지기는 의로운 재물을 불의하게 썼지만
삭개오는 불의하게 모은 재물을 의롭게 썼습니다.

예수님을 만나기 전에는 문제 해결을 위한 열망이 있었고, 예수님을 만난 이후에는 문제 해결을 위한 용기가 있었습니다. 그런데 예수님을 만난 모든 사람이 삭개오와 같지는 않습니다.

멘토: 마가복음 10장 17-31절에 등장하는 한 청년은 재물이 많으면서도 예의 바르고 진실되게 영생을 구하는 사람이었습니다. 그는 예수님께서 길을 가실 때 주님께 여쭈었습니다.

> 예수: 네가 계명을 아나니 살인하지 말라, 간음하지 말라, 도둑질하지 말라, 거짓 증언하지 말라, 속여 빼앗지 말라, 네 부모를 공경하라 하였느니라.
>
> 청년: 선생님이여, 이것은 내가 어려서부터 다 지켰나이다.
>
> 예수: (그를 보시고 사랑하사 이르시되) 네게 아직도 한 가지 부족한 것이 있으니 가서 네게 있는 것을 다 팔아 가난한 자들에게 주라 그리하면 하늘에서 보화가 네게 있으리라 그리고 와서 나를 따르라.
>
> 청년: (그 사람은 재물이 많은 고로 이 말씀으로 인하여 슬픈 기색을 띠고 근심하며 가니라.)
>
> 제자들: (매우 놀라 서로 말하되) 그런즉 누가 구원을 얻을 수 있는가?
>
> 예수: (그들을 보시며 이르시되) 사람으로는 할 수 없으되 하나님으로는 그렇지 아니하니 하나님으로서는 다 하실 수 있느니라. (마가복음 10:19-27)

이 이야기 속에는 흥미로운 몇 가지 반전이 있습니다.

첫째 반전은 재물이 많고 부족함이 없어 보이는 사람이 달려와서 주님께 꿇어 앉는 겸손과 의로움입니다. 당시 큰 어려움을 당하지 않는 이상 부자나 배운 자가 예수님께 꿇어 앉는 겸손을 보인 사람은 많지 않습니다.

둘째 반전은 재물이 많은 그에게 예수님을 따르라 하셨지만 예수님은 자신을 따르되 재물을 다 팔고 나서 따르라고 하십니다. 주님이 원하셨던 것은 그였지 그의 재물이 아니었습니다.

셋째 반전은 영생을 구하는 청년에게 예수님께서는 모세 율법 중 사람에게 해당되는 계명을 중심으로 말씀하시지만 결론적으로 '자신을 따르라' 하시므로 하나님께 행할 것을 말씀하십니다.

넷째 반전은 그가 예수님의 사랑을 받았지만 정작 재물 때문에 근심하며 떠났다는 것입니다. 그에게 그 재물은 자신을 지옥에 빠트리는 무거운 쇳덩이였던 것입니다.

다섯째 반전은 주님과 복음을 위하여 재물과 가족을 버린 사람은 불쌍한 사람이 아니라 현세에 백배나 받고 내세에 천국의 상급을 받는 진정한 부자라는 것입니다.

여섯째 반전은 예수님은 모든 사람에게 자신을 따르라 하시거나 모든 부자에게 재산을 팔고 따르라 하시지 않는다는 것입니다. 어떤 이들은 사업을 통해 물권을 받고 그 일을 통해 사회를 섬기는 것이 사명일 수 있기 때문입니다.

일곱째 반전은 부자 청년은 십계명의 이것저것을 지켰으나 핵심을 잊었습니다. 많은 것을 지키는 것 보다 한 가지 주님의 말씀을 순종하는 것이 복됩니다.

구원 간증

멘토: 여기에 당신의 구원 간증을 기록하십시오. 언제, 어디에서, 어떤 계기로 주님을 영접했고, 그 전후의 삶의 변화를 적어 주십시오. 자녀들이 두고두고 읽으며 기억할 것이고, 구원의 소중함을 간직하고 자녀들 또한 구원의 간증을 소중하게 여길 것입니다.

멘토: 아래에 천국에 가면 만나고 싶은 분들의 명단을 기록해 보십시오. 그리고 그들에게 할 질문들을 기록해 보십시오. 성경을 읽거나 인생을 살면서 가졌던 어떤 질문도 괜찮습니다. 좋은 질문을 하는 것 자체가 지혜이므로 당신의 질문들은 자녀들에게도 도움이 될 것입니다.

4권
인생의 서

주님,
제 삶의 어제와 오늘입니다!

멘토 ♕ ──────────────────────────────

여기에서는 본격적으로 자서전적인 삶의 내용을 심리적으로 에릭 에릭슨과 영적으로 예수님의 평가 방법을
적용하는 것을 아래 단원들을 통하여 살펴볼 것입니다.

6장. **인생 평가를 위한 기초**

여기에서는 에릭 에릭슨이 구분한 인간 생애의 성격 발달 과정
단계를 바탕으로 당신 인생의 여정을 살필 것입니다.

멘토: 다음은 당신이 살아온 개인적 연대기를 살피기 전에 읽어보는 현대사의 주요 사건들 리스트입니다. 당신이 어떤 역사적 배경 속에서 성장해 왔는지를 돌아보게 해줄 것입니다. 빈 공간에 당신이 생각하는 주요 사건이 더 있다면 추가해 보십시오.

연도	주요 사건
1930	임시정부 수립, 김구 주석으로 취임, 미대공항, 최초 월드컵 시작
1931	이광수, 『이순신』 동아일보 연재, 중 대홍수 250만 사망, 미 엠파이어스테이트빌딩 완공, 성조기 제정, 일 만주사변
1932	이봉창, 윤봉길 의사 의거, 미 루스벨트 당선, 중성자 발견, 독 사회주의노동자당 1당
1933	소록도 나환자촌 조성, 독 히틀러 집권, 미 뉴딜정책, 윌리 포스트 세계일주비행 성공
1934	부산-장춘기차 연결, 히틀러 총통집권
1935	심훈의 『상록수』발표, 독 나치 유대인의 시민권 박탈
1936	안익태 애국가, 부여백제 유적 발굴, 한강 인도교 개통
1937	미 샌프란시스코에서 대한국민회 대회회의 개최
1938	평양신학교 교사 박형룡 외 7명 신사참배 반대 혐의 검거
1939	2차대전 발발, 경춘선 개통, 방공법 첫 실시
1940	창씨개명, 『조선과 동아』 폐간, 한국광복군 창설
1941	일본진주만 공습, 하와이 호놀룰루에서 미주 각 한인단체 대표가 한족연합위원회 조직
1942	일본 조선인 징병제 실시, 아우슈비츠 첫 처형, 성서조선 김교신, 함석헌, 유달영 투옥
1943	일 교토에서 윤동주 사상범혐의체포, 교회 오후 및 야간집회금지, 미 여자공장 취업
1944	한국인 학도병 입영 시작, 위안부 차출, '안네의 일기' 가족 체포
1945	8.15해방, 한국 군정 시작, UN창설
1946	한국 군정, 칸 영화제 시작, 케네디 하원 당선
1947	북조선 인민위원회 수립
1948	한국1공화국 이승만 시작, 제주 4.3사건, 이스라엘 건국
1949	중국인민공화국 시작, NATO시작, 조지 오웰 『1984년』 출간
1950	6.25발발, 한강다리 폭파, 다부동 전투, 여군 창설, 인천상륙작전, AFKN라디오 시작
1951	1.4후퇴, 유엔, 중국을 침략자로 규정, 미일 적대관계 종결
1952	거제도포로폭등 사건, 미 아이젠하워 당선, 영 엘리자베스2세 즉위, 수소 폭탄 개발
1953	6.25휴전, 유전자(DNA) 구조 발견, 최초 에베레스트 등정, 엘비스 등장
1954	미 국공립학교 인종분리 금지, 소 최초 원자력발전소
1955	입양기관 홀트회 시작, 서울 성전환 첫 수술, 베트남전
1956	어머니말 제정, 장면 부대통령 피격, 2차 중동전쟁
1957	AFKN TV시작, 미 흑인투표권 보장, 베트남전 시작, 소 스푸트니크 1호 발사
1958	미NASA발족, 일 라면 개발
1959	태풍 사라, 쿠바혁명 카스트로 집권, 세계 인구 30억, AIDS발견, 미 알라스카와 하와이 주 승격

1960	4.19혁명, 1,2,3대통령 이승만 하야, 윤보선 취임
1961	5.16혁명, 미 케네디 대통령 취임
1962	미 최초TV방송, 교황 요한23세 2차 바티칸 공회
1963	교황 바오로6세 취임, 미 케네디 암살, 비틀즈 데뷔
1964	중 최초 핵실험
1965	월남 파병, 한일협정 및 반대
1966	서독 간호원 파견, 중국문화대혁명
1967	이스라엘6일 전쟁 승리, 포철 기공식, 현대자동차 설립
1968	북한 무장공비 청와대 기습 미수, 김수환 추기경 임명, 마우스 발명
1969	최초 달 착륙
1970	전태일 분신, 와우아파트 붕괴
1971	실미도 사건, 대연각 호텔 화재
1972	미 닉슨 중국 방문, 한국 유신, 4공화국
1973	김대중 납치 사건, 석유 파동, 어머니날을 어버이날로 개명
1974	전철1호선 개통, 미 닉슨 사임
1975	베트남전쟁 종결
1976	판문점 도끼 만행 사건
1977	수출100억불 달성
1978	최은희 납북, 교황 바오로1세 취임
1979	박정희 서거, 12.12 군사 반란
1980	광주 5.18
1981	미 레이건 취임, 프 미테랑 취임, 미 콜럼비아호 발사
1982	야간통행금지 해제
1983	KAL007격추사건, 아웅산 테러
1984	LA올림픽, HIV/AIDS발발, 애플 매킨토시 컴퓨터 판매
1985	[We are the World] 발매, 소 고르바초프 선출
1986	미 챌린저호 폭발, 소 체르노빌 사고, 서울아시안 게임, 필 마르코스 축출
1987	6월 항쟁, KAL858폭파 사건
1988	노태우 대통령 취임, 서울88올림픽
1989	중 천안문 사태
1990	베를린 장벽 붕괴, 한 소련 수교,
1991	걸프전, 소련 붕괴
1992	유로화, 보스니아 내전
1993	김영삼 대통령 출범, EU창설
1994	김일성 사망, 성수대교 붕괴, 우르과이라운드 체결
1995	삼풍백화점 붕괴, WTO 출범

연도	주요 사건
1996	한 OECD가입, 국민->초등학교로 개칭, 복제양 돌리
1997	홍콩 중국 반환, 한 IMF 외환위기
1998	김대중 대통령 출범
1999	강원 동계 아시안, MP3플레이어
2000	남북 이산가족 평양 상봉
2001	미 부시 대통령 취임, 미 9.11테러, 아이팟 등장
2002	한일 FIFA월드컵, 연평 해전, 부산 아시안게임, 유로화 사용
2003	한국, 북한, 미국, 중국, 일본, 러시아 6자회담, 이라크전, 미 인간게놈지도 완성
2004	김선일 이라크 피살, 미 우주선 Spirit, Opportunity 화성 착륙, Facebook 시작
2005	교황 베네딕토16세 시작, 독 마르켈 총리 당선
2006	명왕성 축출
2007	서브프라임 모기지 사태
2008	세계금융 위기, 쓰촨성 대지진
2009	오바마 대통령 취임, 비트코인 출시, 신장 위그르 유혈사태, 아이폰 시작
2010	아이티 지진, 연평도 포격
2011	아랍의 봄, 동일본 대지진, 세계 인구 70억, 김정일 죽음
2012	박근혜 대통령 당선, [강남스타일] 발매
2013	프란치스코 교황 선출, 시리아 내전
2014	세월호, 인천 아시안게임
2015	미 동성커플 결혼 합법화, 화성 물 발견
2016	최순실 사태, 촛불집회, 사드 배치 논란, 알파고, 미 아프칸 철수, 영국EU탈퇴, 밥 딜런 노벨 문학상
2017	미 트럼프 대통령 취임, 박근혜 대통령 탄핵, 문재인 대통령 선출, 프 마크롱 선출, 베네수엘라 국가 부도
2018	평창 동계올림픽, 미중 무역전쟁, 원숭이 복제, 중 유전자 변형인간
2019	조국사태, 선거법, 공수처, 패스트트랙, 중 달 착륙
2020	COVID 19, 서해 공무원 피살, 방탄소년단(BTS), [기생충] 칸느 영화제 수상
2021	BTS, [미나리], [오징어 게임], 누리호 발사 성공, 미 바이든 대통령 취임, 아이티 지진
2022	우크라이나-러시아 전쟁
2023	
2024	
2025	
2026	
2027	
2028	
2029	

멘토: 다음 칸에 나이별로 주요 특이 사항을 기록하여 보십시오.

나이	연도	기억나는 특이사항
1		
2		
3		
4		
5		
6		
7		
8		
9		
10		
11		
12		

연대기: 청소년 시절 (13-19세)

멘토: 다음 칸에 나이별로 주요 특이 사항을 기록하여 보십시오.

나이	연도	기억나는 특이사항
13		
14		
15		
16		
17		
18		
19		

멘토: 다음 칸에 나이별로 주요 특이 사항을 기록하여 보십시오.

나이	연도	기억나는 특이사항
20		
21		
22		
23		
24		
25		
26		
27		
28		
29		

나이	연도	기억나는 특이사항
30		
31		
32		
33		
34		
35		
36		
37		
38		
39		

멘토: 다음 칸에 나이별로 주요 특이 사항을 기록하여 보십시오.

나이	연도	기억나는 특이사항
40		
41		
42		
43		
44		
45		
46		
47		
48		
49		
50		
51		
52		

나이	연도	기억나는 특이사항
53		
54		
55		
56		
57		
58		
59		
60		
61		
62		
63		
64		

멘토: 다음 칸에 나이별로 주요 특이 사항을 기록하여 보십시오.

나이	연도	기억나는 특이사항
65		
66		
67		
68		
69		
70		
71		
72		
73		
74		
75		
76		
77		
78		
79		
80		
81		
82		

나이	연도	기억나는 특이사항
83		
84		
85		
86		
87		
88		
89		
90		
91		
92		
93		
94		
95		
96		
97		
98		
99		
100		

7장. 에릭슨의 인생 주기 평가

여기에서는 유대계 미국 심리학자 에릭 에릭슨의 인생 주기 이론에 근거하여 인생을 평가해 볼 것입니다.

에릭 에릭슨의 인생 주기

멘토: 하나님께서 창조하신 것에는 주기가 있습니다. 하루에는 새벽, 오전, 오후, 저녁, 밤의 주기가 있고, 1년에 4 계절 주기가 있는 것처럼 인생에도 주기가 있습니다. 영아기, 유아기, 유치기, 초등기, 청소년기, 청년기, 장년기 그리고 노년기입니다.

유대계 미국 아동심리학자 에릭 에릭슨(Erik Homberger Erikson, 1902~1994) 박사가 삶을 깊이 있게 들여다보고 하나님께서 허락하신 인생 주기별 변화 특성을 간파한 것입니다. 각 시기는 주요 과업, 핵심 관계, 자아 특징이 있고 단계로 성취하면 축복을, 성취하지 못하면 위기를 경험합니다.

에릭슨의 기본 이론에 비전 멘토링 차원에서 하나님의 더 깊은 의도를 추가하였습니다. 즉, 각 주기별로 성취해야 할 과제들을 목표 비전과 사명, 사명을 감당하면서 얻게 되는 가치와 연결하였고, 거기에 영적 행동 양식들을 추가하여 더 심오하게 만들었습니다. 우리가 이 이론을 살피는 것은 하나님께서 인생 주기마다 주신 비전과 사명을 알고 인생을 충만하게 살아 냄으로 하나님께서 주신 뜻을 실현시켜 드리기 위해서입니다. 이것이 온전히 실현되지 않았을 때 인간은 온갖 상처와 결핍 속에서 부정적으로 성장하고 그 악순환을 되풀이하게 됩니다. 이제 선순환을 할 수 있어야 합니다.

아래 표는 에릭슨의 이론을 한 눈에 파악할 수 있는 정보입니다. 그리고 이어지는 장에서 구체적인 실체를 소개합니다. 에릭슨의 아내 조안은 다음 표의 8단계 이후에 9 단계를 추가했는데 노년기가 깊어질수록 사람은 혼과 육의 기능이 약화되면서 인생 주기를 역순으로 경험하여 마지막 영아기적 특성을 나타낸다고 합니다.

에릭슨의 인생 주기 분석표

단계	1	2	3	4	5	6	7	8
인생주기	영아기	유아기	유치기	초등학생기	청소년	청년	중장년	노년
나이	0-1	2-4	4-5	5-12	13-19	20-39	40-64	65-사망
주요 과업	수유/기기	배변/걷기	사회성 사물 조작	지식/사회 기초연마	육체변화 비전탐구	가정/직장 비전초보	부모역할 비전원숙	육체변화 인생완성
핵심 관계	엄마	부모	가족	이웃/학교	친구/영웅	애인/동료	직장/확대가족	인류/종족
자아 특징	희망	의지	목적	유능	충실	사랑	배려	지혜
성취	신뢰성	자율성	주도성	근면성	정체성	친밀성	생산성	자아 통합
위기	불신	수치/의심	죄책	열등	역할 혼란	소외	침체	절망

영아기 과제 (0-2세)

멘토: 다음 영아기 때의 주요 이슈를 읽고 눈을 감고 영아기를 회상하며 잘 성취된 부분에 v표시를 해 보십시오.

구분	리스트	V
비전	세상을 충분히 신뢰하며, 미래의 삶을 희망적으로 품고 건강하게 자람	
사명	나는 세상을 신뢰하고, 미래의 삶을 희망적으로 맞이하기 위하여 존재한다.	
주요질문	믿어도 될까요?	
주요이슈	수유를 통해 기초적 신뢰 확인 / 실패 시 불신감이 발달함	
	가치 목표치-당신과 자녀들이 다음을 갖추고 있습니까?	
1	긍정적이고 희망적이기	
2	사람들 신뢰하기	
3	부모 등 지원자들을 소중히 여기기	
4	다른 사람들의 행동에 위축되지 않기	
5	다른 사람들의 사랑을 확신하기	
	행동 목표치-자녀들이 0-2세 때 다음을 잘 했습니까?	
1	일관성 있게 포근하게 안기고 눈 맞추기	
2	일관성 있게 엄마의 목소리와 심장 소리 듣기	
3	일관성 있게 젖을 먹고 쾌적하게 배변 활동의 도움받기	
4	따뜻한 목소리의 기도와 찬양 듣기	
5	동생이 태어나 부모의 관심이 나뉠 때도 불신감을 갖거나 위축되지 않기	
6	건강한 의심을 할 수 있도록 일관성, 지속성, 동일성 있는 사랑과 관심 확인하기	

삶을 돌아볼 때 당신은 세상과 사람들을 대체적으로 긍정적으로 바라보고 신뢰했습니까? 아니면 세상에 믿을 사람은 아무도 없다고 생각하면서 늘 의심하며 살았나요? 영아기 때 신뢰 경험은 중요합니다. 위 행동 목표치들이 잘 성취되면 그것이 가치 목표치들을 세우게 하고 그것이 결국 비전을 실현하게 해 줍니다.

영아기에 일관성 있게 안기고 눈을 맞추며 엄마의 목소리와 심장 소리와 찬양을 들으며 자란 사람들은 세상을 따뜻하고 신뢰할 만한 곳으로 인식합니다.

물론 세상이 악하여 무조건 모두를 다 믿기보다 분별력을 가지고 봐야 하겠지요. 그러나 하나님께서 예비하여 주신 삶은 부모의 따뜻한 가슴과 심장 소리를 통해 천국을 맛보도록 하셨습니다. 그리고 그런 관점에서 세상의 모두를 보며 그런 세상을 만들어 가라는 것이었습니다. 사탄은 전쟁과 가정 폭력을 통하여 그것을 방해했습니다. 그래서 십자가의 예수님께서 그것으로 인한 상처도 치유하고, 그것의 죄악도 회개토록 하셨습니다.

[감사] 세상과 주변을 신뢰하는 삶을 살았다면 도움을 주신 주님과 부모님과 주변에 감사를 짧게 드려보십시오.

....

[용서] 만약 세상을 불신하면서 살아야 했다면 좋은 영향을 주지 못했던 부모님과 자신을 용서하는 시간을 가지십시오. 눈을 감고 기도하면서 부모님을 꼭 안아 주며 그들을 용서하십시오. 부모님도 어려운 시대를 지내면서 힘들었을 것입니다. 진리를 몰라서 그런 부분도 있었을 것입니다. 그런 부모님과 상처받은 자신을 용서하는 글을 아래에 기록하여 보십시오.

....

[회개] 자녀들을 위 표에 따라 평가해 보십시오. 그리고 그들이 자신을 신뢰하며, 실현할 비전을 가지고 사는지 보십시오. 물론 나는 충분히 사랑해 주었는데 자녀가 그렇게 느끼지 않을 수도 있습니다. 왜냐하면 신뢰는 꼭 영아기의 이슈만이 아니라 그 이후에 어떤 경험들로 바뀔 수 있기 때문입니다. 그러나 혹시 자녀들에게 온전히 못해 준 부분이 기억난다면 아래에 짧게 회개와 용서를 구하는 글을 써 보십시오.

....

[회복과 다짐] 육신의 부모님께서 여러 이유로 온전한 사랑을 주시지 못했을 지라도 하나님께서는 그런 상황에서도 당신을 지키셔서 오늘 여기까지 승리하며 오게 하셨습니다. 지금 살아서 이런 생각을 할 수 있는 것 자체가 승리입니다. 그래서 과거의 상처와 죄에 연연하지 마시고 이제 새로운 피조물로 하나님의 일관성 있는 사랑안에서 긍정과 희망적 태도를 회복하십시오. 그리고 그렇게 주변을 대하십시오.

....

[자녀를 위한 다짐] 자녀들에게 지금이라도 해 줄 수 있는 것이 있다면 무엇인지 적어보십시오(꼭 해야 할 것은 이 책을 완성한 후 비전 멘토링 시간을 가지고 이런 것들에 대하여 대화 나누며 함께 성장하는 것입니다).

48 유아기 과제 (2-4세)

멘토: 다음 유아기 때의 주요 이슈를 읽고 눈을 감고 유아기를 회상하며 잘 성취된 부분에 v표시를 해 보십시오.

구분	리스트	V
질문	내가 나인 것이 괜찮은 건가요?	
주요이슈	걷기 등 다양한 자기 몸에 대한 실험을 통한 자율성 학습 / 실패 시 수치심과 의심이 발달	
비전	자율성과 의지력을 가지고 스스로 통제하는 삶을 사는 모습	
사명	나는 스스로 의지력을 가지고 자율적인 행동을 위해 존재한다.	
	가치 목표치-당신과 자녀들이 다음을 갖추고 있습니까?	
1	강한 의지력과 추진력 갖추기	
2	매사에 자율적으로 판단하고 행동하기	
3	자신의 욕망을 잘 절제하고 통제하기	
4	일을 할 때 수치심이나 의심 없이 하기	
5	수치심으로 인한 강박적인 행동을 하지 않기	
6	실수를 인정하고, 회개를 생활화하기	
	행동 목표치-자녀들이 2-4세 때 다음을 잘 했습니까?	
1	스스로 배변을 통제하기	
2	스스로 일어서고, 걷기	
3	스스로 옷 입기	
4	말로 자기를 표현하기	
5	실수 인정하기	
6	자기 전 기도와 찬양 듣기	

삶을 돌아볼 때 당신은 자율성과 의지력을 가지고 스스로의 삶을 통제하는 삶을 사셨습니까? 아니면 작은 실수에도 수치감을 가지고 위축된 채 살았나요? 유아기 과제의 달성 여부는 신뢰였습니다. 그것이 가치 목표치들을 세워 주고 그것이 결국 비전을 실현하게 해 줍니다.

영아기에 배변을 잘 통제하는 법을 배우고 스스로 걷기 등을 잘 지도받으며 일관성있게 안기고 기도와 찬양을 들으며 자란 사람들은 때로 실수해도 다시 일어서 주도적인 삶을 살게 됩니다.

긍정적인 수치감도 있지만 작은 실수나 실패에도 쉽게 위축되고 용기와 주도력을 잃는 모습은 하나님께서 주신 것이 아닙니다. 험한 세상에서 살면서 쉽게 위축되는 삶을 살았다면 이제라도 돌이키고 하나님께서 주신 은혜로 담대해야 합니다.

[감사] 자율성과 의지력을 가지고 스스로 통제하는 삶을 살았다면 도움을 주신 주님과 부모님과 주변에 감사를 짧게 드려보십시오.

[용서] 만약 그렇지 못했다면 유아 시절 모두 힘들고 어렵게 살며 당신을 이상적으로 돌보지 못했던 부모님을 위해 기도하십시오. 눈을 감고 기도 속에서 부모님을 만나 꼭 안아 드리며 그들을 용서하십시오. 부모님께서 일제와 6.25 등을 거쳤거나 혹은 다른 어려운 시대를 지나면서 힘드셨을 것입니다. 진리를 몰라서 그런 부분도 있었을 것입니다. 그런 부모님을 용서해 드리는 글을 아래에 기록하여 보십시오.

[회개] 자녀들을 위 표에 따라 평가해 보십시오. 그리고 그들이 자율성과 의지력을 가지고 스스로 통제하며 주도적으로 사는 비전이 있는지 보십시오. 물론 나는 충분히 사랑해 주었는데 자녀가 그렇게 느끼지 않을 수도 있습니다. 왜냐하면 인생을 살아가면서 나중에 경험하는 실패 때문에 그럴 수도 있기 때문입니다. 그러나 혹시 자녀들에게 온전히 못해준 부분이 기억난다면 아래에 짧게 회개와 용서를 구하는 글을 써 보십시오

[회복과 다짐] 육신의 부모님께서 여러 이유로 온전한 사랑을 주시지 못했을 지라도 하나님께서는 그런 상황에서도 당신을 지키셔서 오늘 여기까지 승리하며 오게 하셨습니다. 지금 살아서 이런 생각을 할 수 있는 것 자체가 승리입니다. 그래서 과거의 상처와 죄에 연연하지 마시고 이제 새로운 피조물로 하나님의 일관성 있는 사랑안에서 긍정과 희망적 태도를 회복하십시오. 그리고 그렇게 주변을 대하십시오.

[자녀를 위한 다짐] 자녀들에게 지금이라도 해 줄 수 있는 것이 있다면 무엇인지 적어보십시오(꼭 해야 할 것은 이 책을 완성한 후 비전 멘토링 시간을 가지고 이런 것들에 대하여 대화 나누며 함께 성장하는 것입니다).

멘토: 다음 유치원기 때의 주요 이슈를 읽고 눈을 감고 유치원기를 회상하며 잘 성취된 부분에 v표시를 해 보십시오.

구분	리스트	V
질문	내가 움직이고 행동해도 괜찮은가요?	
주요이슈	다양한 활동을 통해 주도성 습득 / 실패 시 죄책감 발달	
비전	주도적인 행동을 통하여 목표를 설정하는 진취적인 모습	
사명	나는 목적의식을 가지고 놀이/일을 주도적으로 구상하기 위하여 존재한다.	
가치 목표치-당신과 자녀들이 다음을 갖추고 있습니까?		
1	강한 목적 의식을 가지고 일을 추진하기	
2	주도적으로 일하기	
3	실패로 인한 죄책감 갖지 않기	
4	억압과 무시 등을 받지 않고, 그런 행동 하지 않기	
5	사람들에게 따뜻하게 용서해 주고, 용서받기	
6	하나님의 용서를 구하고, 용서를 확신하기	
행동 목표치-자녀들이 4-5세 때 다음을 잘 했습니까?		
1	신체적, 정신적 능력이 성숙되고 호기심을 충족시키는 활동을 통하여 삶의 목적 찾기	
2	놀이를 통하여 탐험하며, 자기 세계 꿈꾸기	
3	놀이를 통하여 도구 사용법을 배우기	
4	놀이를 통하여 예술을 경험하며, 주도적으로 창작하기	
5	놀이를 통하여 목적을 세우고 그것을 완성하기	
6	단체 안에서 자기의 역할을 실험하고 적절함을 체험하기	
7	자기 전 성경을 읽고, 기도를 받으며, 상처받은 것 치유 받기	

삶을 돌아볼 때 당신은 주도적인 행동을 통하여 목표를 설정하며 살았습니까? 아니면 작은 실수와 실패에 죄책감을 크게 느끼며 위축된 채 살았나요?

유치원기에 놀이를 통하여 도구 사용법을 배우며 창의적인 행동으로 창작을 하고 성경의 이야기를 통하여 상상의 날개를 편 사람들은 세상의 실패를 딛고 주도적인 삶을 살게 됩니다.

구원에 이르게 하는 죄책감도 있지만 작은 실수나 실패에도 쉽게 위축되고 용기와 주도력을 잃는 모습은 하나님께서 주신 것이 아닙니다. 험한 세상에서 살면서 쉽게 위축되는 삶을 살았다면 이제라도 돌이키고 하나님께서 주신 은혜로 담대하게 살아야 합니다.

[감사] 주도적인 행동을 통하여 목표를 설정하며 주도적으로 살았다면 도움을 주신 주님과 부모님과 주변에 감사를 짧게 드려보십시오.

[용서] 만약 살면서 경험한 다양한 실수와 실패로 인해 많은 죄책감 속에서 살아야 했다면 좋은 영향을 주지 못하셨던 부모님과 자신을 용서하는 시간을 가지십시오. 눈을 감고 기도 하면서 부모님과 자신을 꼭 안아 주시고 그들을 용서하십시오. 부모님도 어려운 시대를 지 내면서 힘들었을 것입니다. 진리를 몰라서 그런 부분도 있었을 것입니다. 그런 부모님과 상 처받은 자신을 용서하는 글을 아래에 기록하여 보십시오.

[회개] 자녀들을 위 표에 따라 평가를 해 보십시오. 그리고 그들이 주도적인 행동을 통하여 목표를 설정하며 주도적인 삶을 사는 비전을 가지고 사는지 보십시오. 물론 나는 충분히 사 랑해 주었는데 자녀가 그렇게 느끼지 않을 수도 있습니다. 왜냐하면 인생을 살아가면서 나중 에 경험하는 실패 때문에 그럴 수도 있기 때문입니다. 그러나 혹시 자녀들에게 온전히 못해 준 부분이 기억난다면 아래에 짧게 회개와 용서를 구하는 글을 써 보십시오

[회복과 다짐] 육신의 부모님께서 여러 이유로 온전한 사랑을 주시지 못했을 지라도 하나 님께서는 그런 상황에서도 당신을 지키셔서 오늘 여기까지 승리하며 오게 하셨습니다. 지금 살아서 이런 생각을 할 수 있는 것 자체가 승리입니다. 그래서 과거의 상처와 죄에 연연하지 마시고 이제 새로운 피조물로 하나님의 일관성 있는 사랑안에서 긍정과 희망적 태도를 회복 하십시오. 그리고 그렇게 주변을 대하십시오.

[자녀를 위한 다짐] 자녀들에게 지금이라도 해 줄 수 있는 것이 있다면 무엇인지 적어보십 시오(꼭 해야 할 것은 이 책을 완성한 후 비전 멘토링 시간을 가지고 이런 것들에 대하여 대 화 나누며 함께 성장하는 것입니다).

멘토: 다음 초등학생기 때의 주요 이슈를 읽고 눈을 감고 초등학생기를 회상하며 잘 성취된 부분에 v표시를 해 보십시오.

구분	리스트	V
질문	사람과 사물로 가득 찬 세상에서 나도 무엇인가 해도 되나요?	
주요이슈	학교에서 새 학습을 통한 근면 습득 / 실패 시 열등감 발달	
비전	근면하게 자신의 능력을 발휘하는 모습	
사명	나는 전인적으로 성장하여 근면한 학습생활과 능력 발휘를 위해 존재한다.	
가치 목표치-당신과 자녀들이 다음을 갖추고 있습니까?		
1	대체적으로 매우 유능하게 일하기	
2	늘 근면하고 성실하게 일하기	
3	파괴적인 열등감으로 위축되지 않기	
4	권위자들의 비판을 긍정적으로 받고 성장하기	
5	권위자들로부터 인정받고 늘 자신감을 부여받기	
6	하나님으로부터 영적 힘을 부여받기	
행동 목표치- 당신과 자녀들이 5-12세 때 다음을 잘 했습니까?		
1	읽기, 쓰기, 셈하기 등의 학습을 통해 지적으로 성장하기	
2	친구들과 운동하며 놀기와 일하기를 배우기	
3	학습과 놀이를 통하여 자아 개념을 조금씩 이해하기	
4	성공, 성취의 경험을 통하여 자신만의 능력, 유용성을 개발하기	
5	자아 성장의 중요한 시기임을 자각하고 많은 시도를 하며 많은 성취를 경험하기	
6	주일학교 친구, 교사를 통하여 함께 영적 지식 개발하기	
7	성경의 인물 중에 좋아하는 영웅 찾기	

삶을 돌아볼 때 그대는 근면하게 자신의 능력을 발휘하는 주도적인 삶을 살았습니까? 아니면 작은 실수에도 열등감을 가지고 위축된 채 살았나요? 초등학생때 위 행동 목표치들이 잘 성취되면 근면하게 자신의 능력을 발휘하고, 그것이 가치 목표치들을 가지게 하고 그것이 결국 비전을 실현하게 해 줍니다.

초등학생기에 학습과 놀이를 통하여 그리고 성경 인물 중 영웅을 찾으며 믿음의 생활을 한 사람들은 세상에서 실수해도 이기고 주도적인 삶을 살게 됩니다.

분발하게 하는 긍정적 열등감도 있지만 작은 실수나 실패에도 쉽게 위축되고 용기와 주도력을 잃는 모습은 하나님께서 주신 것이 아닙니다. 험한 세상에서 살면서 쉽게 위축되는 삶을 살았다면 이제라도 돌이키고 하나님께서 주신 은혜로 담대하게 살아야 합니다.

[감사] 근면하게 자신의 능력을 발휘하는 삶을 살았다면 도움을 주신 주님과 부모님과 주변에 감사를 짧게 드려보십시오.

[용서] 초등학생기 시절에 만약 그렇지 못했다면 모두 힘들고 어렵게 살며 당신을 이상적으로 돌보지 못했던 부모님을 위해 기도하십시오. 눈을 감고 기도 속에서 부모님을 만나 꼭 안아 드리며 그들을 용서하십시오. 부모님께서 일제와 6.25 등을 거쳤거나 혹은 다른 어려운 시대를 지나면서 힘드셨을 것입니다. 진리를 몰라서 그런 부분도 있었을 것입니다. 그런 부모님을 용서해 드리는 글을 아래에 기록하여 보십시오.

[회개] 자녀들을 위 표에 따라 평가를 해 보십시오. 그리고 그들이 근면하게 자신의 능력을 발휘하는 주도적인 삶을 사는 비전이 있는지 보십시오. 물론 나는 충분히 사랑해 주었는데 자녀가 그렇게 느끼지 않을 수도 있습니다. 왜냐하면 인생을 살아가면서 나중에 경험하는 실패 때문에 그럴 수도 있기 때문입니다. 그러나 혹시 자녀들에게 온전히 못해준 부분이 기억난다면 아래에 짧게 회개와 용서를 구하는 글을 써 보십시오

[회복과 다짐] 육신의 부모님께서 여러 이유로 온전한 사랑을 주시지 못했을 지라도 하나님께서는 그런 상황에서도 당신을 지키셔서 오늘 여기까지 승리하며 오게 하셨습니다. 지금 살아서 이런 생각을 할 수 있는 것 자체가 승리입니다. 그래서 과거의 상처와 죄에 연연하지 마시고 이제 새로운 피조물로 하나님의 일관성 있는 사랑안에서 긍정과 희망적 태도를 회복하십시오. 그리고 그렇게 주변을 대하십시오.

[자녀를 위한 다짐] 자녀들에게 지금이라도 해 줄 수 있는 것이 있다면 무엇인지 적어보십시오(꼭 해야 할 것은 이 책을 완성한 후 비전 멘토링 시간을 가지고 이런 것들에 대하여 대화 나누며 함께 성장하는 것입니다).

멘토: 다음 청소년기 때의 주요 이슈를 읽고 눈을 감고 청소년기를 회상하며 잘 성취된 부분에 v표시를 해 보십시오.

구분	리스트	V
질문	나는 누구? 난 무엇을 할 수 있지?	
주요이슈	직업과 성 역할과 정치와 종교에서 가치관, 자아 정체감 습득 / 실패 시 역할 혼돈	
비전	파악된 정체성에 따라 성실하게 자신을 개발하며 미래를 준비하는 모습	
사명	나는 성실하게 자신의 정체성을 파악하고, 미래를 준비하기 위하여 존재한다.	
가치 목표치-당신과 자녀들이 다음을 갖추고 있습니까?		
1	대체적으로 성실하고 충성스럽게 일하기	
2	하나님께서 주신 정체성으로 자신감 있게 살기	
3	희망적이고 긍정적으로 나를 봐주는 부모, 멘토, 친구들과 성장하기	
4	정체성의 혼돈과 사회적, 도덕적으로 실망할 때마다 기도하고 멘토와의 대화를 통하여 극복하여, 보다 나은 나의 미래의 모습 보기	
행동 목표치- 당신과 자녀들이 5-12세 때 다음을 잘 했습니까?		
1	급격한 신체적 생리적 변화에 긍정적으로 적응, 수용하며 신체적 정체성을 확립하기	
2	자기 역할에 대한 실험을 통해 직업 정체성 파악하기	
3	미래 비전을 설정하고 계획을 세우며 자원 파악하기	
4	비전 실현을 위하여 전공과 대학을 선정하기	
5	자신의 자아 개념과 타인의 평가에 일치점 찾기	
6	사회적 관계에서 자신의 영웅, 멘토 찾기	
7	권위 구조와 지도자를 이해하고, 지도력을 개발하기	
8	성적 정체성을 파악하며, 이성에 대한 이해와 존중	
9	철학, 관념, 종교 등을 통한 신념 체계 개발하기	
10	부모의 세계관과 신앙관을 존중하며, 스스로 구원을 확신하며 경험적인 세계관과 신앙관 정립하기	

삶을 돌아볼 때 당신은 청소년기에 비전과 정체성을 파악하고 그에 따른 주도적인 삶을 살았습니까? 아니면 비전과 정체성 파악 실패로 혼돈 속에서 살았나요?

자신의 비전을 찾고, 비전 안에서 정체성을 인식하며 당당하게 사는 사람들은 세상의 실수를 딛고 주도적인 삶을 살게 됩니다. 비전과 정체성을 못 찾아 혼돈과 위축 속에 사는 것은 하나님께서 주신 것이 아닙니다. 혹시 험한 세상에서 살면서 비전을 찾지 못하고 위축되는 삶을 살았다면 이제라도 돌이키고 하나님께서 비전을 실현해 드려야 합니다.

[감사] 청소년기에 비전을 알고 성실하게 자신을 개발하며 미래를 준비하는 삶을 살았다면 도움을 주신 주님과 부모님과 주변에 감사를 짧게 드려보십시오.

[용서] 만약 청소년기에 비전을 찾지 못하여 방황했다면 좋은 영향을 주지 못했던 부모님과 자신을 용서하는 시간을 가지십시오. 눈을 감고 기도하면서 부모님을 꼭 안아 주며 그들을 용서하십시오. 부모님도 어려운 시대를 지내면서 힘들었을 것입니다. 진리를 몰라서 그런 부분도 있었을 것입니다. 그런 부모님과 상처받은 자신을 용서하는 글을 아래에 기록하여 보십시오.

[회개] 자녀들을 위 표에 따라 평가를 해 보십시오. 그리고 그들이 청소년기에 비전과 정체성을 알고 자신감 있고 성실하게 자신을 개발하며 미래를 준비하는 주도적인 삶을 살았는지 평가해 보십시오. 물론 나는 충분히 사랑해 주었는데 자녀가 그렇게 느끼지 않을 수도 있습니다. 왜냐하면 인생을 살아가면서 나중에 경험하는 실패 때문에 그럴 수도 있기 때문입니다. 그러나 혹시 자녀들에게 온전히 못해준 부분이 기억난다면 아래에 짧게 회개와 용서를 구하는 글을 써 보십시오

[회복과 다짐] 육신의 부모님께서 여러 이유로 온전한 사랑을 주시지 못했을 지라도 하나님께서는 그런 상황에서도 당신을 지키셔서 오늘 여기까지 승리하며 오게 하셨습니다. 지금 살아서 이런 생각을 할 수 있는 것 자체가 승리입니다. 그래서 과거의 상처와 죄에 연연하지 마시고 이제 새로운 피조물로 하나님의 일관성 있는 사랑안에서 긍정과 희망적 태도를 회복하십시오. 그리고 그렇게 주변을 대하십시오.

[자녀를 위한 다짐] 자녀들에게 지금이라도 해 줄 수 있는 것이 있다면 무엇인지 적어보십시오(꼭 해야 할 것은 이 책을 완성한 후 비전 멘토링 시간을 가지고 이런 것들에 대하여 대화 나누며 함께 성장하는 것입니다).

멘토: 다음 청년기 때의 주요 이슈를 읽고 눈을 감고 청년기를 회상하며 잘 성취된 부분에 v표시를 해 보십시오.

구분	리스트	V
질문	사랑해도 되나요?	
주요이슈	다양한 연대를 통한 친밀감, 공동체 의식 형성 / 실패 시 고립감	
비전	비전을 추구할 학교와 직장에서 전문성을 배우며, 비전을 함께 성취할 사람과 친밀한 결혼 생활을 하는 사랑스러운 모습	
사명	나는 비전을 추구할 대학과 직장을 찾아 비전 분야의 전문가가 되고, 비전을 함께 성취할 사람과 결혼 생활을 하기 위하여 존재한다.	
가치 목표치-당신과 자녀들이 다음을 갖추고 있습니까?		
1	신념, 비전, 기질, 세계관이 같은 사람을 사랑하며 소중히 여기기	
2	하나님의 비전을 실현하기 위하여 비전 멘토링 받고, 멘토링 해 주기	
3	연애, 우정, 일, 멘토링, 교회의 일에 균형 유지하기	
4	원만한 관계 개발로 친밀감을 높이고, 소외감을 주고받지 않기	
행동 목표치- 당신과 자녀들이 20-39세 때 다음을 잘 했습니까?		
1	비전을 이루기 위한 전공 분야에 대하여 깊이 공부하고 필요한 학위/자격증 받기	
2	비전을 공감하는 친구 멘토와 교수, 전문가 비전 멘토 만나고 지도 받기	
3	비전을 이룰 직장에 취업하고, 비전 분야의 전문가 되기	
4	청소년들에게 비전 멘토 되기	
5	비전을 함께 추구할 사람을 사귀고 결혼하기	
6	성과 출산의 과정을 이해하고 적절하게 대처하기	
7	자녀 교육, 부모 훈육을 이해하고 결혼 후 적절하게 지원하기	
8	가족에 상처주지 않고 비전 공동체로 가정 가꾸기	
9	영적 가족, 친구들과 더불어 비전을 추구하기	
10	비전의 일에 믿음 적용하기	

삶을 돌아볼 때 당신은 비전에 근거한 직장과 비전 실현을 지원하는 배우자와 주도적인 삶을 살았습니까? 아니면 비전에 근거하지 않은 가정과 직장 생활을 하면서 위축되고 고립감을 가진 채 살았나요? 청년기에 비전적 가정과 직장 생활을 통해 행동 목표치들이 잘 성취되면 그것이 가치 목표치들을 가지게 하고 그것이 결국 비전을 실현하게 해 줍니다. 비전에 근거한 직장과 비전 실현을 위한 가정으로 당당하게 사는 사람들은 세상의 실수를 딛고 주도적인 삶을 살게 됩니다. 비전 실현을 못함으로 고립감을 가질 때 작은 실수나 실패에도 쉽게 위축되고 용기와 주도력을 잃는 모습은 하나님께서 주신 것이 아닙니다. 험한 세상에서 살면서 쉽게 고립되고 위축되는 삶을 살았다면 이제라도 돌이키고 하나님께서 주신 은혜로 담대하게 살아야 합니다.

[감사] 비전에 근거한 직장과 비전 실현을 위한 배우자의 지원을 받으며 삶을 살았다면 도움을 주신 주님과 부모님과 주변에 감사를 **짧게** 드려보십시오.

....

[용서] 만약 청년기 시절 비전 추구를 위한 가정과 직업을 갖지 못했다면 선한 선택에 좋은 영향을 주지 못했던 부모님과 자신을 용서하는 시간을 가지십시오. 눈을 감고 기도하면서 부모님을 꼭 안아 주며 그들을 용서하십시오. 부모님도 어려운 시대를 지내면서 힘들었을 것입니다. 진리를 몰라서 그런 부분도 있었을 것입니다. 그런 부모님과 상처받은 자신을 용서하는 글을 아래에 기록하여 보십시오.

....

[회개] 자녀들을 위 표에 따라 평가를 해 보십시오. 그리고 그들이 비전에 근거한 직장과 비전 실현을 위한 배우자의 지원을 받으며 주도적인 삶을 사는 비전을 가지고 사는지 보십시오. 물론 나는 충분히 사랑해 주었는데 자녀가 그렇게 느끼지 않을 수도 있습니다. 왜냐하면 인생을 살아가면서 나중에 경험하는 실패 때문에 그럴 수도 있기 때문입니다. 그러나 혹시 자녀들에게 온전히 못해준 부분이 기억난다면 아래에 **짧게** 회개와 용서를 구하는 글을 써 보십시오

....

[회복과 다짐] 과거 어떤 이유로 온전치 못했을지라도 하나님께서는 그런 상황에서도 당신을 지키셔서 오늘 여기까지 승리하며 오게 하셨습니다. 지금 살아서 이런 생각을 할 수 있는 것 자체가 승리입니다. 이제 위 표에서 말하는 비전과 사명 그리고 가치 목표치대로 당당하게 세상을 사십시오. 하나님의 자녀(Son or Daughter), 예수님을 위한 일꾼(Servant), 성령님에 의한 의인(Saint)이라면 세상이 어떠하든지 당신은 주도적으로 먼저 신뢰하며 살 수 있습니다. 내가 현재 그렇게 살고 있지 못한 부분이 있다면 적어 보고 이제 더 긍정적으로 살 수 있는 다짐과 방법을 적어 보십시오.

....

[자녀를 위한 다짐] 자녀들에게 지금이라도 해 줄 수 있는 것이 있다면 무엇인지 적어보십시오(꼭 해야 할 것은 이 책을 완성한 후 비전 멘토링 시간을 가지고 이런 것들에 대하여 대화 나누며 함께 성장하는 것입니다).

장년기 과제 (40-65세)

멘토: 다음 장년기 때의 주요 이슈를 읽고 눈을 감고 장년기를 회상하며 잘 성취된 부분에 v표시를 해 보십시오.

구분	리스트	V
질문	내 인생은 가치 있는가?	
주요이슈	자녀 및 후배 양육 지도를 통한 창조성, 생산성 형성 / 실패 시 침체	
비전	자녀를 돌보며, 직장에서 멘티들을 돌보며 지도력을 갖추고 사회에 공헌하는 모습	
사명	나는 비전의 자녀를 멘토링하며, 직장에서 생산적으로 일하고, 후배 비전 멘티를 돌보기 위하여 존재한다.	
	가치 목표치-당신과 자녀들이 다음을 갖추고 있습니까?	
1	모든 영역에서 사람들 배려하기	
2	회사와 교회에서 맡는 여러 직책에 대하여 생산적으로 감당하기	
3	자녀들과 후배들의 비전을 함께 찾아 주고 비전 멘토로서 모든 것을 전수 해 주기	
4	하나님께서 주신 비전을 새롭게 함으로 침체되거나 도태되지 않기	
	행동 목표치- 당신과 자녀들이 40-65세 때 다음을 잘 했습니까?	
1	비전 영역에서 전문가 되기	
2	직장과 사회에서 비전 멘티 찾고 전수해 주기	
3	중년의 신체 변화에 적응하며 창조적인 여가 생활과 건강한 생활 패턴 유지하기	
4	성숙하고, 시민적이며 사회적 책임감 완수하기	
5	은퇴 후의 재정, 여가 활동, 새 직업 준비하기	
6	성적 접촉 이상의 것을 통해 사랑을 표현하기	
7	가족에게 상처 주지 않고 성숙한 비전의 가정 만들기	
8	연로하신 부모님 돌봐 드리기	
9	비전의 실현으로 에덴화와 제자화를 함께 완성하기	
10	교회에서 중추적 역할 감당하기	

삶을 돌아볼 때 당신은 자녀와 직장에서 멘티들을 돌보며, 지도력을 갖추고 사회에 공헌하는 주도적인 삶을 살았습니까? 아니면 작은 실수에도 생산적인 삶을 살지 못함으로 침체를 겪으며 위축된 채 살았나요?

장년기 때 신뢰는 위 행동 목표치들이 잘 성취가 되면 그것이 가치 목표치들을 가지게 하고 그것이 결국 비전을 실현하게 해 줍니다. [자녀와 직장에서 멘티들을 돌보며, 지도력을 갖추고 사회에 공헌하는] 사람들은 세상의 실수를 딛고 주도적인 삶을 살게 됩니다.

생산적이지 못함으로 침체하여 작은 실수나 실패에도 쉽게 위축되고 용기와 주도력을 잃는 모습은 하나님께서 주신 것이 아닙니다. 험한 세상에서 쉽게 위축되는 삶을 살았다면 이제라도 돌이키고 하나님께서 주신 은혜로 담대하게 살아야 합니다.

[감사] 자녀와 직장에서 멘티들을 돌보며, 지도력을 갖추고 사회에 공헌하는 삶을 사셨다면 도움을 주신 주님과 부모님과 주변에 감사를 짧게 드려보십시오.

....

[용서] 만약 장년기 시절 자녀를 돌보며, 직장에서 멘티들을 돌보며 지도력을 갖추고 사회에 공헌하는 삶을 살지 못했다면 선한 선택에 좋은 영향을 주지 못했던 자신을 용서하는 시간을 가지십시오. 눈을 감고 기도하면서 장년기 자신을 꼭 안아 주시며 자신을 용서하십시오. 자신을 용서하는 글을 아래에 기록하여 보십시오.

....

[회개] 자녀들을 위 표에 따라 평가를 해 보십시오. 그리고 그들이 자녀와 직장에서 멘티들을 돌보며 지도력을 갖추고 사회에 공헌하는 주도적인 삶을 사는 비전을 가지고 사는지 보십시오. 물론 나는 충분히 사랑해 주었는데 자녀가 그렇게 느끼지 않을 수도 있습니다. 왜냐하면 인생을 살아가면서 나중에 경험하는 실패 때문에 그럴 수도 있기 때문입니다. 그러나 혹시 자녀들에게 온전히 못해준 부분이 기억난다면 아래에 짧게 회개와 용서를 구하는 글을 써 보십시오.

....

[회복과 다짐] 과거 어떤 이유로 온전치 못했을지라도 하나님께서는 그런 상황에서도 당신을 지키셔서 오늘 여기까지 승리하며 오게 하셨습니다. 지금 살아서 이런 생각을 할 수 있는 것 자체가 승리입니다. 이제 위 표에서 말하는 비전과 사명 그리고 가치 목표치대로 당당하게 세상을 사십시오. 하나님의 자녀(Son or Daughter), 예수님을 위한 일꾼(Servant), 성령님에 의한 의인(Saint)이라면 세상이 어떠하든지 당신은 주도적으로 먼저 신뢰하며 살 수 있습니다. 내가 현재 그렇게 살고 있지 못한 부분이 있다면 적어 보고 이제 더 긍정적으로 살 수 있는 다짐과 방법을 적어 보십시오.

....

[자녀를 위한 다짐] 자녀들에게 지금이라도 해 줄 수 있는 것이 있다면 무엇인지 적어보십시오(꼭 해야 할 것은 이 책을 완성한 후 비전 멘토링 시간을 가지고 이런 것들에 대하여 대화 나누며 함께 성장하는 것입니다).

멘토: 다음 노년기 때의 주요 이슈를 읽고 눈을 감고 노년기를 회상하며 잘 성취된 부분에 v표시를 해 보십시오.

구분	리스트	V
질문	나로 살아온 인생이 괜찮은 걸까?	
주요이슈	인생을 평가하고 숙고하며 자아 통합 성취 / 실패 시 절망, 무력감	
비전	인류애를 가지고 지혜를 비전 멘티와 나누며, 주님을 기쁨으로 만나기 위하여 마지막 사명을 감당하는 모습	
사명	나는 비전 멘티에게 모든 지혜와 경륜을 전수하고, 주님께서 주신 사명을 완성하기 위하여 존재한다.	
	가치 목표치-당신과 자녀들이 다음을 갖추고 있습니까?	
1	삶을 통하여 축적된 많은 지혜 잘 활용하기	
2	삶을 통합적으로 완성한 자부심과 기쁨 누리기	
3	가족과 친구, 멘티들과 교제하고 사회에 기여하며 비전 멘토링 완성하기	
4	현실에 대한 외로움이나, 절망감을 하나님 안에서 해결하기	
5	미래와 죽음을 하나님 안에서 영적 축복으로 받아들이기	
	행동 목표치-당신은 다음을 준비하고 있습니까?	
1	은퇴 후 영, 혼, 육의 조화를 이루며 노년을 생산적으로 영위하기	
2	은퇴 후의 재정, 여가 활동, 새 직업 적응하기	
3	하나님께서 주신 사명 재확인하고, 미완 사명에 집중하기	
4	은퇴 후 다음 세대를 위한 모든 지혜와 지식 전수하기	
5	건강의 이슈를 잘 알고 적절히 대처하기	
6	모든 사람들과 화해하고 사랑을 촉진하기	
7	자서전 쓰기와 믿음의 유업 전수하기	
8	가족에게 상처 주지 않고 성숙한 비전의 가정 만들기	
9	주님을 얼굴과 얼굴로 만날 것 준비하기	

삶을 돌아볼 때 당신은 인류애를 가지고 지혜를 비전 멘티와 나누며, 주님을 기쁨으로 만나기 위하여 마지막 사명을 감당하는 주도적인 삶을 살고 계십니까? 아니면 인생을 실패했다는 생각에 절망감과 무력감으로 위축된 채 살고 있나요?

그런데 그렇게 고립감을 가지고 위축되어 용기와 주도력을 잃은 채 사는 것은 하나님께서 주신 것이 아닙니다. 험한 세상에서 살면서 쉽게 위축되는 삶을 살았다면 이제 돌이켜 더 복된 것들을 성취하시면서 천국에 당당하게 금의환향할 수 있도록 하십시오. 그것을 이 책이 도울 것입니다.

[감사] 인류애를 가지고 지혜를 비전 멘티와 나누며, 주님을 기쁨으로 만나기 위하여 마지막 사명을 감당하는 삶을 살았다면 도움을 주신 주님과 부모님과 주변에 감사를 짧게 드려 보십시오.

....

[용서] 만약 그렇지 못했다면 노년기 시절 모두 힘든 시기에 어렵게 살며 당신을 이상적으로 돌보지 못했던 가족과 주변을 부모님을 눈을 감고 기도하면서 그들을 용서하십시오. 그들도 나름 어려운 시절을 지내면서 힘들었을 것입니다. 진리를 몰라서 그런 부분도 있었을 것입니다. 그런 가족과 주변과 상처받은 자신을 용서하는 글을 아래에 기록하여 보십시오.

....

[회개] 자녀들을 위 표에 따라 평가를 해 보십시오. 그리고 그들이 인류애를 가지고 지혜를 비전 멘티와 나누며, 주님을 기쁨으로 만나기 위하여 마지막 사명을 감당하는 주도적인 삶을 사는 비전을 가지고 사는지 보십시오. 물론 나는 충분히 사랑해 주었는데 자녀가 그렇게 느끼지 않을 수도 있습니다. 왜냐하면 인생을 살아가면서 나중에 경험하는 실패 때문에 그럴 수도 있기 때문입니다. 그러나 혹시 자녀들에게 온전히 못해준 부분이 기억난다면 아래에 짧게 회개와 용서를 구하는 글을 써 보십시오

....

[회복과 다짐] 과거 어떤 이유로 온전치 못했을지라도 하나님께서는 그런 상황에서도 당신을 지키셔서 오늘 여기까지 승리하며 오게 하셨습니다. 지금 살아서 이런 생각을 할 수 있는 것 자체가 승리입니다. 이제 위 표에서 말하는 비전과 사명 그리고 가치 목표치대로 당당하게 세상을 사십시오. 하나님의 자녀(Son or Daughter), 예수님을 위한 일꾼(Servant), 성령님에 의한 의인(Saint)이라면 세상이 어떠하든지 당신은 주도적으로 먼저 신뢰하며 살 수 있습니다. 내가 현재 그렇게 살고 있지 못한 부분이 있다면 적어 보고 이제 더 긍정적으로 살 수 있는 다짐과 방법을 적어 보십시오.

....

[자녀를 위한 다짐] 자녀들에게 지금이라도 해 줄 수 있는 것이 있다면 무엇인지 적어보십시오(꼭 해야 할 것은 이 책을 완성한 후 비전 멘토링 시간을 가지고 이런 것들에 대하여 대화 나누며 함께 성장하는 것입니다).

8장. 예수님의 교회 평가 시스템

여기에서는 요한계시록에 나오는 아시아의 7교회의 모습을 통하여
예수님께서 교회 즉, 성도들을 평가하시는 원리를 파악하고
그 기준에 따라 당신의 삶도 평가해 볼 것입니다. 만약 7교회의
평가 기준대로 당신 삶에 적용하여 합격한다면 7교회에게 약속한
상급을 당신도 받는 놀라운 축복을 경험하게 될 것입니다.

멘토: 요한계시록은 약 AD 90년경에 사도 요한이 쓴 책입니다. 그는 90년대 당시 예수님께서 인류의 미래에 완성될 교회의 비전을 자세히 기록하였습니다. 비전은 하나님께서만 알고 계시던 미래의 일을 우리에게 드러내어 알게 하시는 것입니다. 모세가 먼 과거에 일어난 창조의 현장을 비전으로 보고 기록했다면, 사도 요한은 일어나지도 않은 미래의 일을 비전으로 보고 그 내용을 기록합니다. 하나님께는 과거와 현재와 미래를 이렇게 신비하게 연결하십니다. 모세와 요한을 통해 먼 과거와 먼 미래의 일에 참여하여 기록하게 하셨습니다.

> 하나님은 비전의 하나님이시고, 비전을 가지고 행하시고 평가하십니다.
> 인생은 하나님께서 주신 비전을 각 개인이 실현하는 과정입니다.
> 역사는 하나님께서 가지고 계신 비전이 인류를 통해 실현되는 과정입니다.

창세기 1장에서 비전을 가지고 천지창조를 하신 하나님께서 요한계시록을 통하여 그 창조를 완성하시고 새 비전을 제시하십니다. 그것을 통하여 창세기의 하나님께서 요한계시록의 하나님이시라는 것, 그래서 알파와 오메가, 즉 시초와 완성이 되시는 분이라는 것을 명확히 알리십니다. 그리고 그 증거들을 하나님의 서명처럼 여기저기에 대칭적으로 배치하고 숨겨 놓으셨습니다. 그 서명과 같은 증거들을 살펴보면 다음과 같습니다.

첫째, 7이라는 숫자는 7일 동안의 창조 기간과 대칭을 이루는 하나님의 서명과 같은 숫자입니다. 요한계시록에서 7교회, 7영, 7 금촛대, 7 별, 7교회 평가와 세 번의 7재앙이 등장하며, 이처럼 7이 반복되는 것은 요한계시록이 창조의 완성을 향하고 있다는 것을 대칭적으로 보여주기 위한 장치입니다.

둘째, 하나님께서는 창세기 1장에서 매일 창조 후 "보시기에 좋았더라"고 평가하십니다. 예수님께서는 요한계시록 2-3장에서 7교회의 행실을 평가하시면서 두 교회만 칭찬하시고 나머지는 책망하십니다. 그리고 모든 교회에 새 사명과 상급의 비전을 주십니다. 그리고 다시 평가할 때 이기는 자에게만 상급을 주실 것을 명확히 하십니다.

셋째, 평가를 하실 때 창세기와 요한계시록에서 같은 패턴이 발견됩니다. 창세기 3장에서 아담과 하와 그리고 뱀에 대한 평가에 차이가 있습니다. 아담과 하와에게는 심판을 하시기 전에 물어보고 평가하시지만, 뱀에게는 물어보지도 않고 바로 저주를 하십니다. 요한계시록에서도 7교회 중 두 교회는 책망없이 칭찬만 하시고, 다섯 교회는 칭찬과 책망을 하시나 바벨론 문화에 대하여는 묻지도 않으시고 저주 후 멸망시키십니다.

이와 같이 창세기와 요한계시록은 대칭성을 가지고 전개됨으로 창조주 하나님께서 요한계시록의 평가와 새 창조를 하시는 주체임을 나타내십니다. 이는 곧 우리도 이와 같은 방식으로 평가받을 것이라는 것입니다. 그러하기에 우리가 『생명의 서』에서 미리 그 평가를 대비하여 삶을 돌아보고 스스로 미흡한 점을 돌이키고 칭찬과 상급을 받도록 하려는 것입니다.

멘토: 예수님께서 요한계시록 2-3장에서 7교회를 평가하신 것을 요한으로 하여금 성경에 기록하게 하신 중요한 이유가 있습니다. 우리에게 예수님의 평가 시스템을 알려 주시고, 대비하라는 것입니다. 왜 시스템이라고 할까요? 예수님께서 7교회를 평가하심에 있어서 규칙적인 패턴이 있기 때문입니다. 이러한 패턴과 시스템은 경영적 의도가 있습니다. 어떤 일을 효율적으로 하려는 것이 경영이고, 경영의 효율성은 패턴과 시스템으로 성취가 됩니다. 통치와 경영의 하나님을 알게 되는 것입니다. 그런데 이러한 시스템 경영은 창조에서부터 등장하고 있으며 마지막 책 계시록에서도 반복되는데 그 증거를 살펴보겠습니다.

첫째, 천지를 창조하심에 있어서 1) Vision & Value비전과 가치 2) Mission사명 3) Objective목표치 4) Strategy전략 5) Time시간 6) Action실행 7) Review평가, Reward보상, Rest휴식 8) Thanksgiving감사의 패턴을 가지고 행하십니다. 이 패턴은 V.M.O.S.T. A.R.T.ⓒ로 요약되고 저자의 책 『GOD THE CEO 최고 경영의 신』[9] 에 자세한 내용이 기술되어 있습니다.

둘째, 위에서 살핀 것처럼 예수님께서는 창조를 하신 후 "좋았다"고 평가하십니다. 그리고 마지막 때에 인류를 평가하실 것입니다. 요한계시록에서 7교회를 평가하시는 데 있어서 1) 교회 이름 소개 2) 예수님의 모습 3) 칭찬받을 교회의 모습 4) 책망 받을 현재 교회의 모습 5) 교회가 현재 해야 할 사명 6) 사명 실패 시 받을 미래의 징벌 7) 사명 완수 시 교회가 받게 될 비전의 언약의 패턴으로 전개됩니다.

셋째, 예수님께서 7 교회에 주시는 말씀은 막연하게 교회 열심히 다니고 예배 잘 드리라는 것이 아닙니다. 열심과 예배는 기본이고, 각 교회의 특성에 따라 합당하게 주신 비전과 사명을 죽도록 충성하여 실현할 것을 요구하십니다. 즉, 각 교회에는 독특하게 주어진 비전과 사명이 있습니다. 이 말은 교회와 성도들이 주님께서 교회와 각 개인에게 주신 구체적인 비전과 사명이 무엇인지 알고 그것에 목숨을 걸고 비전을 실현해 드려야 한다는 뜻입니다. 그리고 평가는 이 실현 여부로 하시겠다는 것입니다.

넷째, 예수님의 평가는 당연히 일차적으로 아시아 7 교회에게 해당됩니다. 그러나 그 평가와 비전의 언약은 현대를 살아가는 우리에게도 적용됩니다. 그것이 성경이 주는 예언적 비전의 특성입니다. 그 예언적 비전은 시대적 독특성과 시대를 초월하여 적용되는 놀라운 특성을 가지고 있습니다. 특별히 예수님의 평가 시스템은 원리이기에 더욱 그렇습니다. 예수님께서 일곱 번이나 반복하신 이유는 그 중요성을 알고 우리 삶에 적용하라는 것임을 알아야 합니다.

"귀 있는 자는 성령이 교회들에게 하시는 말씀을 들을지어다. 이기는 그에게…"

이 말씀에 내포된 의미는 비전의 언약이 시대와 장소, 남녀노소를 초월하여 "귀 있는 자"가 듣고 7교회에 주신 사명을 감당하면 비전의 상급을 누릴 수 있다는 것입니다. 이어지는 글을 통하여 7교회에 대한 평가와 비전을 살피고 당신 삶에 적용해 보십시오.

멘토: 다음은 에베소 교회에 주신 말씀입니다. 자신에게 적용하여 행하면 이 교회 성도들이 받은 축복을 당신도 받을 수 있습니다. 각 내용을 읽고 5점 만점으로 자신의 현재 상황을 냉철하게 평가해 보십시오. 그리고 믿음으로 미래에 완성될 자신의 모습으로 5점을 주어 보시고 그렇게 삶을 완성해 하십시오. (예 현재점수 2/ 미래 점수 5: 표기법 2/5)

교회소개	1 에베소 교회 [요한계시록 2:1-7]	출석하는＿＿＿＿＿＿＿ 교회와 나 개인에게 적용하고 받을 축복	현재점수/ 미래점수
현재 예수님의 모습	오른손에 일곱별을 붙잡고 일곱 금촛대 사이에 다니시는 이	비전의 가정, 비전의 일터, 비전의 교회 사이를 오가며 역사하시는 주님과 동행하는 삶을 살고 있습니까?	/
과거 칭찬받을 만한 교회의 모습	악한 자들을 용납하지 않음, 자칭 사도라 하되 아닌 자들을 시험하여 거짓된 것을 드러냄, 참고 내 이름을 위하여 견디고 게으르지 않았음, 니골라당의 행위를 미워함	교회를 미혹하는 악한 자들의 악한 이론과 시스템을 대적하며 교회를 지키려 성실히 노력하며 살고 있습니까?	/
현재 책망받을 교회의 모습	처음 사랑을 버림	처음 사랑으로 주님을 사랑하고 있습니까?	/
교회가 현재 해야 할 사명	어디서 떨어졌는지를 생각하고 회개하여 처음 행위를 가지라 이기는 자가 되라	처음 사랑을 회복하기 위하여 회개하며 처음 행위로 믿음과 비전의 일을 행함으로 이기는 자의 삶을 살고 있습니까?	/
사명 실패 시 받을 미래의 징벌	만일 그리하지 아니하고 회개하지 아니하면 내가 네게 가서 네 촛대를 그 자리에서 옮기리라	처음 믿음과 처음 행위로 비전을 실현하지 못함으로 받을 징벌을 의식하면서 두려움과 떨림으로 삶을 완성하려 노력하고 있습니까?	/
사명 완수 시 교회가 받게 될 미래 비전의 언약	이기는 그에게는 내가 하나님의 낙원에 있는 생명나무의 열매를 주어 먹게 함	이기는 자가 되어 하나님의 낙원에 있는 생명나무의 열매를 먹고 영원을 살 것을 비전으로 보면서 어려운 사명을 능히 감당하기로 결단합니까?	/
총계			/

58 서머나 교회의 비전

멘토: 다음은 서머나 교회에 주신 말씀입니다. 자신에게 적용하여 행하면 이 교회 성도들이 받은 축복을 당신도 받을 수 있습니다. 각 내용을 읽고 5점 만점으로 자신의 현재 상황을 냉철하게 평가해 보십시오. 그리고 믿음으로 미래에 완성될 자신의 모습으로 5점을 주어 보시고 그렇게 삶을 완성해 하십시오. (예 현재점수 2/ 미래 점수 5: 표기법 2/5)

교회소개	서머나 교회 [요한계시록 2:8-11]	출석하는_____ 교회와 나 개인에게 적용하고 받을 축복	현재점수/ 미래점수
현재 예수님의 모습	처음이요 나중이요 죽었다가 살아나신 이	나를 위하여 죽었다 살아나신 처음이요 나중이신 주님께 늘 어떤 삶의 정황 속에서도 감사를 드리는 삶을 살고 있습니까?	/
과거 칭찬받을 만한 교회의 모습	네 환난과 궁핍을 알거니와 실상은 네가 부요한 자	세상적으로는 환난, 궁핍 같지만 영적으로 부요한 일들로 인해 감사하며 기쁨으로 감당하고 있습니까?	/
현재 책망받을 교회의 모습	없음	그렇게 사는 삶에 어떤 책망도 없을 것임을 알고 기쁨을 누리고 있습니까?	/
교회가 현재 해야 할 사명	너는 장차 받을 고난을 두려워하지 말라. 볼지어다, 마귀가 장차 너희 가운데에서 몇 사람을 옥에 던져 시험을 받게 하리니 네가 죽도록 충성하라.	믿음을 지키고 부여받은 비전을 실현하기 위하여 죽도록 충성함으로 이기는 자의 삶을 살고 있습니까?	/
사명 실패 시 받을 미래의 징벌	없음	그렇게 사는 삶에 어떤 징벌도 없을 것임을 알고 기쁨을 누리고 있습니까?	/
사명 완수 시 교회가 받게 될 미래 비전의 언약	내가 생명의 관을 네게 줌, 이기는 자는 둘째 사망의 해를 받지 아니함.	이기는 자가 되어 천국에서 생명의 관을 받고 둘째 사망의 해를 받지 않을 모습을 비전으로 보면서 어떤 고난에도 굴하지 않고 사명을 감당할 것을 다짐합니까?	/
총계			/

멘토: 다음은 버가모 교회에 주신 말씀입니다. 자신에게 적용하여 행하면 이 교회 성도들이 받은 축복을 당신도 받을 수 있습니다. 각 내용을 읽고 5점 만점으로 자신의 현재 상황을 냉철하게 평가해 보십시오. 그리고 믿음으로 미래에 완성될 자신의 모습으로 5점을 주어 보시고 그렇게 삶을 완성해 하십시오. (예 현재점수 2/ 미래 점수 5: 표기법 2/5)

교회소개	3 버가모 교회 [요한계시록 2:12-17]	출석하는 _____ 교회와 나 개인에게 적용하고 받을 축복	현재점수/ 미래점수
현재 예수님의 모습	좌우에 날선 검을 가지신 이	좌우에 날선 검을 가지신 주님은 우리를 위하여 싸워주시는 분입니다. 이런 주님 앞에서 대적하지 않고 옆과 뒤에서 동행하는 삶을 살고 있습니까?	/
과거 칭찬받을 만한 교회의 모습	내 이름을 굳게 잡아서 내 충성된 증인 안디바가 너희 가운데 곧 사탄이 사는 곳에서 죽임을 당할 때에도 나를 믿는 믿음을 저버리지 아니함	앞으로 믿음을 지키기 위하여 핍박을 기꺼이 받을 결단을 하겠습니까?	/
현재 책망받을 교회의 모습	발람과 니골라당의 교훈을 지켜 우상숭배를 하고 행음을 함	요즘은 다 그렇게 산다는 문화적 미혹과 음식과 행음으로 우상숭배를 조장하는 이단을 배격하며 온전한 삶을 살고 있습니까?	/
교회가 현재 해야 할 사명	그러므로 회개하라 이기는 자가 되라	이전에 미혹 받아 행했던 것을 회개하며 이기는 자의 삶을 살고 있습니까?	/
사명 실패 시 받을 미래의 징벌	그리하지 아니하면 내가 네게 속히 가서 내 입의 검으로 그들과 싸우리라	주님을 대적하여 싸움으로 징벌을 받지 않기 위하여 주님 편에 서서 동행합니까?	/
사명 완수 시 교회가 받게 될 미래 비전의 언약	이기는 그에게는 내가 감추었던 만나를 주고 또 흰 돌을 줄 터인데 그 돌 위에 새 이름을 기록한 것이 있나니 받는 자 밖에는 그 이름을 알 사람이 없음	이기는 자가 되어 감추었던 만나를 받고, 흰 돌과 그 위에 새겨진 새 이름을 받는 모습을 비전으로 보면서 사명을 능히 감당할 것을 다짐합니까?	/
총계			/

멘토: 다음은 두아디라 교회에 주신 말씀입니다. 자신에게 적용하여 행하면 이 교회 성도들이 받은 축복을 당신도 받을 수 있습니다. 각 내용을 읽고 5점 만점으로 자신의 현재 상황을 냉철하게 평가해 보십시오. 그리고 믿음으로 미래에 완성될 자신의 모습으로 5점을 주어 보시고 그렇게 삶을 완성해 하십시오. (예 현재점수 2/ 미래 점수 5: 표기법 2/5)

교회소개	4 두아디라 교회 [요한계시록 2:18-29]	출석하는＿＿＿＿＿＿＿＿ 교회와 나 개인에게 적용하고 받을 축복	현재점수/ 미래점수
현재 예수님의 모습	그 눈이 불꽃 같고 그 발이 빛난 주석 같은 하나님의 아들	눈이 불꽃 같은 눈으로 감찰하시고 빛난 주석 같은 발로 동행하시는 주님을 매 순간 인식하며 동행합니까?	/
과거 칭찬받을 만한 교회의 모습	네 사업과 사랑과 믿음과 섬김과 인내를 아노니 네 나중 행위가 처음 것보다 많음	주님께서 맡겨 주신 비전의 사업을 성공적으로 완성하기 위하여 사랑, 믿음, 섬김과 인내로 살고 있습니까?	/
현재 책망받을 교회의 모습	자칭 선지자라 하는 여자 이세벨을 용납함 회개할 기회를 주었으나 음행을 회개하지 않음	그간 "선지자 이세벨"로 대표되는 영적이고 문화적인 이단을 따르며 영적, 육체적으로 음행을 회개하고 돌이켰습니까?	/
교회가 현재 해야 할 사명	회개하라, 너희에게 있는 것을 내가 올 때까지 굳게 잡으라. 이기는 자가 되라.	지속적으로 회개하며 두려움과 떨림으로 받은 믿음과 비전의 축복을 굳게 잡아 이기는 자의 삶을 살고 있습니까?	/
사명 실패 시 받을 미래의 징벌	내가 그를 침상에 던질 터이요 또 그와 더불어 간음하는 자들도 만일 그의 행위를 회개하지 아니하면 큰 환난 가운데에 던지고 또 내가 사망으로 그의 자녀를 죽이리니.	회개치 않으면 병들어 병원 침대 신세를 지게 될 것이고 자녀들도 사망을 당할 것을 기억하며 징벌을 피하기 위해 온전한 삶을 살겠습니까?	/
사명 완수 시 교회가 받게 될 미래 비전의 언약	이기는 자와 끝까지 내 일을 지키는 그에게 만국을 다스리는 권세를 주리니. 그가 철장을 가지고 그들을 다스려 질그릇 깨뜨리는 것과 같이 하리라. 나도 내 아버지께 받은 것이 그러하니라. 내가 또 그에게 새벽 별을 주리라.	이기는 자가 되어 만국을 다스리는 권세와 새벽 별의 영광을 받는 모습을 비전으로 보면서 사명을 능히 감당할 것을 다짐을 합니까?	/
총계			/

멘토: 다음은 사데 교회에 주신 말씀입니다 자신에게 적용하여 행하면 이 교회 성도들이 받은 축복을 당신도 받을 수 있습니다. 각 내용을 읽고 5점 만점으로 자신의 현재 상황을 냉철하게 평가해 보십시오. 그리고 믿음으로 미래에 완성될 자신의 모습으로 5점을 주어 보시고 그렇게 삶을 완성해 하십시오. (예 현재점수 2/ 미래 점수 5: 표기법 2/5)

교회소개	5 사대교회 [요한계시록 3:1-6]	출석하는_____ 교회와 나 개인에게 적용하고 받을 축복	현재점수/ 미래점수
현재 예수님의 모습	하나님의 일곱 영과 일곱 별을 가진 이	하나님의 일곱 영과 별을 가지신 주님께서 함께 하시기에 담대함을 가지고 미래를 헤쳐 나가고 있습니까?	/
과거 칭찬받을 만한 교회의 모습	사데의 옷을 더럽히지 않은 자 몇 명이 있어서 흰옷을 입고 나와 함께 다닐 것임.	모든 면에서 의의 옷을 입고 주님과 함께 동행하고 있습니까?	/
현재 책망받을 교회의 모습	살았다 하는 이름을 가졌으나 실상은 죽은 자임.	혹시 밖으로 드러나는 삶은 그럴 듯하지만 속으로 아픈 부분이 있지 않습니까?	/
교회가 현재 해야 할 사명	너는 일깨워 그 남은 바 죽게 된 것을 굳건하게 하라. 내 하나님 앞에 네 행위의 온전한 것을 찾지 못하였노니 네가 어떻게 받았으며 어떻게 들었는지 생각하고 지켜 회개하라. 이기는 자가 되라.	일깨워 남은 바 죽게 된 것을 굳건하게 하며 행위의 온전함을 위하여 회개하며 이기는 자의 삶을 살고 있습니까?	/
사명 실패 시 받을 미래의 징벌	내가 도둑같이 이르리니 어느 때에 네게 이를는지 네가 알지 못하리라.	주님을 대적하여 싸움으로 징벌을 받지 않기 위하여 주님 편에 서서 동행합니까?	/
사명 완수 시 교회가 받게 될 미래 비전의 언약	이기는 그에게는 내가 감추었던 만나를 주고 또 흰 돌을 줄 터인데 그 돌 위에 새 이름을 기록한 것이 있나니 받는 자 밖에는 그 이름을 알 사람이 없음	이기는 자가 되어 감추었던 만나를 받고, 흰 돌과 그 위에 새겨진 새 이름을 받는 모습을 비전으로 보면서 사명을 능히 감당할 것을 다짐합니까?	/
총계			/

빌라델비아 교회의 비전

멘토: 다음은 빌라델비아 교회에 주신 말씀입니다. 자신에게 적용하여 행하면 이 교회 성도들이 받은 축복을 당신도 받을 수 있습니다. 각 내용을 읽고 자신에게 해당되는 정도에 따라 1~5점으로 구분하여 적어보십시오. 정직하게 점수를 주어야 각성을 하고 그 축복을 받아 누릴 것입니다.

교회소개	6 빌라델비아 교회 [요한계시록 2:8-11]	출석하는_____교회와 나 개인에게 적용하고 받을 축복	현재점수/ 미래점수
현재 예수님의 모습	거룩하고 진실하사 다윗의 열쇠를 가지신 이. 곧 열면 닫을 사람이 없고 닫으면 열 사람이 없는 이.	다윗의 열쇠를 가지시고 구원의 문을 여시면 닫을 자가 없으신 강력한 주님과 함께 하고 있습니까?	/
과거 칭찬받을 만한 교회의 모습	적은 능력을 가지고도 내 이름을 배반치 않았다. 나의 인내의 말씀을 지켰은즉.	적은 능력으로도 인내하며 주님을 배반하지 않았습니까?	/
현재 책망받을 교회의 모습	없음	주님의 이름을 배반하지 않음으로 책망받지 않을 확신이 있습니까?	/
교회가 현재 해야 할 사명	네가 가진 것을 굳게 잡아 아무도 네 면류관을 빼앗지 못하게 하라. 이기는 자가 되라.	주님께서 주신 비전을 분명히 알고 그것을 굳게 실현하면서 면류관을 지킴으로 이기는 자의 삶을 살고 있습니까?	/
사명 실패 시 받을 미래의 징벌	없음	그렇게 함으로 징벌을 받지 않을 확신이 있습니까?	/
사명 완수 시 교회가 받게 될 미래 비전의 언약	볼지어다 내가 네 앞에 열린 문을 두었으되 능히 닫을 사람이 없으리라 내 하나님 성전에 기둥이 되게 하리니 그가 결코 다시 나가지 아니하리라. 내가 하나님의 이름과 하나님의 성 곧 하늘에서 내 하나님께로부터 내려오는 새 예루살렘의 이름과 나의 새 이름을 그 위에 기록하리라.	이기는 자가 되어 다윗의 열쇠를 가지신 주님께서 문을 열어 주시면 들어가 성전의 기둥이 되며, 새 예루살렘의 이름과 예수님의 새 이름을 그 기둥에 새겨 주실 모습을 비전으로 보면서 사명을 능히 감당할 것을 다짐합니까?	/
총계			/

멘토: 다음은 라오디게아 교회에 주신 말씀입니다. 자신에게 적용하여 행하면 이 교회 성도들이 받은 축복을 당신도 받을 수 있습니다. 각 내용을 읽고 자신에게 해당되는 정도에 따라 1~5점으로 구분하여 적어보십시오.

교회소개	7 라오디게아 [요한계시록 3:1-6]	출석하는＿＿＿＿＿＿＿ 교회와 나 개인에게 적용하고 받을 축복	현재점수/ 미래점수
현재 예수님의 모습	아멘이요 충성되고 참된 증인이시요 하나님의 창조의 근본이신 이	아멘과 참된 증인이시고 하나님 창조의 근본이신 주님과 동행하고 있습니까?	/
과거 칭찬받을 만한 교회의 모습	없음	그간 칭찬을 받지 못했어도 새롭게 헌신하겠습니까?	/
현재 책망받을 교회의 모습	차지도 더웁지도 않고 미지근하다. 나는 부자라 부요하여 부족한 것이 없다 하나 네 곤고한 것과 가련한 것과 가난한 것과 눈먼 것과 벌거벗은 것을 알지 못하도다.	차지도 덥지도 않고 물질적 풍요는 있지만 영적으로는 곤고하고 가련하고 가난하고 눈 멀어 그것이 보이지 않고 벌거벗은 채 살아가고 있음을 알고 돌이키길 원합니까?	/
교회가 현재 해야 할 사명	내게서 불로 연단한 금을 사서 부요하게 하고 흰 옷을 사서 입어 벌거벗은 수치를 보이지 않게 하고 안약을 사서 눈에 발라 보게 하라. 무릇 내가 사랑하는 자를 책망하여 징계하노니 그러므로 네가 열심을 내라 회개하라.	불 연단을 통하여 정금같이 영적으로 부요케 되고, 명품보다 의의 옷을 입어 수치를 면하고, 영의 눈의 할례를 받아 살며 이기는 자의 삶을 살고 있습니까?	/
사명 실패 시 받을 미래의 징벌	네가 이같이 미지근하여 뜨겁지도 아니하고 차지도 아니하니 내 입에서 너를 토하여 버리리라.	주님께 버림받지 않기를 소원하고 이를 최우선으로 삼는 새 삶을 살겠습니까?	/
사명 완수 시 교회가 받게 될 미래 비전의 언약	내가 문 밖에 서서 두드리노니 누구든지 내 음성을 듣고 문을 열면 내가 그에게로 들어가 그와 더불어 먹고 그는 나와 더불어 먹으리라. 이기는 그에게는 내가 내 보좌에 함께 앉게 하여 주기를 내가 이기고 아버지 보좌에 함께 앉은 것과 같이 하리라.	이기는 자가 되어 주님과 늘 더불어 먹고 마심으로 그것이 그대로 천국으로 옮아가 주님의 보좌 옆에서 앉아 함께 할 모습을 비전으로 보면서 사명을 능히 감당할 것을 다짐합니까?	/
총계			/

9장. 예수님의 인생 평가 시스템

여기에서는 예수님의 교회 평가 시스템에 근거하여 당신의 인생을 평가할 것입니다. 앞에서 이미 인생 평가를 했지만 2중 3중으로 평가해 봄으로 인생을 촘촘하게 살펴보고 온전케 해 보십시오

멘토: 아래에 예수님께서 주신 평가 시스템에 따라 당신의 어린 시절을 평가해 보십시오.

구분	내용
이 시절 내가 생각한 예수님의 모습	
이 시절 내가 가졌던 비전	
이 시절 나의 성취와 들었던 칭찬	
이 시절 내가 들었던 책망	
이 시절 나의 고난과 사명	
이 시절 내가 받은 징벌	
이 시절 내가 회개할 것들	
이 시절 내가 용서할 것들	
이 시절에 대한 감사와 미래 다짐	

멘토: 아래에 예수님께서 주신 평가 시스템에 따라 당신의 청소년 시절을 평가해 보십시오.

구분	내용
이 시절 내가 생각한 예수님의 모습	
이 시절 내가 가졌던 비전	
이 시절 나의 성취와 들었던 칭찬	
이 시절 내가 들었던 책망	
이 시절 나의 고난과 사명	
이 시절 내가 받은 징벌	
이 시절 내가 회개할 것들	
이 시절 내가 용서할 것들	
이 시절에 대한 감사와 미래 다짐	

멘토: 아래에 예수님께서 주신 평가 시스템에 따라 당신의 청년 시절을 평가해 보십시오.

구분	내용
이 시절 내가 생각한 예수님의 모습	
이 시절 내가 가졌던 비전	
이 시절 나의 성취와 들었던 칭찬	
이 시절 내가 들었던 책망	
이 시절 나의 고난과 사명	
이 시절 내가 받은 징벌	
이 시절 내가 회개할 것들	
이 시절 내가 용서할 것들	
이 시절에 대한 감사와 미래 다짐	

장년 시절 평가

멘토: 아래에 예수님께서 주신 평가 시스템에 따라 당신의 장년 시절을 평가해 보십시오.

구분	내용
이 시절 내가 생각한 예수님의 모습	
이 시절 내가 가졌던 비전	
이 시절 나의 성취와 들었던 칭찬	
이 시절 내가 들었던 책망	
이 시절 나의 고난과 사명	
이 시절 내가 받은 징벌	
이 시절 내가 회개할 것들	
이 시절 내가 용서할 것들	
이 시절에 대한 감사와 미래 다짐	

멘토: 아래에 예수님께서 주신 평가 시스템에 따라 당신의 노년 시절을 평가해 보십시오.

구분	내용
이 시절 내가 생각한 예수님의 모습	
이 시절 내가 가졌던 비전	
이 시절 나의 성취와 들었던 칭찬	
이 시절 내가 들었던 책망	
이 시절 나의 고난과 사명	
이 시절 내가 받은 징벌	
이 시절 내가 회개할 것들	
이 시절 내가 용서할 것들	
이 시절에 대한 감사와 미래 다짐	

멘토: 당신이 아시아 7교회의 평가를 자신에게 적용하고 평가하면서 받은 축복이 무엇이라고 생각합니까?

요한계시록 2-3장에서 언급된 7교회의 사명과 언약의 비전을 종합해 보면 다음과 같습니다.

교회소개	사명 (이기는 자가 되기 위한)	언약의 비전 (이기는 그에게는)
에베소 교회	회개하여 처음 행위를 가지라. (2:5)	하나님의 낙원에 있는 생명나무의 열매
서머나 교회	너는 장차 받을 고난을 두려워하지 말라. 네가 죽도록 충성하라. (2:10)	생명의 관 둘째 사망의 해를 받지 않음
버가모 교회	그러므로 회개하라. (2:16)	감추었던 만나, 흰 돌, 돌 위에 새긴 새 이름
두아디라 교회	회개하라, 너희에게 있는 것을 내가 올 때까지 굳게 잡으라. (2:22, 25)	만국을 다스리는 권세 새벽 별
사데 교회	남은 바 죽게 된 것을 굳건하게 하라. 생각하고 지켜 회개하라. (3:2, 3)	흰 옷, 이름을 생명책에서 지우지 않음 아버지 앞과 그의 천사들 앞에서 시인함
빌라델비아 교회	네가 가진 것을 굳게 잡아 아무도 네 면류관을 빼앗지 못하게 하라. (3:11)	열린 문, 내 하나님 성전의 기둥, 그 위에 세운 새 예루살렘과 주님의 새 이름
라오디게아 교회	불로 연단한 금을 사서 부요하게, 흰 옷을 사서 수치를 보이지 않게, 안약을 사서 눈에 발라 보게 하라. 회개하라. (3:18, 19, 20)	더불어 먹고 내 보좌에 함께 앉게 해줌

언약의 비전 리스트에 있는 상급들을 보십시오. 마음에 듭니까? 사실 언약의 비전 리스트에 있는 상급들은 사탄이 끈질기게 긴 세월 동안 주님을 대적하고 인간을 악으로 타락시키고 충동질하면서 차지하고 싶어 했던 모든 것들입니다. 그런데 그것들을 당신에게 주겠다고 하십니다. 너무나 놀라운 제안이 아닙니까?

모든 것을 다 가지신 분이 당신을 죽도록 사랑하지 않으면 할 수 없는 제안입니다.
조건은 아주 간단합니다.
우리의 짧은 인생 속에서 사명으로 주신 몇 가지를 신실하게 준행하면 됩니다.
영원히 받을 상에 비하여 우리가 할 일은 매우 작고 기간도 짧습니다.
이 『생명의 서』 3, 4, 5 그리고 13장의 인물들이 좋은 모델입니다.

이어지는 과에서 예수님의 평가 시스템에 따라 삶을 돌아보고 잘 평가하며 부족한 부분이 있다면 보완할 계획을 세우십시오. 그리고 나머지 인생 동안 그것을 완성하면 됩니다.

멘토: 지금까지의 삶을 샘플을 참고하여 행복 정도에 따른 그래프를 그려 보십시오.

　아래에 샘플은 영원의 천국에서부터 내 삶이 시작되었고 지구에 태어나 미래에 언젠가는 죽고 다시 천국으로 돌아가는 삶의 주기를 보여줍니다. 예수님이 천국 보좌를 버리고 이 땅에 오셔서 십자가를 지시고 제자를 양육하신 두 사명을 완수하신 후 다시 천국으로 가신 것처럼 우리도 그러합니다. 예수님과 우리의 차이는 지구에 파송 받은 비전과 사명을 명확하게 알고 그 일에 집중하며 사명을 완수하고 천국에 귀국하느냐 아니냐입니다. 우여곡절이 있을 수 있지만 나머지 그래프가 복된 천국으로 향하도록 하는 것이 이 책의 목적입니다. 아래 그래프에서 행복도 점수는 천국이 100, 지옥이 −100, 이 땅에서의 최고 행복은 10, 최저 불행은 −10으로 책정했습니다.

〈샘플〉

행복도	영원	가난	성장	결혼	출산	승진	암	회복	노환		죽음예상		영원
+100	천국												천국
+10													
+5													
0													
-5													
-10													
-100													지옥
나이		0	10	20	30	40	50	60	70	80	90	100	사후
년도		1953	1963	1973	1983	1993	2003	2013	2023	2033	2043	2053	영원

　아래에 당신의 삶의 행복도 그래프를 간단하게 그려 보십시오. 꼭 정확하지 않아도 됩니다.

행복도	영원	출생										죽음예상	영원
+100	천국												천국
+10													
+5													
0													
-5													
-10													
-100													지옥
나이		0	10	20	30	40	50	60	70	80	90	100	사후
년도													

5권
죽음의 서

주님, 두렵지 않습니다!

멘토 👑 ───────────────────────────────

여기에서는 먼저 안타까운 죽음과 두려운 죽음 및 하나님의 관점에서 본 참된 죽음의 실체를 파악할 것입니다. 죽음이 어떤 과정으로 오고, 죽음을 어떻게 맞이해야 하며, 위대한 죽음을 맞이한 사람들의 예도 살펴볼 것입니다. 현실적으로 죽음의 과정은 어떠하며, 죽음 이후 어떻게 죽음 예식을 준비하고, 유언, 유산의 문제를 어떻게 정리해야 하는지 아래 단원들을 통하여 살필 것입니다.

10장. **안타까운 죽음들**

여기에서는 안타까운 죽음의 모습들을 살필 것입니다.

멘토: 사람은 죽음을 앞두면 죽음 이후에 대한 질문을 합니다. 그 이유가 중요합니다. 그 이유는 죽음은 끝이 아니고 새로운 시작임을 영이 어렴풋하게 느끼므로 죽음과 하나님에 대하여 질문을 하는 것입니다. 오늘은 한국의 대표적인 부자 한 분의 마지막 한 달을 방문하고 그의 질문을 살펴보겠습니다.

오늘날 전 세계에 한국의 국격을 높이고 있는 회사 중에 단연 삼성이 있습니다. 창업자는 고 이병철 회장입니다. 그는 1910년에 출생하였고 67세(1976년) 때 위암 판정을 받았습니다. 그때 10년만 더 살기를 바라며 수술을 받았고 위암을 극복합니다. 그리고 위암 경험 이후 그는 한국에서 최고의 암병원을 세워 병 치료에 기여합니다. 그러나 담배를 즐긴 그에게 폐암이 찾아왔고 10년간 치료를 받으며 사업을 계속합니다.

그런데 그가 세운 최고의 암병원도 그의 폐암을 고칠 수 없었습니다. 죽음을 직감한 그는 죽음과 하나님에 대한 궁금한 것 24가지를 절두산 성당의 고 박희봉 신부(1924-1988)에게 드립니다. 그 질문 중 몇 가지는 다음과 같습니다.

1. 신의 존재를 어떻게 증명할 수 있나? 신은 왜 자신의 존재를 똑똑히 드러내 보이지 않는가?
15. 신앙이 없어도 부귀를 누리고, 악인 중에도 부귀와 안락을 누리는 사람이 많은데, 신의 교훈은 무엇인가?
16. 성경에 부자가 천국에 가는 것을 약대가 바늘 구멍에 들어가는 것에 비유하고 있는데, 부자는 악인이란 말인가?

질문을 받은 박 신부님은 1달 후 답을 드리기로 하였습니다. 결과는 어떻게 되었을까요?

그는 좋은 질문을 너무 늦게 했고,
그에게 나쁜 응답은 너무 빨리 왔습니다.

이 회장은 갑자기 악화된 병세로 답을 듣지 못한 채 1987년 11월 19일에 죽습니다. 하나님께서는 그에게10년 전 위암을 통하여 인생과 하나님에 대한 질문을 할 기회를 주셨지만 그는 그 기회를 날려버렸습니다. 그가 한 24가지 질문들에 대한 답들을 몇몇 사람들이 제시했는데 그 답들을 인터넷에서 발견할 수 있고, 고 이어령 박사가 집필한 책으로도 출간되어 확인할 수 있습니다. 문제는 아직도 많은 사람이 건강하고 여유가 있고 기회가 있을 때는 그 답을 추구하지 않는다는 것입니다. [10]

나: 멘토님, 저도 그런 사람 중에 하나였습니다. 병과 고난이 올 때 그것은 우연이 아니라 하나님의 어떤 메시지를 담고 있음을 생각하게 됩니다. 병 회복과 고난 극복보다 그 메시지가 더 중요한데 헛된 것에 초점을 두고 살아온 느낌입니다.

멘토: 이제 미국의 부호는 죽음을 앞두고 어떻게 했는지 그의 마지막 날들을 방문해 보겠습니다. 그 부호가 마지막 시간을 보낸 미국 캘리포니아 팔로 알토로 가봅시다.

이 시대에 미국을 넘어 전 세계적인 산업 영웅 중 단연 손꼽히는 사람은 애플(Apple) 제국의 고 스티브 잡스(Steve Jobs) 회장입니다. 그는 미국에서 가장 살기 좋은 도시 1위에 속하는 부촌에서 살았습니다. 그도 56세 때 췌장암에 걸리자 죽음을 앞두고 신의 존재성에 대하여 질문하였습니다.

하나님은 존재하는가?

하나님의 존재성에 대한 그의 답은 50:50이었습니다. 사실 50%만해도 잡스에게는 엄청난 것이었습니다. 그에게 하나님의 존재는 -100%였기 때문이었습니다. 그는 미국의 전통인 부활절과 크리스마스에도 집에 전혀 축하 장식하지 않았고, 대신 귀신을 상대하는 날인 할로윈데이 때는 해골과 귀신 장식들로 집안을 꾸미고 파티하며 집을 지나는 이들에게 선물을 주었습니다.

그가 하나님을 인정하지 못한 이유는 출생의 비밀에 있습니다. 시리아계 아빠와 미국계 엄마 사이에서 태어난 그는 외할아버지의 완강한 반대 때문에 부모가 이혼을 했고 갓난 아기는 입양 부모에게 보내집니다. 태어나자마자 부모에게 버림받아 입양된 자신의 과거와 세상에 편만한 악을 보면서 스티브 잡스는 하나님은 없다는 결론을 내리고 일본 젠 불교와 인도 힌두교에서 위안을 찾았습니다.

그런 아픔을 딛고 선 그는 사업적인 면에서는 영웅이었지만 삶에 있어서는 비참했습니다. 그 자신도 결혼하지 않은 채 사귄 여인에게서 딸을 낳고도 그녀를 자식으로 인정하지 않습니다. 나중에 법정에서 염색체 감별 끝에 어쩔 수 없이 인정하는 안타까운 상황이 됩니다. 회사에서도 직원들을 인격적으로 대하기 보다 자신의 사업적 구상을 실현시켜 줄 도구로만 취급했습니다. 남을 믿지 못하고 다그치며 이용하는 그의 성격은 그의 버림받은 과거에서 기인했고, 그의 췌장암은 그의 성격에서 기인했다고 그를 아는 사람들이 판단했습니다.

> 그에게 감사한 것은 하나님의 존재 여부가 -100%에서 50%로 상승했다는 것입니다.
> 안타까운 것은 100%로 올라가기 전 그 50%에서 인생의 막을 내린 것입니다.

스티브 잡스 또한 죽기 전에 나름 진지하게 하나님에 대하여 고민했지만 그는 끝내 하나님과 화해하지 못한 채 죽었습니다. 그가 답을 진지하게 찾았다면 그에게 정답을 줄 수 있는 사람을 만날 수 있었겠지만 그의 돈과 명예는 진리를 아는데 전혀 도움이 안 되었고 오히려 겸손을 저해하는 요소가 되었습니다.

나: 멘토님, 한국이나 미국이나 돈과 명예를 가진 사람들도 각자의 아픔과 안타까움을 가진 채 죽었군요. 이 땅에서 그들이 성취한 일들은 존경할만하지만 내면적 상처와 관계 속의 죄와 악의 문제가 해결되지 않으면 온전하고 행복한 삶을 영위할 수 없음을 알겠습니다.

멘토: 죽음을 앞둔 사람의 가족들은 병원을 맹신하는 경향이 있습니다. 당연히 의사들을 신뢰해야겠지만 죽음을 앞둔 상황에서는 조금 신중할 필요가 있습니다. 왜 그런지 30년 임상 경험을 가진 저명한 의사와 함께 병원 현장을 방문해서 살펴보겠습니다.

한림대학교 류마티스내과 교수이며 30년 간의 임상 경험을 토대로 집필한 『죽음을 배우는 시간』을 집필한 김현아 교수가 알려주는 병실과 환자의 상황입니다.

그녀는 중환자실에 입원하였다가 병원에 들어온 지 12시간도 안 되어 죽음을 맞이한 할아버지와 그 가족의 당황스러움에 대하여 소개합니다.[11] 이 할아버지의 기도에는 손가락만 한 삽관이 들어가 있고, 수많은 수액 줄들과 의료 기기들이 붙어 있으며, 몇 차례의 심폐소생술을 한 흔적이 있었습니다. 의료진들이 얼마나 열정적으로 환자를 살리기 위해 헌신했는지를 보여줍니다. 그러나 김현아 교수는 의외의 문제점을 말합니다. 임종은 병원이 돌이킬 수 있는 것이 아닌데 이 병원은 마치 모든 방법을 동원하여 할아버지를 치료하면 나을 수 있는 환자로 취급하여 온갖 무모한 치료 시도를 했고, 그 때문에 환자와 가족들이 인생의 마지막 순간을 의미 있게 보내지 못하도록 했다는 것입니다. 만약 가족이 병원을 맹신하지 않고 할아버지의 임종을 받아들였다면 가족이 할아버지 주위에 둘러 앉아 유언도 듣고 집에서 마지막 작별 인사를 할 수 있었을 것이라고 말입니다. 그런데 생명 구조라는 미명 하에 병원은 임종환자에게 무모한 심폐소생술 등으로 고통 속으로 몰아넣고 병원비도 물게 한다는 것입니다. 그녀가 책을 쓴 목적을 다음과 같이 밝힙니다.

> 많은 이들이 묫자리를 보고 수의를 마련하는 것이 준비라고 착각하는 현실에서, 병원의 '죽음 비즈니스'에 속지 않고 원하는 방식으로 생을 마무리하기 위하여 어떤 준비가 되어 있어야 하는지 알리기 위함이다.[12]

그녀는 죽음을 앞둔 상황에서 환자와 가족들이 병원에 의존하는 현실에 대한 오류를 지적하며 각성을 촉구하고 죽음에 대한 대안을 제시합니다.

> 옛날 같았으면 할아버지가 이제 돌아가실 때가 되었다는 것을 옆에서 알아차리고 준비를 했을 것이다. 그러나 의료 기술의 발달과 함께 마치 죽을 사람도 살릴 수 있다는 착시 효과가 생기면서 이제는 노화에 의한 자연사라는 만고의 진리가 무색한 시대가 되어 버렸다.[13]

김 교수는 "병원의 '죽음 비즈니스'에 속지 말라"고 경고합니다. 물론 모든 병원과 의사들이 그렇다는 것은 절대 아닙니다. 그러나 김 교수는 죽음을 앞두고 죽음과 질병을 구분하지 못하는 병원은 환자와 가족의 무지와 신뢰를 악용하기도 한다고 합니다. 임종 환자에게 무리한 치료를 하면서 환자와 가족에게 존엄해야 할 마지막을 가장 처절하고 고통스러운 경험으로 바꾼다고 말합니다. 그러면서 가족들도 이제 임종에 대한 지식을 갖추고 잘 대비하여 사랑하는 가족이 삶을 의미 있게 완성할 수 있도록 도와야 한다고 역설합니다.

멘토: 기독교는 생명, 죽음, 부활과 영원에 관한 최고의 진실을 알려 주는 종교입니다. 그런데 의외로 육체적이고 의료적인 죽음에 관하여는 준비되어 있지 않아서 당황하게 됩니다.

신실하신 권사님이 계셨습니다. 암으로 판정을 받았고 의사들이 임종을 준비하라고 하였습니다. 그러나 권사님은 주님께서 자신을 살려줄 것을 확신하며 금식 기도하며 죽음 준비를 거부하였습니다. 믿음과 달리 병세가 심각해지자 병을 안 고쳐 주시는 주님께 대한 믿음의 회의가 오고 원망이 생겼습니다. 그리고 죽음의 증세들이 가까이 왔습니다. 감사하게도 믿음의 사람답게 임종이 가까워지자 죽음을 통해 천국 안식을 주시는 주님의 뜻을 수용하고 편안하게 소천하셨습니다. 그런데 유언과 재산 처분을 위한 시간을 충분히 갖지 못했고 가족과도 의미 있는 시간을 보낼 수 없었습니다.

생각해 보십시오. 죽으면 천국에 간다는 말은 따뜻하고 감격스럽습니다. 내가 지금 가는 상황이 아니면 말입니다. 막상 건강에 무슨 일이 생겨서 앰뷸런스에 내가 누워 있는 상황을 상상해 보십시오. 영적 평화는 앰뷸런스의 사이렌 소리와 숨가쁜 병원 입원, 그리고 찌르며 들어오는 주사 바늘과 빠져나가는 피와 더불어 사라져 갑니다. 또한 머리맡에는 심전도, 폐 기능 확인 기기들의 붉고 푸른 불빛들과 간헐적으로 삐삐 거리는 소음들이 위협하며 우리의 믿음을 위축시킬지도 모릅니다. 죽음의 문턱에서 나직이 찬송을 부르거나 차 한 잔을 하면서 절대 안정을 취하고 조용히 깊은 생각을 해야 할 것 같은 상황인데 복도에서 들리는 다급한 발 소리는 고문하듯 들려옵니다. 또 24시간 켜 있는 병실의 형광 조명과 얇은 커튼을 찢듯이 들리는 옆 침대 중환자들의 고통스러운 신음 소리, 그리고 급하게 빠져나가는 환자들의 침대는 입원 중인 성도로 하여금 불안으로 가득 채울 것입니다. 평화스러운 예배만을 드렸던 착한 성도에게는 무척 당황스러운 상황이 될 것입니다.

당연히 모든 병들은 회복을 전제로 음식, 운동, 약과 수술 등으로 치료해야 합니다. 그리고 영적으로는 회개, 용서, 화해와 금식 기도와 중보 기도를 통하여 치유를 간구해야 합니다. 환자뿐 아니라 가족과 교회도 그런 마음으로 기도하며 소망을 가지고 돌봐야 합니다.

그러나 그럼에도 불구하고 의사가 나을 수 있는 병의 증세와 임종 증세를 합리적으로 평가하고 가족과 환자가 이를 수용하며 대처토록 하는 것이 참된 영성입니다. 왜냐하면 죽음은 삶을 완성하고 천국으로 부르시는 주님의 초대임을 기쁨으로 받아들여야 하기 때문입니다.

단풍이 병이 아니라 선물이듯 노화와 죽음도 병이 아니라 하나님의 선물입니다.
그래서 죽음과 연관된 의료와 장례 이슈들을 선물로 받아들이고 준비해야 합니다.

그렇지 않으면 아무리 영적으로 성숙하였어도 삶을 온전히 완성하지 못하며
의미 있는 유언 한 마디 제대로 못하고 허무하게 죽을 수 있습니다.

---

75 죽기 전 후회하는 것들

멘토: 당신이 죽음을 앞두고 있는 입장이라면 무엇 때문에 후회가 될까요? 다양한 국가의 사람들이 말하는 것 중에 당신도 동의하는 것에 표시를 해 보십시오.

한국정신치료학회를 설립했으며 이화여자대학교 의과대학 의학과 명예교수로 35년간 섬긴 이근후 박사는 임종을 앞둔 사람들이 다시 살 수 있다면 하고 싶은 것 세 가지를 다음과 같이 꼽았다고 말합니다.

> 1. 하고 싶은 것을 하고 살자
> 2. 맺힌 것을 풀고 살자
> 3. 베풀며 살자 [14]

수년간 임종 직전의 환자들을 보살폈던 호주의 호스피스 브로니 웨어는 『내가 원하는 삶을 살았더라면』(The Top Five Regrets of the Dying)이라는 책에서 다음 다섯 가지를 꼽았습니다. 당신이 공감하는 것에 동그라미 해 보십시오.

> 1. 다른 사람이 아닌, 내가 원하는 삶을 살았더라면 (찾아 나설 용기가 없었다)
> 2. 내가 그렇게 열심히 일하지 않았더라면 (열심히 살았지만 미래를 모른 채 살았다)
> 3. 내 감정을 표현할 용기가 있었더라면 (진정한 내가 아닌 가식으로 살았다)
> 4. 친구들과 계속 연락하고 지냈더라면 (외로움은 혼자 있는 것과 다르다)
> 5. 나 자신에게 더 많은 행복을 허락했더라면 (지금도 늦지 않았다) [15]

미국 콜로라도의 패밀리 닥터 카렌 와이어트는 『일주일이 남았다면』(What Really Matters)에서 죽음을 앞둔 사람들이 후회하는 일곱 가지를 알려 줍니다. 당신이 공감하는 것에 동그라미 해 보십시오.

> 1. 죽을 만큼 마음껏 사랑해 볼 걸
> 2. 조금만 더 일찍 용서할 걸
> 3. 걱정은 내려놓고 행복을 만끽할 걸
> 4. 마음을 열고 포용할 걸
> 5. 한 번뿐인 인생, 열정적으로 살아볼 걸
> 6. 아등바등 살지 않고 여유를 가지고 살 걸
> 7. 있는 그대로에 감사할 걸 [16]

호주의 브로니 웨어와 미국의 카렌 와이어트의 리스트들은 모두 공감이 가는 것들입니다. 정도의 차이는 있겠지만 이런 후회들을 하지 않을 사람은 거의 없을 것입니다.

멘토: 앞에서 살펴본 후회 외에 다른 것들이 또 있나요?

일본에서 1,000명의 말기 환자의 죽음을 지켜보았던 호스피스 전문의이며 소화기병 전문의인 오츠 슈이치는 『죽을 때 후회하는 스물다섯 가지』에서 다음의 후회 리스트를 말합니다. 주제별로 구분하여 재구성하면 다음과 같습니다. 당신이 공감하는 것에 동그라미를 해 보십시오.

비전 관련

1. 진짜 하고 싶은 일을 했더라면
2. 꿈을 꾸고 그 꿈을 이루려고 노력했더라면

영성 관련

3. 신의 가르침을 알았더라면
4. 삶과 죽음의 의미를 진지하게 생각했더라면

죄 관련

5. 나쁜 짓을 하지 않았더라면
6. 감정에 휘둘리지 않았더라면

지혜 관련

7. 사랑하는 사람에게 고맙다는 말을 많이 했더라면
8. 조금만 더 겸손했더라면
9. 친절을 베풀었더라면

가정 관련

10. 결혼했더라면
11. 자식이 있었더라면
12. 자식을 혼인시켰더라면

행복 관련

13. 만나고 싶은 사람을 만났더라면
14. 기억에 남는 연애를 했더라면
15. 죽도록 일만 하지 않았더라면
16. 가고 싶은 곳으로 여행을 떠났더라면
17. 고향을 찾아가보았더라면
18. 맛있는 음식을 많이 맛보았더라면

건강과 죽음 관련

19. 건강을 소중히 여겼더라면
20. 좀 더 일찍 담배를 끊었더라면
21. 내가 살아온 증거를 남겨두었더라면
22. 유산을 미리 염두에 두었더라면
23. 내 장례식을 생각했더라면
24. 건강할 때 마지막 의사를 밝혔더라면
25. 치료의 의미를 진지하게 생각했더라면 [17]

저자는 일본인으로서는 드물게 교토에 있는 침례병원의 최연소 호스피스 전문의로서 신앙인의 관점에서 매우 포괄적 후회 스물다섯 가지를 포함하고 있습니다. 신앙의 관점들이기에 더 동의가 되지요? 위 리스트에 없는 것들 중 당신이 후회할 것을 기록하여 보십시오.

멘토: 우리는 앞선 장에서 죽을 때 후회하는 것들을 살폈습니다. 그런데 죽기 전에 미리 후회거리를 살피고 그것을 만회할 기회를 얻은 사람은 복됩니다. 당신이 그렇습니다. 그런데 죽은 후에 후회하게 된다면 정말 난감하겠죠. 죽은 후 후회할 것들은 무엇일까요?

요즈음 소위 웰 다잉(Well Dying)이 이슈입니다. 어차피 닥칠 죽음, 피하지 않고 죽음을 먼저 생각하고 보다 잘살고 잘 죽자는 차원에서 참 고상합니다. 그러나 죽음은 매우 현실적인 것입니다. 노년에 함께 모여 즐거운 마음으로 영정사진을 찍고, 반려동물 입양도 주선하는 것도 필요합니다. 그러나 임종을 한 달, 한 주, 하루, 1시간, 1분 앞두고 과연 무엇을 할 것인지, 그리고 죽은 후 1분, 1시간 뒤에 어디에서 무엇을 하고 있을지에 대한 구체적인 준비가 없다면 그런 웰 다잉 프로그램은 죽음이 임박한 상황에서 오는 공포에 아무 도움이 되지 못할 것입니다.

누가복음 16장 19-31절엔 죽은 후에 후회하는 사람 이야기가 나옵니다. 나사로라는 거지는 아브라함의 품에 들어 갔고, 부자는 지옥에 갔습니다.

> 아브라함이 이르되 얘 너는 살았을 때에 좋은 것을 받았고 나사로는 고난을 받았으니
> 이것을 기억하라 이제 그는 여기서 위로를 받고 너는 괴로움을 받느니라. | **누가복음 16:25**

부자는 나름 의미 있는 삶을 살았을 것입니다. 이곳 저곳의 유명인들과 파티도 하고 유쾌한 삶을 살았을 것입니다. 어떤 부자는 그런 것을 누리지 못하고 그냥 열심히 일만 하면서 죽음 직전까지 달려올 수도 있겠죠. 하지만 이 모두가 불행한 것이 아닙니까? 지혜로운 사람은 이 땅에서 하는 것이 영원과 연관되는 일을 하는 사람들입니다. 그래서 누가복음 16장의 부자는 지옥에서 후회하며 누군가를 보내서 형제들에게 회개하고 자기처럼 살지 말게 해달라고 부탁합니다. 여기서 예수님은 '답은 이미 모세와 선지자들의 글에 다 있다' 즉, '성경에 답이 다 있다'고 하십니다. 성경 전체에서 인간이 죽은 다음에 후회할 것들을 요약하면 다음과 같습니다.

> 첫째, 예수님을 믿지 못함으로 성경의 진리가 아닌 사탄의 미혹대로 살아 불행했던 것
> 둘째, 천국의 최고 가치인 사랑과 의로 행하지 못하고 관계 속에서 불행했던 것
> 셋째, 하나님께서 존재 목적으로 주신 비전 실현을 못하고 대신 야망을 좇아 살며 불행했던 것

남겨진 가족의 후회

또한 사랑하는 가족을 천국으로 떠나 보낸 후 남겨진 이들이 후회하는 것들이 있습니다. 특별히 부모님을 보내 드린 자녀들의 경우, '아빠라면, 엄마라면 이럴 때 어떻게 하셨을까?', '이런 것을 진작 여쭈어 보았더라면 좋았을 텐데' 하고 후회할 것입니다. 부모님과 더 많은 시간을 보내며 여쭙고 효도도 더 했으면 좋았을 걸 하면서 괴로워합니다. 그래서 이 책이 소중합니다. 자녀들이 물어볼 것들을 미리 이 책에 담아 두는 것입니다. 당신은 죽음을 미리 준비하면서 위대한 죽음을 맞이한 사람들도 곧 만나고 도전 받게 될 것입니다.

멘토: 혹시 당신 인생은 후회와 실패의 연속이었고 제대로 이루어 놓은 것이 없다고 생각하십니까?

후회는 내면적 성숙이 도모되지 않은 일에 대한 것이고,
실패는 외적인 성공에 도달하지 못한 일에 대한 것입니다.

후회 없는 성숙은 없고, 실패 없는 성공도 없습니다.
후회 없는 성자는 없고, 실패 없는 승리자도 없습니다.

진정한 실패는 한 번도 시도하지 않는 것에서 오고.
진정한 후회는 한 번 더 시도하지 않은 것에서 옵니다.

남들처럼 대단한 성공도 못했기에 전해줄 자랑스러운 것도 없다고 생각합니까? 그렇다면 두 가지를 생각하고 힘을 얻기를 바랍니다.

첫째, 정말 이룬 것이 없다면 왜 못 이루었는지 그 이유를 진실되게 전해 주십시오. 그리고 새롭게 시작한다면 어떻게 하고 싶은지 이 『생명의 서』에 써 주십시오. 발명의 왕 에디슨은 84세를 살면서 1,930개의 발명품을 만들었습니다. 그는 한 개의 발명품을 만들기 위하여 어떤 것은 1,900여 번의 실패를 했고 1,901번째에 성공을 했습니다. 당신이 실패한 1,900개의 이유를 알려주면 자녀들은 1901번째의 성공을 할 것입니다.

둘째, 지금 이 책 『생명의 서』를 읽고 쓰고 있다면 당신은 이미 믿음이 있고 믿음 안에서 위대한 일을 하였고, 앞으로 더 할 분입니다. 한 부모가 유학을 떠나는 아들에게 비행기에서 뜯어 보라고 봉투를 주었답니다. 아들이 큰 기대를 가지고 봉투를 열어보니 다음과 같은 내용의 편지 한 장이 들어 있었습니다.

아들아, 유학 생활 동안 하나님께서 아버지가 되시어 너를 돌볼 것이니
힘들때마다 기도하려무나. 우리도 전능자 하나님께 너를 위해 기도로 도울 것이다.

아들의 반응은 어떠하였을까요? 돈을 주지 못하는 부모의 심정은 어떠하였을까요? 그 부모는 가난했고, 학벌도 없었고, 너무나 절실하여 하나님께 기도밖에 할 수 없었던 분들이었습니다. 그 아들도 남들에 비해 가진 것이 없었기에 공부밖에 할 수 없었고, 기도밖에 할 수 없었기에 그렇게 했고, 남이 생각하지 못한 것을 연구하여 세계에 공헌을 했다고 합니다. 자녀에게 줄 수 있는 최고의 유산은 믿음과 비전, 그리고 기도를 쌓아 주는 것입니다.

이 책 『생명의 서』는 여러분의 실패학과 성공학을 삶 전체에서 추출한 기록물이 될 것입니다. 자녀들에게 이 책은 성경 다음으로 소중한 책이 될 것입니다.

멘토: 어디를 끝으로 설정하느냐가 우리 삶의 목적지와 방식을 결정합니다. 이 책에서 죽음과 그 이후, 당신의 자녀를 생각하는 것은 진정한 끝을 생각하는 것입니다.

메멘토 모리(Memento mori)가 무슨 뜻인지 아십니까? 라틴어로 "죽음을 기억하라, 혹은 그대가 죽어야 한다는 것을 기억하라!"는 뜻입니다.

이탈리아 반도의 북부에 위치한 고대 왕국 중 하나인 에트루리아에서 장군의 승전식 행사에서 사용된 구절이라고 전해집니다. 에트루리아는 매우 종교심이 강한 나라로서 장군이 전쟁에서 승리하고 돌아올 때 얼굴에는 붉은 색을 칠하고 네 마리의 백마가 이끄는 전차를 타고 시내를 행진케 합니다. 그러면 개선 장군은 마치 자신을 신으로 추앙하는 듯한 영광을 느끼는데 이때 장군을 겸손케 하기 위하여 한 행동이 있다고 합니다. 즉, 전차에 비천함의 상징인 노예 한 명을 태워서 그 노예가 개선식 동안 지속적으로 '메멘토 모리'를 속삭이게 합니다. 즉, 겸손하라는 것입니다. 이 구절과 함께 주어진 두 구절이 있다고 합니다.

> Memento mori(메멘토 모리): 죽음을 기억하라.
> Memento te hominem esse(메멘토 테 호미넴 엣세): 그대가 인간임을 기억하라.

21세기에 전 세계를 강타한 책 중 하나는 스티븐 코비(Stephen R. Covey)가 쓴 지혜서 『성공하는 사람들의 7가지 습관』 입니다.[18] 7가지 습관 중 하나는 "끝을 생각하며 시작하라"입니다. 그렇다면 인간은 목적지를 알고 그 목적지에 도달하기 위한 가장 효율적인 삶을 살 것이라는 것입니다.

인간에게 끝은 어디일까요? 많은 사람이 생각하는 곳은 죽음입니다. 스티븐 코비도 장례식의 이야기를 펼칩니다. 독자 자신이 관에 누워 있는 장례식입니다. 그리고 누군가는 장례식장에서 조사를 낭독할 것입니다. 그 조사의 내용은 결국 오늘 어떻게 사느냐에 따라 결정될 것입니다.

그러나 죽음이 우리의 진정한 끝일까요? 당연히 아닙니다.

이 책 『생명의 서』는 나를 넘는 끝과 죽음을 넘는 끝을 생각합니다.
나를 넘는 끝은 자손이고, 죽음을 넘는 끝은 천국입니다.

어디를 끝으로 설정하느냐가 우리 삶의 목적지와 방식을 결정합니다.

멘토: 우리가 생각하여야 할 끝은 영적으로는 천국이고, 육체적으로는 우리 자녀들입니다. 우리는 영적으로 천국을 궁극적 목적지로 삼고 그곳에 도달하기 위하여 삶을 완성해야 합니다. 그리고 육체적으로는 나를 넘는 자손이 우리가 생각할 끝이므로 그들에게 우리의 지혜와 유산을 최대한 전수해 주어야 합니다.

11장. **두려운 죽음의 실체**

여기에서는 죽음이 두려운 이유를 영적인 관점에서 살필 것입니다.

멘토: 오늘부터는 죽음의 실체에 대하여 살펴보겠습니다. 그 이유는, 사람들이 죽음의 실체와 진실을 모른 채 온갖 추측과 오해 속에서 불행한 삶과 죽음을 맞이하기 때문입니다.

예일대에 부임한 1995이후 계속 죽음에 대하여 강의하고 『죽음이란 무엇인가』[19] 라는 책도 낸 셰리 케이건(Shelly Kagan)교수는 죽음에 대하여 다음과 같이 주장합니다.

그는 인간의 육체는 살아서 움직이다가 파괴되는 것이고, 그것이 '죽음'이라고 정의합니다. 그리고 사후에 대한 생각은 '착각'일 뿐이라고 말합니다. 영원은 존재하지 않으며, 인간은 기계에 불과하다고 생각합니다. 죽음은 대단히 신비로운 것이 아니라 그냥 컴퓨터가 고장나는 것이라고 말합니다.

만약 그것이 사실이라면 왜 인간은 죽음에 대하여 두려워할까요? 케이건 교수는 죽음이 두려운 이유를 다음 네 가지로 정돈합니다.

죽음의 필연성-반드시 죽는다　　죽음의 예측 불가능성-언제 죽을지 모른다
죽음의 가변성-얼마나 살지 모른다　　죽음의 편재성-어디서 어떻게 죽을지 모른다

케이건 교수는 인간이 두려워하는 이유는 인간이 얼마나 살지 모르고, 반드시 죽지만 언제 어디서 어떻게 죽을지 모르기 때문에 두려워한다고 주장합니다. 그런데 그의 말대로 인간이 기계에 불과하다면 언제 어디에서 어떻게 죽을지 모른다는 것 때문에 두려워할 필요는 없을 것입니다. 그런데 인간은 본능적으로 죽음을 두려워합니다. 성경 말씀은 인간이 죽음을 두려워하는 이유를 다음과 같이 말합니다.

한번 죽는 것은 사람에게 정해진 것이요 그 후에는 심판이 있으리니. | 히브리서 9:27

이는 시험 준비가 안된 학생이 시험을 앞두고 가지는 두려움과 비슷한 두려움입니다.

케이건 교수는 이런 것을 모릅니다. 그렇다면 케이건 교수는 왜 이런 주장을 할까요? 그의 이론적 뿌리는 유물론입니다. 유물론은 세상의 근원을 하나님이 아닌 물질에 둡니다. 그에게 인간은 정육점 고기와 다를 바가 없습니다. 이는 뱀이 인간을 보는 관점입니다.

이러한 모든 거짓의 근원은 창세기 3장의 뱀입니다. 뱀은 부분적인 사실을 진실인 것처럼 말함으로 진실을 가립니다. 뱀의 배후에는 사탄이 있습니다. 요한계시록은 뱀과 마귀의 정체를 밝혀 줍니다. 오늘도 뱀에 미혹된 소위 진화론과 유물론을 신봉하는 유명 대학의 과학자, 철학자, 신학자들이 온 천하를 꾀고 있습니다.

큰 용이 내쫓기니 옛 뱀 곧 마귀라고도 하고 사탄이라고도 하며 온 천하를 꾀는 자라
그가 땅으로 내쫓기니 그의 사자들도 그와 함께 내쫓기니라. | 요한계시록 12:9

멘토: 이제 죽음을 앞두고 두려워하는 사람을 만나보십시오. 다음에 만날 사람은 감옥 간수로 수많은 사형수의 죽음을 관찰한 박효진 장로님의 간증을 요약한 것입니다.[20]

한 사형 집행의 날에 이미 한 명의 남자와 한 명의 여자가 사형을 당했다. 그날 세 번째 사형수는 56세, 그날의 최고령 사형수였다. 생명 보험 가입 후 아내와 네 아이들을 불태워 죽인 것이 발각되어 사형 언도를 받은 사람이었다.

그는 종교를 불교로 택하였고, 사형 언도 후 8년 간을 감옥에서 지내면서 동서고금에 좋은 책을 다 읽었고 면벽 좌선을 하면서 인격 수양을 하였다. 행여 누가 영치금을 넣어 주면 자기를 위하여 쓰지 않고 병들어 있는 죄수들을 위하여 나누어 주었다. 모든 사람에게 친절하고 좋은 말을 해줌으로 그를 도사, 교도소의 성자라고 불렀다. 각종 불경들, 금강경, 반야심경, 천수경들을 다 꿰고 있는 사람이었다. 8년간 수감생활을 하면서 한 번도 화를 내는 것을 아무도 본 적이 없을 정도였다.

그런 그에게 전도를 하려고 시도하였지만 번번히 실패하였다. 이런 나에게 전도를 하느냐 하는 식이었다. 그런 그의 사형집행날이 왔다. 이미 두 명의 남녀 죄수가 찬송하며 담대하게 죽어갔기에 그곳에 입회한 목사님은 우쭐해 있었고, 스님은 기가 죽어 있었다. 이제 도사의 차례가 되자 스님이 불교권의 명예를 살릴 때가 되었다고 생각되었는지 기대를 가지고 기다렸다. 그런데 저쪽에서 오는 모습은 가관이었다. 다리에 힘이 풀어져서 걷지 못하고 교도관들에 의하여 끌려 나오고 있었다. 그리고는 마침내 저쪽에 있는 밧줄을 보는 순간 자율신경이 풀려서는 주저 앉았다. 그의 입에서는 온갖 욕이 튀어나왔다. 죽음의 직전에서 그는 죽음의 공포와 죽음의 분노에 사로잡혀 모든 교도관들과 소장을 욕하면서 바지에 오줌을 싸며 떨고 있었다. 소장이 사형 집행을 위하여 질문을 하자 이름은 말하였지만 본적을 묻는 순간부터는 횡설수설하고 이를 갈면서 욕을 하기 시작하였는데 멈추지 못했다. 그의 마지막 말은 얼굴이 뒤틀린 채 남긴 "개새끼들아"였다.

이야기 속의 도사는 사악한 범죄를 저지르고 사형을 언도받았지만 죽음을 오래 대비한 사람이었습니다. 당장 죽지 않을 것을 알았기에 죽기 전에 충분히 죽음을 준비하며 인격을 수양했고 각종 불경으로 무장하여 교도소의 성자로 불린 사람입니다. 그렇기에 그는 죽음의 공포를 다룰 수 있는 이 분야 최고의 전문가라 해도 과언이 아닐 것입니다. 그리고 그는 자타가 공인하는 도사가 되어 이제 죽음의 공포쯤은 쉽게 넘을 줄 알았지만 막상 죽음의 날에 그는 몸을 가누지 못했습니다. 이유가 무엇일까요? 사실 그렇게 공포를 느낀 이유는 죽음의 실체는 인격 수양과 관계가 없을 수 있기 때문입니다. 예수님 안에서 죄의 회개와 용서와 화해 없이 맞이하는 죽음은 실로 상상도 못할 공포로 다가오기 때문입니다.

섬망_귀신 인식의 의료적 명칭

멘토: 귀신은 정말 있는 것일까요? 정말이라면 과학적 관찰과 증거가 있어야 하겠죠? 혹시 죽음을 가장 가까이에서 빈번하게 맞이하는 의사들은 무엇이라고 할까요?

의료적으로 섬망이라는 것이 있고 주요 증세를 MSD 매뉴얼은 다음과 같이 설명합니다.

> 사람들은 기괴하면서 무시무시한 시각적 환각 증세를 보일 수 있으며 실제로는 존재하지 않는 물건이나 사람들을 볼 수 있습니다. 어떤 환자들은 편집증 즉, 박해를 당하고 있다는 근거 없는 감정이 나타나거나 망상 즉, 대체로 인지 또는 경험에 대한 오해를 수반하는 그릇된 신념을 경험하기도 합니다. 어떤 환자들은 짜증, 초조감 및 불안감을 호소하며 이리저리 서성거릴 수 있습니다. [21]

위 설명에서 "기괴하면서 무시무시한 시각적 환각" 혹은 "실제로는 존재하지 않는 물건이나 사람들"에 주목하여 보십시오. MSD 매뉴얼이 말하는 섬망의 증상은 기괴하며 무시무시한 귀신 혹은 뱀, 여우, 죽은 사람과 귀신들이 나타나는 것입니다.

"한국어판 간호 섬망 도구 개발 및 검증"이라는 논문에서 김경남 외 4명의 의료 연구인들은 섬망 진단을 위한 5가지 조건을 제시하는데 요약하면 다음과 같습니다.

> 1. 지남력 장애(Disorientation): 시간, 장소, 사람에 대한 잘못된 인식
> 2. 부적절한 행동: 튜브 등 의료 기구를 함부로 제거하려 하고 제압 시 폭력적인 행동을 함
> 3. 부적절한 의사 소통: 상황에 맞지 않는 횡설수설, 욕, 소리 지르기
> 4. 착각/환각: 사람, 사물, 생명체, 귀신 등을 환각으로 보고 들으며 손짓하는 행동
> 5. 정신 운동 지연: 행동이나 말이 느려지고 계속 잠을 자려 함 [22]

그들은 위에서 언급한 5가지 영역에서 5점 만점에 2점이 넘을 경우 섬망으로 간주할 수 있다고 말합니다. 이 정황들도 1번의 상황에서4번을 경험했을 때 2, 3, 5번의 증세가 나타날 수 있다는 것을 쉽게 이해할 수 있습니다. 즉, 귀신을 본 사람들이 공포 속에서 하는 행동입니다.

그런데 의사들은 귀신의 실체를 인정하지 못하니까 귀신을 보고 공포에 질려 행동하는 것을 섬망이라 부르고 의식 장애 혹은 주의력 장애로 보는 것입니다. 이것을 의식 장애로 보는 이유는 일단 뇌에 생기는 변화 때문입니다. 마약 중독자들이 자주 환상을 보는 이유가 여기에 있습니다. 당연히 임종이 임박하면 영혼이 영적인 세계로 떠나야 하기에 뇌에 변화가 생깁니다. 이것은 노인성 치매, 대사 장애와 더불어 술과 마약 중독자 등, 죽음이 임박한 사람들에게 일반적으로 나타나는 현상입니다. 하지만 인간의 뇌가 영의 세계를 접촉하기에 적절할 상태가 될 때 영의 눈이 열리고 실제로 영적 존재를 본다는 것을 과학은 인지하지 못합니다. 그래서 의학은 섬망의 실체를 온전히 파악하지 못함으로 온전한 대처와 도움을 못 줍니다. 그래서 상식과 과학적 지식을 넘어 진리를 알아야 합니다.

멘토: 죽기 전에 귀신을 보는 것이 과연 실제일까요? 다음은 내과의사이면서 아프리카미래재단의 박상은 대표의 간증을 요약한 것입니다.

저는 40년간 수많은 죽음을 지켜봤고 제가 사망 진단서를 끊은 환자만 2천 명이 넘습니다. 그런데 대부분의 사람들이 죽음으로부터 도망가기 위해 발버둥치다가 끌려가는 것처럼 죽는 것을 보았습니다. 반면 어떤 사람들은 죽음이 자기에게 다가오는 것을 알면서 그 죽음 너머의 그 무엇을 바라보면서 얼굴에 미소를 띠면서 그 죽음을 맞이하는 분들도 있었습니다.[23]

죽지 않기 위하여 발버둥치다 끌려간 사람들은 누구에게 끌려갔을까요? 왜 발버둥을 쳤을까요? 얼굴에 미소를 띤 사람들은 무엇을 본 것일까요? 누구는 임종시 마중 온 귀신을 보았고, 누구는 천사나 예수님을 본 것입니다. 죽을 때가 되면 정말 영의 눈이 열려 영적 존재를 볼 수 있을까요? 모두가 영안이 열려 귀신을 보지는 못합니다. 그러나 적지 않은 분들은 영의 눈이 열려서 그것을 경험합니다. 즉, 개인 차이가 있다는 말입니다.

섬망 현상은 1995년 간암으로 투병하시던 한 선교사님의 경우에도 있었습니다.

그 선교사님은 간암으로 투병 중이었고 임종을 앞두고 있었습니다. 대화 중에 선교사님이 특유의 편안한 목소리로 귀신 세 마리가 병실 저쪽에 왔다고 하면서 보혈 찬송을 해 달라고 하셨습니다. 그의 가족과 병문안을 했던 이들 에게는 보이지 않았지만 순종하며 보혈 찬송을 불렀습니다. 잠시 후 선교사님이 귀신들이 떠났다고 웃으면서 말씀하셨습니다.

그 일은 그 후에도 몇 번 있었습니다. 이 이야기가 다른 이들의 섬망 증세와 다른 것이 있습니다. 선교사님은 죽음 전에 영의 눈이 열려서 귀신을 보았지만 영적 분별력과 능력이 있었기에 전혀 놀라지 않고 보혈 찬양으로 쫓았습니다. 그에게는 공포가 아니라 제압하면 될 일이었던 것입니다. 앞 장에서 살펴본 섬망 증세는 영적 지식과 영적 권세가 없는 사람이 귀신을 보았을 때 공포에 질려서 한 행동들입니다.

공포에 떨며 침대를 벗어나려 발버둥치며 욕하고 괴성과 신음을 지르는 섬망 증세는 눈앞에 보이는 귀신 때문에 당연히 나타나는 행동입니다. 귀신이 온 것은 지옥으로 데리고 가려는 것이기에 믿음과 귀신을 제압할 능력이 없는 이에게는 매우 두려운 일입니다.

나: 그렇군요. 아, 두렵습니다. 저의 마지막 순간에 귀신이 나타난다면 저는 어떻게 대처할지 잘 모르겠습니다.
멘토: 두려워하지 마십시오. 우리가 이 여행을 하는 이유가 마귀가 아닌 주님의 미소를 보기 위함이고, 그렇게 될 것입니다.

멘토: 죽음에 대하여 잘 알지 못함으로 사람들은 각자가 이해하는 대로 살아갑니다. 다음은 죽음의 진실을 알지 못한 사람들의 다양한 반응입니다.

첫째, 죽으면 그만이니 살아 있을 때 모든 것을 즐겨라.

둘째, 죽음 뒤에 세상이 있으니 인격 수양을 하고 착한 일을 해야 죽어서 험한 곳에 가지 않는다.

셋째, 죽으면 귀신이 무시무시한 지옥으로 데려간다. 죽음의 영이 있는데 악령, 마귀, 사탄이다. 사탄이 죽음을 주장한다. 그러니 사탄과 귀신들에게 잘 보여야 한다. 그래서 그들을 위해 굿도 하고 재물도 바치고 숭배해야 한다.

어떤 관점을 가지든 죽음이 코앞에 닥치면 죽음에 대한 불안과 공포심에 사로잡힙니다.

첫째, 의식적으로는 죽음에 대하여 잘 모르므로 자신이 죽음을 통제하지 못한다는 불편함입니다.

둘째, 무의식적으로는 존재 목적에 합당한 삶을 살지 못하기에 받게 될 벌에 대한 불안감입니다.

셋째, 영과 무의식적으로 죽음 이후 벌받고 마귀와 함께 가게 될 지옥이 느껴지기 때문입니다.

죽음이 실체이듯이, 귀신과 지옥도 현실입니다.

시험준비를 하지 않는 학생이 시험에 공포감을 느끼듯, 마귀에 영향력 속에서 진리와 비전 실현의 삶을 살지 못하며 산 사람은 영적으로, 무의식적으로 사탄, 악마, 마귀와 지옥을 느끼며 공포감을 느낍니다. 다음 진리를 모르기에 더욱 막연하게 당하며 살고 그래서 더 두려워합니다.

도둑이 오는 것은 도둑질하고 죽이고 멸망시키려는 것뿐이요
내가 온 것은 양으로 생명을 얻게 하고 더 풍성히 얻게 하려는 것이라. | 요한복음 10:10

그러면 지옥은 어떤 곳이기에 우리가 공포심을 느낄까요? 지옥은 우리가 앞에서 살핀 바와 같이 쓰레기장, 쓰레기 소각장 같은 개념입니다. 쓰레기는 재생 가능하지 않은 것이고, 쓰레기장은 일반적으로 가장 외진 곳에서 쓰레기를 소각하는 곳입니다. 지옥의 위치를 요한 계시록에서는 무저갱, 즉, 끝없이 깊은 곳(11:7, 17:8, 20:1, 20:3)으로 설명합니다. 또 궁극적으로는 유황불 붙는 못(19:20), 유황 못(20:10), 불 못(20:14, 15)으로 설명됩니다. 즉, 쓰레기 처리장이라는 것입니다. 궁극적으로 그 지옥에 가는 존재들은 다음과 같습니다.

또 그들을 미혹하는 마귀가 불과 유황 못에 던져지니
거기는 그 짐승과 거짓 선지자도 있어 세세토록 밤낮 괴로움을 받으리라. | 요한계시록 20:10

이 지옥에서 마귀, 짐승, 악한 영들과 거짓 선지자들과 그들에 미혹 당해 그들을 따랐던 이들이 함께 처벌받습니다. 인간은 죽을 때가 되면 영이 열리면서 자신이 귀신의 인도로 지옥에 갈 것을 인지하기에 공포심을 느낄 수밖에 없습니다. 그냥 부정한다고 없어지지 않고 귀신과 지옥은 그 실체를 드러내기 때문입니다. 우리는 그 실체를 알 수 있는 증거들을 살피게 될 것입니다.

12장. **하나님 관점에서 본 죽음의 실체**

여기에서는 세상의 관점이 아닌 하나님 관점에서 본
죽음의 실체를 살필 것입니다.

죽음의 시작과 최후에 관한 진실

멘토: 성경은 우리에게 죽음에 대한 놀라운 비밀을 말해 줍니다. 어느 종교도 이렇게 심오한 비밀을 말하지 못합니다. 그 이유는 이는 오직 하나님께서 주관하시고 하나님을 알아야만 알 수 있는 비밀이기 때문입니다. 다음은 성경이 말하는 죽음의 큰 그림입니다.

🌿 죽음의 출생
아담에게 이르시되 네가 네 아내의 말을 듣고 내가 네게 먹지 말라 한 나무의 열매를 먹었은즉 너는 흙이니 흙으로 돌아갈 것이니라 하시니라. | 창세기 3:17-19

🌿 죽음의 이유: 우리의 과실과 죄악
너희의 허물과 죄로 죽었던 너희를 살리셨도다 | 에베소서2:1
죄의 삯은 사망이요 하나님의 은사는 그리스도 예수 주 안에 있는 영생이니라 | 로마서6:23

🌿 죽음, 인생의 과정
한번 죽는 것은 사람에게 정하신 것이요 그 후에는 심판이 있으리니 | 히브리서9:27

🌿 죽음의 종류
육체적 죽음은 영혼과 신체가 분리된 상태 | 누가복음 12:4
영적 죽음은 하나님의 영이 사람에게 없는 상태 | 창세기 6:4, 에베소서 2:1
영원한 죽음은 둘째 사망으로 영원히 불못에 있는 상태 | 요한계시록 21:8

🌿 구원의 정의
관계적으로 하나님의 자녀가 되는 것 | 요한복음 1:12
존재적으로 인간의 힘이 아닌 예수님의 십자가 보혈의 은혜를 받아 믿음으로 가능 | 에베소서 2:8
법적으로 하나님 나라의 생명록에 기록되고 천국 시민권자로 땅에 사는 것 | 요한계시록 3:5
장소적으로 이 땅에서 실현된, 실현할 하나님 나라에서 사는 것 | 요한계시록 21:2
순서적으로 한 번 죽는 것은 정해졌지만 둘째 죽음 없이 영원을 사는 것 | 요한계시록 21:8

🌿 죽음 후 변화
나팔 소리가 나매 죽은 자들이 썩지 아니할 것으로 다시 살고 | 고린도전서 15:52
육의 몸으로 심고 신령한 몸으로 다시 사나니 | 고린도전서 15:44
내 아버지의 뜻은 아들을 보고 믿는 자마다 영생을 얻는 이것이니 마지막 날에 내가 이를 다시 살리리라 하시니라. | 요한복음 6:40
모든 눈물을 그 눈에서 씻기시매 다시 사망이 없고 애통하는 것이나 곡하는 것이나 아픈 것이 다시 있지 아니하리니 처음 것들이 다 지나갔음이러라. | 요한계시록 21:4

🌿 죽음의 최후
맨 나중에 멸망 받을 원수는 사망과 음부도 불못에 던지우니 이것은 둘째 사망 곧 불못이라.
| 요한계시록20:14

멘토: 죽음은 인간에게 의식적으로 최대의 불안을 주고, 지옥은 무의식적으로 최대의 공포를 줍니다. 이유는 죄 속에서 살아가는 우리가 미래에 일어날 일을 소위 무의식적인 영성으로 막연하기라도 예감하기 때문입니다. 그렇기에 인류는 이러한 죽음을 매개로 온갖 미신과 종교와 현대의 병원들이 장사를 하고 있습니다. 죽음의 실체를 알고 싶어서 찾다가 엉뚱한 철학자, 의사, 장의사, 종교 지도자에게 미혹되어 진실을 알지 못하고 거짓 정보에 만족한 채 살아 갑니다.

그런데 모든 인간이 그렇지는 않습니다. 하나님 안에 있고 믿음 안에서 하나님께서 주신 비전을 실현하며 사는 사람들은 두려움없이 살아 갑니다. 그래서 우리는 우선 죽음의 진실을 알아야 합니다.

> 죽음은 처음부터 있지 않았고, 영원히 있지도 않습니다.

이 말을 온전히 이해하여야 합니다. 죽음의 시작과 끝은 앞 장에서 살핀 것과 같습니다. 그리고 죽음의 진실을 알려면 죽음 시스템을 주신 분의 의도를 알아야 합니다. 그분은 하나님입니다. 그렇다면 하나님께서 죽음을 주신 이유는 무엇일까요? 그것은 두 가지로 요약됩니다.

> 첫째는 죽음은 더 많은 죄를 짓지 못하게 하여 더 큰 형벌을 피하게 합니다.
> 둘째는 의로운 자의 죽음은 천국에 갈 수 있는 지구 인생의 졸업 과정입니다.

그러므로 죽음은 죄인과 사명자로 살아가는 인간 모두에게 유용한 것입니다. 그러므로 이러한 하나님의 의도를 잘 알고, 하나님 편이 된 사람들은 더이상 죽음을 두려워하지 않고 감사해할 것입니다.

> 죽음을 하나님 관점에서 접근하면 마중 올 천사와 가게 될 천국으로 기뻐하고
> 죽음을 사탄의 관점에서 접근하면 마중 올 귀신과 가게 될 지옥으로 두렵습니다.
> 지금 이 순간 죽음을 생각할 때 두려움이 있다면 내가 누구 편인지 생각해야 합니다.

기쁜 소식은 이 『생명의 서』를 통해 하나님의 편에 서고, 다음을 하게 될 것입니다.

첫째, 죽음에 대한 육체적, 의료적, 영적 진실을 파악함으로 확실한 진실과 진리 가운데 두려움 없는 삶을 살게 될 것입니다.

둘째, 그간의 삶을 돌아보며 온전한 삶을 살고, 온전한 것을 자녀에게 전수하여 이 땅에서 부여받은 비전을 실현함으로 천국에 기쁨으로 돌아가게 될 것입니다.

그런 위대한 일을 이루실 여러분을 축복하고 응원합니다.

멘토: 기독교는 모든 것을 예수님 중심으로 말하는데 그 이유가 무엇일까요? 바로 죽음과 깊은 연관이 있습니다. 히브리서 2장은 매우 중요한 비밀을 알려줍니다.

> 14 자녀들은 혈과 육에 속하였으매 그도 또한 같은 모양으로 혈과 육을 함께 지니심은 죽음을 통하여 죽음의 세력을 잡은 자 곧 마귀를 멸하시며
> 15 또 죽기를 무서워하므로 한평생 매여 종 노릇 하는 모든 자들을 놓아 주려 하심이니
> 17 그러므로 그가 범사에 형제들과 같이 되심이 마땅하도다 이는 하나님의 일에 자비하고 신실한 ·대제사장이 되어 백성의 죄를 속량하려 하심이라. | 히브리서 2:14-15, 17

위의 말씀은 세 가지 사실에서 출발합니다.

1. 우선 죽음은 "혈과 육"을 가진 존재들에게 해당된다는 것이고 (2:14)
2. "죽음의 세력을 잡은 자"가 있는데 그것은 마귀라는 것이고 (2:14)
3. 그렇기에 인간들이 "죽기를 무서워함으로" 마귀에게 "종노릇" 한다는 것입니다. (2:15)

이러한 죽음에 대하여 예수님께서 해 주시는 세 가지가 있습니다.

1. "범사에" 육체를 입고 죽을 수밖에 없는 "형제"로 오시고 "대제사장"이 되셔서 (2:17)
2. 먼저 "마귀를 멸" 하게 하시고(2:14) 사람을 "붙들어 주려" 하시는데 (2:16)
3. 방법은 "하나님의 일"인 "죄를 속량" 즉 용서함으로 가능케 하신다는 것입니다. (2:17)

죄가 없으면 마귀를 두려워할 필요가 없다는 것이 전제입니다. 그래서 예수님께서 대신 죽어 주심으로 인간의 죄를 용서하셨고 죽음과 마귀에 대한 두려움에서 자유롭게 해 주십니다. 그래서 예수님께서 십자가에서 죽임을 당하시며 다음과 같이 말씀하셨습니다.

1. 아버지여 저희를 사하여 주옵소서. 자기의 하는 것을 알지 못함이니이다. | 누가복음 23:34
2. 오늘 네가 나와 함께 낙원에 있으리라. | 누가복음 23:43
3. 여자여 보소서 아들이니이다. 보라, 네 어머니라. | 요한복음 19:26~27
4. 엘리 엘리 라마 사박다니 하시니 이는 곧 나의 하나님, 나의 하나님, 어찌하여 나를 버리셨나이까. | 마태복음 27:46
5. 내가 목마르다. | 요한복음 19:28
6. 다 이루었다. | 요한복음 19:30
7. 아버지 내 영혼을 아버지 손에 부탁하나이다. | 누가복음 23:46

예수님께서는 1) 죄 지은 모든 이들과 자기를 죽이고 있는 이들까지 용서하시고 2) 믿음의 사람을 낙원으로 인도하시고 3) 어머니 마리아를 여자라고 부르심으로 여자의 후손인 자신이 십자가에서 뱀의 머리에 상처내고 구원을 완성하고 계심을 선포하십니다. 4) 또한 자신이 버림받은 아사셀 염소가 되어 죽음으로 사람들을 대신 살리시고 5) 자신의 목마름으로 이제 사람들이 값없이 생수를 먹을 수 있도록 하십니다. 6) 다 이루신 것을 선포하시고 7) 자신의 영혼을 아버지께 맡기심으로 구원의 사명을 완수하십니다. 그리고 예수님께서는 불신자들의 죽음의 현장인 지옥에서도 복음을 전하십니다.

멘토: 앞에서 우리는 예수님께서 죽음과 관련하여 해 주신 것을 살폈습니다. 그런데 예수님께서 이 땅에 오셔서 해 주신 것은 그것 이상입니다.

> 예수님께서 인간의 죄, 죽음 그리고 악령을 멸하여 주셨습니다.
> 예수님께서 인간의 의, 생명 그리고 성령님을 더하여 주셨습니다.

이것이 가능했던 이유는 보좌를 버리시고 감당하신 십자가에서의 죽음이었습니다.

> 또 십자가로 하나님과 화목하게 하려 하심이라. 원수 된 것을 십자가로 소멸하시고
> 이는 그로 말미암아 우리 둘이 한 성령 안에서 아버지께 나아감을 얻게 하려 하심이라.
> | 에베소서 2:16, 18

예수님께서는 십자가의 죽음을 통하여 사람들을 하나로, 그리고 하나님과 사람들이 하나가 되게 해 주셨습니다. 인간의 죄와 죄로 죽을 수밖에 없었던 목숨을 위하여 예수님께서 대신 죽어 주심으로 죄를 대신 무효화시켜 주셨고, 거룩해진 성도들에게 거룩한 영을 주셔서 그 거룩이 유지될 뿐 아니라 순간 순간 성령님과 동행하며 권능의 삶을 살게 하셨습니다.

예수님의 죽음은 이렇게 위대한 것을 성취했습니다. 그런데 예수님의 죽음도 중요하지만 예수님의 삶도 중요합니다. 예수님께서는 십자가의 죽음을 향하시면서도 중요한 일을 행하셨습니다. 예수님께서는 사람들에게 하나님 나라의 비전을 선포하시고, 제자들을 불러 사람들이 하나님 나라에 들어가도록 각 개인에게 사람 낚는 어부의 비전을 주시고 그들을 멘토링 방식으로 제자 훈련을 하셨습니다. 이를 통하여 제자들은 불과 3년 반 만에 새 사람, 새 인류가 되었습니다.

> 예수님께서 천국을 떠나 종으로 오셔서 제자를 친구 삼아 자신의 것을 나누어 주시고
> 친구를 위해 죽으셨습니다. 예수님의 제자들도 자신들이 가진 것을 팔아
> 서로 섬기며 다른 사람도 예수님의 친구가 되게 해 주었습니다.

예수님께 새 비전을 받은 제자들은 전적인 헌신을 통해 하나님 아버지와 하나님 나라의 비밀과 능력을 전수받습니다. 그리고 예수님의 십자가 죽음 이후 성령님을 선물로 받아 성령님의 은사를 활용하고 성령님의 열매를 맺으며 사람들을 하나님 나라로 초대하고 있습니다.

예수님께서는 우리에게도 비전과 그 비전 실현에 필요한 자원들을 주셨습니다. 관건은 우리가 그 비전을 깨닫고 실현하는 것을 사명으로 삼고 집중할 때 그 자원들이 활성화된다는 것입니다. 하지만 안타깝게도 많은 이들이 비전을 모른 채 인생을 허비하며 자원들을 활성화하지 못한 채 어렵게 살아갑니다. 이제 비전을 알고 행함으로 죽음의 공포를 이기고 천국의 소망을 누리도록 힘써야 할 때입니다.

잠, 병, 꿈을 통해 배우는 죽음의 진실

멘토: 하나님께서는 사람들이 죽음의 상황을 익숙하게 받아들이고 삶을 성숙시킬 수 있는 장치를 삶에 심어 두셨습니다. 그것은 잠과 병과 꿈입니다. 이를 통하여 우리가 일상의 삶 속에서 죽음, 천국과 지옥을 체험하고 우리가 익숙해지도록 대비하게 하십니다.

잠은 반 죽음과 천국의 안식을 경험하고 삶에 감사하게 하는 순기능을 합니다.
병은 반 죽음과 지옥의 고통을 경험하고 삶을 돌아보게 하는 역기능을 합니다.

꿈은 반 죽음 상태에서 천국 메시지를 전해 천국을 경험하게 하는 순기능을 합니다.
악몽은 반 죽음 상태에서 지옥 메시지를 전해 지옥을 경험하게 하는 역기능을 합니다.

잠은 육체의 간헐적 죽음 상태로 몸과 혼이 기능을 하지 않는 상태입니다. 잠을 통해 죽음과 천국의 안식을 늘 기억하고 감사하게 하는 순기능을 합니다. 그러나 병은 정반대로 육체로 하여금 간헐적으로 지옥의 고통을 경험하게 하여 지나친 과욕의 삶을 돌이키게 합니다. 영적인 꿈은 육체가 간헐적 죽음을 경험하는 동안에 간헐적인 천국과 지옥의 메시지를 받으며 영적 경험을 하게 해주는 것입니다.

하나님께서는 잠, 병, 꿈을 통하여 살아 있는 동안
죽음과 죽음 이후 만나게 될 영적 세계의 일들을 체험하게 하십니다.
우리는 육체와 혼만 가진 존재가 아니라 영적 존재입니다.
이 땅에서 뿐 아니라 천국 혹은 지옥에서 살 존재임을 기억하게 하십니다.

잠, 병, 꿈은 이와 같이 지성과 혼이 멈춘 곳에서 삶의 다른 현실, 진실을 알게 합니다. 그러다가 어느 날 육체의 죽음을 통해 긴 잠에 빠질 것입니다. 그 순간 죽어 있던 영이 먼저 깨어 나서 새 경험을 하고, 훗날 육체도 다시 깨어나 영혼과 결합하며 부활을 하게 될 것입니다. 그때는 이 모든 것이 더 이상 꿈이 아니라 현실일 것입니다.

죽음은 육체의 긴 잠일 뿐입니다. 성숙한 속사람인 성도의 영은 죽지 않고
주님과 함께 낙원에 가고 그곳에서 훗날 육체의 부활까지 할 것입니다.

예수께서 이르시되 오늘 네가 나와 함께 낙원에 있으리라. | **누가복음 23:43**

잠은 육체의 짧은 죽음입니다. 죽음은 육체의 긴 잠입니다.
성도의 육체는 정한 때에 긴 잠에서 깨어 신령한 몸으로 부활합니다

나팔 소리가 나매 죽은 자들이 썩지 아니할 것으로 다시 살고 | **고린도전서 15:52**
육의 몸으로 심고 신령한 몸으로 다시 사나니 | **고린도전서 15:44**

멘토: 죽음과 지옥에 대한 공포를 극복할 수 있는 본질적인 방법이 있을까요?

사망아 너의 승리가 어디 있느냐 사망아 네가 쏘는 것이 어디 있느냐. | **고린도전서 15:55**

위의 말씀에서 '쏘는 것'이라는 표현은 죽음의 불안과 공포과 고통을 잘 설명해 줍니다. 그리고 죽음의 공포가 사람을 완전히 제압하고 승리하는 모습을 전제합니다. 그런데 이 말을 하는 사도 바울은 그동안 그랬으나 이제 '너의 승리가 어디 있는가'라고 질문합니다. 이제 너의 승리는 없다고 단언합니다. 이유는 다음과 같습니다.

우리 주 예수 그리스도로 말미암아 우리에게 승리를 주시는 하나님께 감사하노니
| **고린도전서 15:57**

이제 승리는 우리의 것인데 이유는 예수 그리스도 덕분이라는 것입니다. 어떻게 실현될까요? 답은 예수님에 대한 믿음과 예수님과의 동행과 예수님께서 주신 비전을 통해서 가능하다고 합니다.

내 말을 듣고 또 나 보내신 이를 믿는 자는 영생을 얻었고 심판에 이르지 아니하나니
사망에서 생명으로 옮겼느니라. | **요한복음 5:24**
내가 사망의 음침한 골짜기로 다닐지라도 해를 두려워하지 않을 것은 주께서 나와 함께 하심이라
주의 지팡이와 막대기가 나를 안위하시나이다. | **시편 23:4**
이기는 그에게는 내가 내 보좌에 함께 앉게 하여 주기를
내가 이기고 아버지 보좌에 함께 앉은 것과 같이 하리라. | **요한계시록 3:21**

예수 그리스도로 말미암는 승리는 요한복음 5장 24절 말씀처럼 믿음 안에서의 구원을 확증합니다. 그리고 시편 23편 4절 말씀처럼 동행하는 순간 순간 현실 속에 있는 죽음의 불안과 공포를 이길 수 있습니다. 궁극적으로 요한계시록 3장 21절 말씀처럼 이기는 자가 됨으로 완성됩니다. 예수님께서 주신 비전을 실현하는 것을 사명으로 삼고 목숨을 걸 때 넉넉한 이김을 주십니다.

결론적으로 죽음과 지옥의 공포를 이기는 길은
죽음을 주신 하나님의 진심을 알고
주님께서 주신 믿음과 비전적 존재 목적을 완성하는 것입니다.

그런데 성경 말씀이 현실에서도 적용 가능할까요? 예수님을 믿기만 하면 죽음을 앞두고 겪는 실제적인 고통도 거두어 주시고, 공포도 다 가져가 주시면 얼마나 좋겠습니까? '이것은 영적 이론이고 실제는 다릅니다. 현실을 모르는 소리 마십시오'라고 말할 수 있을 것입니다. 그러나 과연 성경은 이론일 뿐일까요? 우리는 앞으로 죽음과 지옥의 공포를 느끼지 않은 사람들을 만나보게 될 것입니다.

13장. **죽음의 과정**

여기에서는 다양한 전문가를 통한 죽음의 과정에 대하여
살필 것입니다.

멘토: 다음은 사람들이 주로 어떤 이유로 죽으며 몇 살까지 사는가에 대한 이야기입니다.

죽음의 의학적 원인

한국 통계청 자료에 따르면 2020년 현재 한국인의 10대 사망 원인 중 1위는 암, 2위가 심장 질환, 3위가 폐렴으로 44.9% 즉, 거의 50%의 한국인들이 이 세 가지의 원인으로 죽습니다. 이어서 뇌혈관 질환, 자살, 당뇨, 알츠하이머, 간 질환, 고혈압성 질환, 패혈증 순입니다. 사망 원인 1위를 차지하는 암은 폐암, 위암, 췌장암 순서입니다.

미국의 사망 원인 부동의 1위는 심장질환, 2위는 암입니다. 이전에 부동의 3위는 사고사였는데 2020년 이후 코로나 19바이러스가 3위를 차지했습니다.[24] 세계의 사망 원인 부동의 1위는 허혈성 심장질환, 2위는 중풍, 3위는 만성 폐쇄성 폐질환입니다.[25]

현대 인류의 평균 수명

2020년 12월에 발간된 WHO의 자료에 따르면 한국 남자의 평균 수명은 83.3세, 여성은 86.1세로 세계 평균 2위 장수국입니다. 한국의 여성들이 남성들에 비하여 더 오래 살고 있습니다. 미국 남자는 78.4세, 여자는 80.7세로 남녀 평균으로는 40번째 장수국입니다.[26]

성경의 최장수 인간은 창세기 5장에 나오는 므두셀라로 969년을 살았습니다. 그러나 현대 역사가 기록하는 인류 중 가장 오래 산 사람은 1875년 2월 21일에 출생하여 1997년 8월 4일에 죽은 프랑스 여자 잔 칼망으로 122년하고 164일을 살았습니다. 최장수 10위권에 속한 사람들 중 미국인은 2위를 포함하여 5명의 여자가 있고, 일본인은 2명의 여자가 있습니다. 세계 최장수 상위 10명은 모두 여자입니다. 남자 중 최장수는 116년 54일을 산 일본인 기무라 지로에몬이고 세계 최장수 25명 안에 들려면 최소 115세를 살아야 합니다.[27]

과학이 규명한 인류의 수명

뉴욕시 알버트 아인슈타인 의과대학의 유전학자인 잔 비즈(Jan Vijg) 연구팀은 38개국을 대상으로 인간 사망률 데이터베이스(Human Mortality Database)를 분석했습니다. 그는 인간의 수명이 20세기 초부터 급격히 늘어나기 시작했는데 그렇다고 무한정 사는 것은 아니라 최대 기대 수명은 115세라고 분석했습니다.[28] 이것은 1500년부터1800년 초까지 평균 35세, 1900년대에는 50대, 1930년대에 60대, 1955년에 70대에 진입하고 2008년에 80대에 비하여 놀라운 장수가 아닐 수 없습니다.

과학이 아무리 발달하더라도 115세이고 수명이 더 늘어난다 해도 150-200세를 넘기지 못할 것이라는 것이 과학의 판단입니다. 우리가 천국에서 영원을 사는 것에 비하면 아주 짧은 순간에 불과한 세월입니다.

멘토: 사람들은 주로 어디에서 죽을까요? 하나님 안에서 죽음을 잘 준비하는 사람의 삶은 축복된 귀국 여정과도 같습니다. 그렇다면 준비되지 않은 죽음은 어떠할까요?

2011년 일본 NHK가 1,000명에게 "내 삶이 4개월 밖에 남지 않았다면 그 기간을 어디에서 보내야 할까? 너무 아파 움직일 수조차 없는 경우라면 어디에서 최후를 맞이해야 하나?" 라는 설문을 했습니다. 결과는 81%가 집에서 최후를 보내고 싶다고 답했습니다. 그러나 2011년 일본인들의 사망 장소 통계를 보면 집에서 사망한 사람은 12%뿐이고, 76%가 병원, 8%가 요양시설이었습니다.[29]

2014년 국민건강보험공단 산하 건강보험정책연구원이 20세 이상 남녀 1,500명을 대상으로 원하는 임종 장소를 물었을 때 57.2%가 집, 19.5%가 호스피스 완화 의료기관, 병원 16.3%, 요양원 5.2% 순이었지만 결과적으로는 한국도 일본과 비슷한 상황이었는데 실제로 죽음을 맞이하는 곳은 70% 이상 병원으로 나타났습니다.[30]

막연히 원하지만 철저한 준비가 되어 있지 않으면
전혀 엉뚱한 곳에서 예상치 않은 죽음을 맞이하게 됩니다.

2020년 한국보건복지부에서 발표한 노인실태조사에 따르면 한국 노인의 희망 거주 형태로 건강할 때는 83.8%가 현재의 집, 11.2%가 더 좋은 집, 4.9%가 서비스 제공 주택을 선호했습니다. 그런데 건강악화 시 56.5%가 현재의 집, 12.1%가 자녀들과 함께 혹은 근거리 집, 31.3%가 거주시설을 선택했습니다. 이는 2014년과 유사한 수준이었는데 그 중 12.1%가 가족과 함께하겠다는 것이 달라진 수치입니다. 이것은 집에서 가족과 같이 하려는 세계적인 추세와도 맞물려 있습니다.[31]

그렇다면 미국은 어떨까요? 미국 정부를 위해 자료를 수집하는 록펠러연구소의 2022년 연구에 따르면 코로나 펜데믹으로 약 100만 명의 미국인이 죽었습니다. 그런데 그 중에 병원에 입원한 상태에서 죽은 사람들이 233,592명으로 약 84%, 7만 명이 요양원에서 그리고 약 2만 명이 가정에서 죽었습니다. 이 2만 명 중 50세 미만인 사람들 중 12.7%가 가정에서, 50-74세는 6%, 75세 이상은 4.7%만이 가정에서 죽음을 맞이하였습니다.[32]

근간에는 멀리 있는 실버타운으로 이사하기 보다 현재 살고 있는 곳을 실버타운화하기 위한 노력들이 펼쳐지고 있습니다. 즉, 현재 살고 있는 지역에서 노인들을 위한 서비스를 보강하기 위하여 서로 기금을 모아 노인 중심 서비스 시설을 만들고 사역자와 봉사자를 활용하는 것입니다. 이상적인 죽음의 상황을 큰 병에 걸리지 않고 병원의 도움 없이 평안하게 가족의 축복을 받으며 가정 혹은 요양원 등에서 맞이하고 싶다면 지금부터 지혜와 건강과 재정 그리고 가족과 공동체를 잘 준비하지 않으면 안 됩니다.

멘토: 의사들은 자신들의 마지막 상황을 의료적으로 어떻게 준비할까요?

■ 데이빗 제럿 박사

40년간 영국과 캐나다, 인도, 아프리카 등에서 내과 의사이자 노인의학 전문의로 일하고 그 중 30년을 영국 국민보건서비스(NHS)에서 노인병학, 뇌졸중 분야의 전문 컨설턴트로 활동했던 데이비드 제럿 박사가 있습니다. 그는 책, 『이만하면 괜찮은 죽음』[33] 에서 그는 생전 진술서와 유언장을 소개하는데 요약하자면 다음과 같습니다.

그는 어차피 죽을 것이라면 과도하게 생명 연장 조치하는 것을 거부합니다. 그리고 치매가 생긴다면 혈압, 콜레스테롤, 심부전, 당뇨 등의 약을 원치 않습니다. 또 심장 마비나 뇌졸중이 생기면 중재 수술이나 연명용 약물을 원치 않으며 암 치료는 생명 연장보다 고통 경감에 초점을 맞추어 주십시오. 암 치료를 위하여 화학 요법을 한 번 받겠지만 재발할 경우 화학 요법이나 방사선 치료를 원하지 않습니다. 죽을 때가 가까워서 육체적 고통이 심할 때는 모르핀 계열 진통제를 더 투여해 주십시오. 이렇게 말하는 이유는 의사로서 수많은 죽음을 보면서 죽음이 삶의 일부인 것을 알고, 죽음 앞에 발버둥치는 것보다 그것을 순순히 받아들이고 남은 삶을 온전케 완성하는 것이 중요하다는 것을 알고 있기 때문입니다.

■ 김현아 박사

다음은 한림대 의대 김현아 교수의 책, 『죽음을 배우는 시간』[34] 에서 의사로서 가족들에게 자기 인생의 마지막이 왔을 때는 다음과 같이 맞이하고 싶다고 고백합니다.

그녀는 위내시경, 대장내시경과 같이 효과가 확실하다고 알려진 것 외에 어떤 암 검사도 받지 않을 것이라고 말합니다. 이유는 암을 조기 검진으로 발견하고 치료한 사람이나 암을 자연스럽게 발견한 사람의 사망 기간을 보니 큰 차이가 없었기 때문입니다. 항암 치료 효과가 50%가 넘을 때는 하겠지만 그 미만인 경우는 치료를 받지 않을 것입니다. 이유는 의사들은 죽어 가는 환자와 가족들 앞에서 치료가 불가능하다는 말을 차마 못하기에 50% 미만일지라도 치료받으라고 말하지만 그것은 희망 고문일 뿐이라는 것을 의사인 자신은 알고 있답니다. 만약 자신이 치매에 걸렸다는 것을 안다면 그 순간부터 죽음을 준비할 것입니다. 가족들도 알아볼 수 없는 삶은 이미 죽은 삶이라고 생각합니다. 그녀의 죽음 준비는 조상들이 해왔던 곡기를 줄이며 죽음을 지혜롭게 준비하는 것으로 이해됩니다. 요즘 같은 세상에 못 고치는 병이 없을 것이라고 생각하지만 죽음은 고칠 수 있는 병이 아님을 그녀는 확실하게 말합니다.

제럿과 김현아 박사는 모두 병원에서 병으로 죽을 사람들을 살리는 직업을 가진 의사들입니다. 경험도 많고 실력도 있는 분들입니다. 그런데 그들은 죽음은 치료할 수 있는 병이 아님을 명확히 합니다. 그래서 죽음에 대하여 지극히 현실적이고 합리적인 이해를 가지고 준비하라고 말합니다.

멘토: 죽음 앞에서 죽기 싫어하는 사람도 있고 죽고 싶어도 죽지 못하는 사람들이 있는 것을 아십니까? 40년 동안 간호사로 일하다 지금은 사랑회복운동을 펼치고 있는 안효정 님이 안내하는 그의 병동으로 가 봅시다.

한 어르신은 폐렴으로 오랜 병상생활을 하셨습니다. 연세도 많으셨는데 들어보니 젊은 시절에 자식에게 못되게 하셨대요. 돌아가실 때가 다 되었고 아무리 봐도 육체적인 상태가 죽을 수밖에 없는 상태인데 버티고 계시는 게 보였습니다. 하루는 "할아버지, 부인이 보고 싶으세요?"라고 여쭈었습니다. 그랬더니 갑자기 할아버지께서 눈을 번쩍 뜨시고 껌뻑거리시는 거예요. 수소문 끝에 부인과 자녀들이 오셨습니다. 부인이 손을 잡고 "당신 이제 내가 다 용서할 테니 편안히 눈 감으세요."라고 말을 들은 후 눈물을 흘린 상태로 돌아가셨습니다.

또 다른 한 분은 90세가 넘은 할아버지셨어요. 그냥 산 송장이란 말이 있잖아요. 우리 간호사들끼리 "이상하다. 혹시 기다리는 분이 있나?"라고 하다가 어렵게 미국에서 살고 있는 아들하고 연락이 되었습니다. 아들이 2주 만에 왔고 할아버지는 아들과 재회한 다음 1시간도 안 되어서 돌아가셨습니다. 그때 죽음을 받아들이지 못해서 힘들게 버티는 분들도 있구나 라는 사실을 알게 되었습니다.

잘 죽으려면 잘 살아야 한다는 말이 있습니다. 제가 내린 결론은 관계를 잘하는 것인 것 같습니다. 제가 가족들과 사랑의 관계를 유지하는 간단한 비결이 있는데 20초 동안 눈 마주치기 운동을 하는 것입니다. 10초는 그냥 건성으로도 마주칠 수 있어요. 근데 20초가 넘어가면 불편해지기 시작합니다. 관계에 따라서 아이들이 엄마한테 좀 서운하거나 화가 나 있으면 눈을 막 피하려고 합니다. 그런데도 불구하고 "그래도 우리 20초만 버티자." 그러면서 한 동안 꽉 붙잡고 같이 눈을 마주하면 서운한 감정들이 풀어지고 저를 끌어안아요. "아, 내가 사랑받는 존재구나" 라는 것을 느끼는 것 같아요. 관계는 늘 시간과 행동을 요구합니다. 사는 날 동안에 아낌없이 사랑하고 후회할 일 없이 용서하며 베푸는 사랑에 감사할 수 있다면 우리의 죽음도 행복할 수 있을 것 같습니다. 헬스도 좋고 성공도 좋지만 하나님과 가족 그리고 친구들과의 관계 속에서 사랑과 용서를 확인하며 모두 차근차근 살았으면 좋겠습니다.[35]

멘토: 그래도 위 두 할아버지는 행복하신 분들입니다. 이 땅에서 얽히고 막힌 것을 풀고 천국에 가셨기 때문입니다. 많은 이들이 얽힌 것을 풀지 못하고, 혹은 풀지 않고 죽어갑니다. 그러면 어찌될까요? 죽음 후 인생에 대하여 심판을 받는 순간이 찾아오고 풀지 못한 것들은 대가를 치르게 되어 있습니다. 이 부분은 우리가 앞으로 살피게 될 것입니다.

멘토: 축복이 되는 죽음이 있고 저주가 되는 죽음이 있습니다. 진리를 알고 진리 가운데 행하면 저주를 축복으로 바톤 넘기기 할 수 있습니다. 바톤을 이어받은 다음 주자가 선한 열매를 맺을 것입니다.

다음은 4가지 저주가 된 죽음의 상황을 살피고 축복으로 변화시키는 대처법입니다.

1. 존중을 못 받는 부모와 부모 모시기를 회피하는 가족이 전쟁하는 저주

`축복 대처법` 자녀들이 부모를 모실 수 없는 상황 자체가 저주는 아닙니다. 하지만 자녀들이 부모 사랑의 은혜를 생각하지 않고 행하는 것이면 저주의 상황입니다. 이런 경우 회개, 용서, 화해를 통해 상처를 보듬고 고귀한 사랑을 회복하기 위한 노력이 필요할 것입니다. 이 책 『생명의 서』를 읽고 기록하면서 충분한 시간을 갖고 회복을 위해 노력하십시오.

2. 가족간 유산 전쟁을 하는 저주

`축복 대처법` 유산은 하나님께서 주신 비전 실현을 위해 허락하신 것입니다. 그러기에 부모님이 유산 상속에 대한 의사를 자녀들에게 알려주는 것이 중요합니다. 소중하게 생각하는 비전을 대를 이어 행할 사람에게 주거나 기관에 유산을 기부할지 여부를 자녀들과 미리 충분한 대화를 나누십시오. 그래서 자녀들이 기쁨으로 그 일에 전적으로 혹은 부분적으로 함께할 수 있도록 하십시오. 이 책의 내용에 따라 비전 멘토링을 해 주고 유산 분배를 해 주어 시비가 없도록 하십시오. 그러기 위해 영적 권세를 회복하고 활용하는 것은 매우 중요합니다.

3. 가족간 회개, 용서, 화해 없이 서로 감정적으로 전쟁을 하는 저주

`축복 대처법` 이 책을 쓰면서 성령님께서 회개, 용서, 화해를 요구하신다면 절대 순종으로 임하길 바랍니다. 하나님 앞에서 솔직한 회개를 한 뒤 개인별로 자녀와 용서와 화해의 시간을 가지십시오. 우선 부모가 자녀에게 용서할 부분은 용서하고, 용서받을 부분은 요청하십시오. 그리고 자녀별로 화해가 필요한 부분을 파악하고 풀기 위해 힘쓰십시오. 이 땅에서 풀면 하늘에서도 풀리는 복을 누리게 될 것입니다. 충분한 기도를 하고 지혜와 진심으로 행하여 복된 열매를 거두십시오.

4. 목숨 유지에 연연하면서 재산을 다 치료비로 탕진하는 저주

`축복 대처법` 목숨은 소중합니다. 그 이유는 하나님께서 주신 믿음과 비전의 사명을 감당해야 하기 때문입니다. 부모가 노년에 감당해야 할 중요한 사명은 자녀들이 순전한 믿음을 가지며, 그 믿음 위에 하나님께서 주신 비전을 알고 그 실현을 위하여 성실한 삶을 살도록 하는 것입니다. 그리고 비전 영역에서 비전 멘티들을 세우는 것입니다. 이러한 영적 그리고 가정적 비전 실현을 한 뒤 육체적으로 99881234, 즉 99세까지 88하게 살고 1-2일 시름시름 하다가 3일에 4할(죽을) 수 있도록 건강도 평소에 챙기십시오. 그리고 회복 가능성이 없는 상태라면 연명치료를 과감히 거부하고, 대신 그 비용을 다음 세대의 비전 완수를 위해 사용하십시오. 그리고 감사와 담대함으로 눈물과 고통이 없는 천국으로 편안하게 귀국하셔서 영원한 행복을 누리십시오.

멘토: 현대인들은 가족의 임종 순간이 오면 당연히 병원과 장례식장에서 맞이하고 장례를 치르는 것으로 생각합니다. 하지만 자신이 미래에 죽음을 어떻게 맞이하고 싶은지를 생각하면서 부모님께서 원하시는 것을 생각해보면 좋겠습니다. 그리고 병원이 흔치 않았던 시대에 살았던 조상들이 한 것을 생각하면 당황하지 않고 지혜롭게 대처할 수 있을 것입니다.

다음에 살필 것은 죽음의 임박 신호와 가족의 대처 요령입니다. 이런 과정이 생소할 수 있지만 가족을 사랑한다면 못할 것이 아닙니다. 내가 죽어갈 때 부모님이라면 어떻게 하실까를 생각하면 쉬울 것입니다.

죽음이 48시간내로 임박하면 육체 기능의 스위치가 내려지고 53.8%의 환자는 수면량이 증가합니다. 87.5%는 혈압 감소, 75%는 산소 포화도 감소, 73.8%는 맥박수 증가를 경험합니다. 86%의 환자가 호흡 곤란과 의식 혼탁(섬망)을 함께 경험합니다. 산소 포화도가 감소한다면 임종은 13.6시간 이내로 예측할 수 있다고 합니다.[36]

다음은 삼성서울병원의 암교육센터에서 가르치는 임종 임박 시 증상과 보호자의 대처법입니다.

다음은 임종 임박 시 보일 수 있는 증상입니다.

· 극심한 쇠약: 대개 환자는 잠자리에서 전혀 일어나지 못하고 도움 없이는 자세도 바꿀 수 없음
· 먹거나 용변 보기 등 대부분의 활동을 스스로 할 수 없게 됨
· 물이나 음식을 거의 먹지 않음
· 약을 거의 먹지 못함
· 계속 자려고 하고 깨우기가 힘들어짐: 만약 통증이 심하지 않으면 계속 자려고 함.
· 밤에는 환자의 불안이나 공포, 외로움이 심해짐
· 특정 근육이 의지와 관계없는 움직임을 보이기도 함: 손이나 팔, 다리, 얼굴
· 집중력이 떨어져서 주의를 기울이지 못함
· 시간, 장소, 사람을 알아보지 못함

1. 신체 기능 저하
(1) 다음 증상이 있는지 살펴보십시오.

극심한 쇠약: 잠자리에서 전혀 일어나지 못하고 도움 없이는 자세도 바꿀 수 없습니다.
음식을 삼키기가 힘듭니다.
손이나 팔, 다리, 얼굴 등 특정 근육이 의지와 관계없는 움직임을 보이거나 떠는 경우도 있습니다.

(2) 다음은 보호자가 도와줄 수 있는 방법입니다.

- 환자의 자세를 1~2시간 간격으로 바꿔 줍니다.
- 환자가 깜짝 놀랄 수 있으므로 갑자기 큰소리를 내지 않습니다.
- 조용히 낮은 목소리로 이야기합니다.
- 환자가 약 먹는 것을 힘들어하면 의사와 상의하여 물약이나 붙이는 약으로 바꿉니다.
- 환자가 음식 삼키기를 힘들어하면 얼음 조각이나 음료를 조금씩 줍니다.
- 환자가 탈수되어 보여도 많은 물을 먹일 필요는 없습니다.
- 임종 임박 시 탈수 소견은 정상이며 약간 탈수된 상태에서 환자는 더 편안하게 느낍니다.
- 시원한 수건을 얼굴, 머리에 대줍니다.

2. 의식의 변화

(1) 다음 증상이 있는지 살펴보십시오.

- 계속 자려고 하여 깨우기가 힘듭니다.
- 시간, 장소, 사람을 알아보지 못합니다.
- 불안해하며 이불 등 무언가를 꽉 잡고 놓지 않으려 합니다.
- 갑자기 이상한 말을 합니다.
- 밤을 무서워하고 그때 두려움과 공포심을 더 느끼는 것 같습니다.
- 계속 자다가 갑자기 잠시 의식이 뚜렷해졌습니다.
  (혼돈 후 혹은 혼수 상태로 빠지기 직전 잠시 의식이 명료해질 수 있음)

(2) 다음은 보호자가 도와줄 수 있는 방법입니다.

- 환자의 의식이 명료한 순간에 어떤 일들을 할지 미리 계획을 세워 둡니다.
- 밤에는 보호자가 옆에 있는 것만으로도 환자가 편안하게 느낍니다.
- 환자와 이야기할 때 당신이 누구이고, 오늘이 며칠이며, 무슨 요일인지 이야기해 줍니다.
- 마지막까지 약을 먹을 수 있도록 도와줍니다.
- 만약 환자가 불안해하면 통증이 있는지 살펴봅니다. 만약 통증 때문에 불안해하면 비상용 약을 먹입니다.
- 환자가 혼돈과 정신 착란을 보이면 조용히 낮은 목소리로 정확하게 이야기합니다.
- 환자를 쓰다듬어 주고 안거나 하는 등 신체적 접촉을 유지합니다.

3. 대사 변화

(1) 다음 증상이 있는지 살펴보십시오.

- 음식이나 물을 먹지 않으려 합니다.
- 입이 심하게 마릅니다.
- 혈압약이나 당뇨약, 이뇨제, 비타민 등의 약을 복용할 필요가 없어집니다.

(2) 다음은 보호자가 도와줄 수 있는 방법입니다.

> · 입술이 마르지 않도록 바세린 로션이나 입술 연고를 발라줍니다.
> · 숟가락으로 얼음을 넣어 주거나 물 혹은 주스를 떠먹입니다.
> · 의사와 어떤 약을 계속 먹어야 하는지 상의합니다.

4. 분비물

(1) 다음 증상이 있는지 살펴보십시오.

> · 입안의 끈적끈적한 분비물이 목뒤로 모여서 그르렁거리는 소리가 들려 마치 숨쉬기 힘들어
>   하는 것처럼 보입니다. (그러나 생각과 달리 환자는 힘들어하지 않으므로 크게 걱정하지 않아도 됩니다)
> · 분비물이 찐득찐득해졌습니다.

(2) 다음은 보호자가 도와줄 수 있는 방법입니다.

> · 가습기를 틀거나 젖은 수건을 머리맡에 두어서 건조하지 않게 합니다.
> · 환자가 삼킬 수 있으면 얼음을 주거나 물을 한 숟가락씩 떠먹입니다.
> · 환자가 옆으로 눕게 해서 입안의 분비물이 자연스럽게 흘러내릴 수 있도록 합니다.
> · 부드러운 칫솔이나 면봉으로 닦아줍니다.

5. 체온 저하, 혈액 순환 장애

(1) 다음 증상이 있는지 살펴보십시오.

> · 팔과 다리가 차가워집니다.   · 피부가 건조하고 차갑고 감촉이 변했습니다.
> · 팔과 다리, 손과 발이 창백해지고   · 맥박이 빠르거나 약하고 불규칙합니다.
>   어두운 적자색을 띕니다.   · 혈압이 떨어져서 혈압 재기가 힘듭니다.

(2) 다음은 보호자가 도와줄 수 있는 방법입니다.

> · 따뜻한 담요나 보온 장치들로 몸을 따뜻하게 해줍니다.
>   단, 전기 매트 같이 피부에 직접 닿아 화상을 입을 수 있는 열기구는 피합니다.

6. 감각, 지각 저하

(1) 다음 증상이 있는지 살펴보십시오.

> · 시력이 흐려져 눈에 초점이 없어집니다.
> · 청력이 감소했습니다(그러나 대부분 들을 수는 있습니다).
> · 더 이상 말을 하지 못합니다.

(2) 다음은 보호자가 도와줄 수 있는 방법입니다.

> · 환자가 희미하나마 볼 수 있도록 간접 조명을 이용합니다.
> · 환자가 전혀 듣지 못하는 것은 아니니 당신이 곁에 있다고 이야기하고 신체적 접촉을 유지하십시오.
>   당신의 말과 사랑의 표현을 환자는 이해할 수 있습니다.

7. 호흡 변화

(1) 다음 증상이 있는지 살펴보십시오.

- 호흡이 빨라졌다가 느려지는 등 불규칙해집니다.
- 목안의 분비물 때문에 숨쉴 때 그르렁거리는 소리가 납니다.
- 10초~30초간 숨을 쉬지 않을 때가 있습니다.

(2) 다음은 보호자가 도와줄 수 있는 방법입니다.

- 환자의 등과 머리를 받쳐 주어 상체를 약간 높게 유지해 줍니다. 이 밖에도 환자가 숨쉬기 편하게 느끼는 것 같으면 어떤 자세라도 상관없습니다.

8. 소변과 대변 변화

(1) 다음 증상이 있는지 살펴보십시오.

- 소변 색이 진해지고 양이 줄어들었습니다.
- 소변과 대변을 스스로 해결하지 못합니다.

(2) 다음은 보호자가 도와줄 수 있는 방법입니다.

- 일회용 방수 종이를 환자 밑에 깔아서 자주 갈아줍니다.

9. 사망

(1) 다음 증상이 있는지 살펴보십시오.

- 더 이상 숨을 쉬지 않습니다.
- 맥박이 느껴지지 않습니다.
- 눈이 안 움직입니다.
- 동공이 확대되어 있습니다.
- 소변과 대변을 한꺼번에 지렸습니다.

(2) 다음은 보호자가 할 수 있는 방법입니다.

- 사망을 확인한 후 충분히 함께 있으며 애도의 시간을 가지십시오.
  함께 기도를 하거나 사랑하는 사람과의 추억을 회상할 수도 있습니다.
- 주위 중요한 사람들에게 임종을 알립니다.
- 환자를 담당하던 호스피스팀에게 알립니다.
- 장례 방식과 절차를 상의하여 결정합니다.

10. 사별과 슬픔 반응

- 환자가 임종한 뒤 가족들은 슬픔과 애통함을 겪게 됩니다. 임종 직후에는 충격과 상실에 휩싸이고, 죽음을 부정하고 싶을 수도 있습니다. 이때 주저하지 말고 주변의 도움을 청하십시오. [37]

고독사 vs. 고귀사

멘토: 많은 사람이 집에서 가족과 편안하게 임종을 맞이하고 싶어 하지만 여러 이유로 그것이 쉽지 않습니다. 핵가족 시대에 더해 이제 1인 가구 시대가 되었습니다. 그래서 고독사가 사회적 이슈가 되고 있습니다. 고독사의 불안과 공포를 어떻게 극복해야 할까요?

현실적인 대안은 실버타운이나 호스피스 요양원에 들어가 사회적 가족과 친구를 사귐으로 고독사를 면할 수 있습니다. 그것이 현실적으로 가능하지 않다면 영적 가족과 친구를 만드는 것이 필요합니다.

성경에는 혼자 죽은 사람들이 나옵니다. 남들은 다 900세 이상을 살 때 에녹은 365세에 죽었지만 하나님과 동행하여 불병거를 타고 천국에 갔습니다(창세기 5장). 모세는 120세에 해발 817미터나 되는 느보산에 혼자 올라가 주변 여리고와 사해 반대편 예루살렘 쪽을 보면서 하나님과 대화를 나누고 그곳에서 혼자 죽었지만 천국에 갔습니다(신명기 34). 엘리야 선지자는 길을 걷다가 죽지만 제자 엘리사에게 모든 비전과 능력을 전수하고 하늘로 올라갔습니다(열왕기하 2장). 예수님께서도 골고다 십자가에 혼자 오르사 고독하고 고통스럽게 죽으셨지만 사명을 다 이루고 천국으로 가셨습니다. 예수님의 제자들도 대부분 외롭고 고통스럽게 순교당했습니다. 그러나 누구도 그들이 고독사를 했다고 말하지 않습니다. 이유는 그들 옆에 사 여호와 하나님께서 함께하시며 그들을 귀하게 보셨기 때문입니다.

> 성도의 죽는 것을 여호와께서 귀중히 보시는도다. | 시 116:15

관건은 당신이 몇 명에게 둘러싸여서 죽느냐가 아니라 무엇을 하다 어떻게 죽느냐입니다.

죽음 직전에 자녀들이 나를 둘러싸고 울어 주느냐보다 더 중요한 것은
죽음 직후에 예수님과 천사들이 나를 둘러싸고 환영해 주느냐입니다.

그러기 위하여 중요한 것은 사람들과 반드시 회개, 용서 그리고 화해를 해야 하고
주님께서 주신 비전을 실현해 드림으로 이 땅에서 천국을 만들고 사는 것입니다.

이 땅에 파송된 목적을 달성하고 죽는다면 언제 어디에서 어떻게 죽는가는 큰 의미가 없고, 주 안에서 죽어야 고귀사입니다. 그러나 존재 목적에 합당한 비전을 실현하지 못한 채 죽는다면 아무리 많은 사람들에 둘러싸여 호화로운 장례식을 치른다 해도 지옥의 고독사가 될 것입니다.

누가복음 16장의 불의한 청지기도 파면당한 후 고독한 삶을 살 것을 예상하고 살 궁리를 하여 예수님께 칭찬을 받습니다. 당신도 아직 늦지 않았습니다. 그간 고독할 수밖에 없는 삶을 살았던 것을 돌이키고, 이제 하나님 아버지에 대한 진리의 믿음, 예수님 십자가의 사랑, 성령님의 비전의 삶을 살면서 고귀한 인생을 만들면 됩니다. 이 책을 성실히 완성하고 이 책에서 세운 계획에 따라 살면 두려울 것이 없습니다. 담대하십시오!

멘토: 사전연명의료의향서가 무엇일까요? 당신은 이것에 관하여 꼭 아셔야 합니다.

'연명의료'란 '임종 과정에 있는 환자'에게 하는 '심폐소생술, 혈액 투석, 항암제 투여, 인공호흡기 착용' 등의 의학적 시술로, 치료 효과 없이 임종 과정만 길어지게 하는 것을 말합니다. '임종 과정에 있는 환자'는 '회생 가능성이 없고 치료에도 불구하고 회복되지 않으며, 급속도로 증상이 악화되어 담당 의사와 전문의로부터 사망에 임박한 상태에 있다고 판단을 받은 환자'를 말합니다.[38]

사전연명의료의향서 작성법

모든 성인, 즉 19세 이상이라면 누구나 작성할 수 있습니다. 반드시 보건복지부가 지정한 사전연명의료의향서 등록 기관에서 작성해야 유효합니다. 작성자 본인 확인을 위한 신분증을 지참하고, 사전연명의료의향서 등록 기관으로부터 작성 전 다음 사항에 대한 충분한 설명을 들은 후 이 법에 따른 법정 서식을 통해 모든 자녀의 동의도 받아야 합니다.

효력 상실, 변경·철회

사전연명의료의향서를 작성·등록했지만, 생각이 바뀌어 변경하고자 할 때에는 언제든지 등록 기관을 통해 다시 작성하거나, 철회를 요청할 수 있습니다. 변경 또는 철회 사실은 다시 국립연명의료관리 기관에 통보해야 그 효력이 발생합니다.

사전연명의료의향서를 쓴 이후의 중요성

그런데 사전연명의료의향서를 쓰신 분 중에서 결국 중환자실에서 임종을 맞이하는 경우가 많다고 합니다. 그 이유는 본인이 의향서를 작성했다 하더라도 자녀들이 그 사실을 모른 채 병원에 입원하는 상황이 생기고, 자녀들은 의사의 연명치료 제안에 대부분 동의하기 때문입니다.

연명치료를 권하는 의사들의 말에 동의하는 자녀들의 심정은 1) 의사들이 전문가인데 믿고 맡겨야지, 어차피 나는 아는 것도 없는데 2) 저렇게 고통받으시는데 그거라도 해 드려야 효도 아닌가? 3) 하루라도 더 사셔야지 어떻게 이렇게 보내 드려? 4) 어차피 내가 할 수 있는 일은 없어 등입니다. 그러나 연명치료의 실체는 건강을 회복하는 것이 아니라 자연의 순리대로 죽음을 받아들여야 할 사람에게 몇 일 혹은 최대 몇 달을 더 살게 하는 것뿐입니다. 단 하루라도 더 살 수 있다면 연명치료를 하는 것이 더 나을까요? 실체는 이 연명치료기를 달고 있는 것 자체가 환자에게 큰 고통을 준다는 사실과 가족들과 의미 있는 시간을 충분히 갖지 못한 채 고통과 고독 속에서 죽어간다는 것입니다. 그래서 최고의 죽음 준비는 이 『생명의 서』를 완성하고, 가족들과 미리 대화하고 잘 대비하며 의미 있는 시간을 가지는 것입니다.

멘토: 다음은 임종을 앞둔 가족을 위한 영적인 지원 방법입니다.

『생명의 서』를 접하지 못한 분의 경우

> 1. 구원의 확신을 확인하기 위한 가장 적절한 시간을 마련하십시오.
> 2. 많이 불안해하고 절망감과 두려움에 빠질 때마다 이 책의 내용을 나누어 주면서 천국의 소망을 심어 주십시오.
> 3. 나머지는 아래와 같이 하십시오.

『생명의 서』를 공부하고 집필하신 분과 가족의 경우

> 1. 구원의 확신에 대하여 점검하기
>
> 2. 만나고 싶은 사람을 초대하고 그들과 개인적인 대화 시간을 갖기
>
> 3. 어린 시절부터 기록했던 사진첩, 사진, 동영상 등을 보면서 감사드리는 시간 갖기
>
> 4. 좋았던 추억에 대하여 말하여 주기
>
> 5. 목사님을 초청하여 예배 드리기
>
> 6. 천국에서 만날 사람들에 관해 말하기
>
> 7. 천국에서 하나님께 여쭈어 보고 싶은 것들 나누기
>
> 8. 찬송을 자주 불러 드리고 함께 불러 보기
>
> 9. 좋아하는 암송구절을 함께 외우기
>
> 10. 좋아하는 성경구절 과 찬양과 녹음하여 자주 듣게 하여 드리기
>
> 11. 가족이 인도하는 예배 드리기, 나누어 주신 사랑에 감사하기, 하나님께서 천국에서 기쁨으로 꼭 안아 주시며, 천사와 믿음의 가족들이 환영해 주실 것을 믿고 기도드리기
>
> 12. 마지막 순간까지 꼭 품고 싶은 것에 대하여 대화 나누고 손에 꼭 쥐어 드리기
>
> 13. 이제 떠나도 괜찮다고 말해 주기, 함께해주어 감사했다고 말해 드리기
>
> 14. 마지막에 듣고 싶어 하던 찬양곡 틀어 드리기 (힘 있고 장엄하고 영광스러운 곡 준비)

멘토: 앞에서 우리는 육체적 죽음의 임박 현상과 대처법에 대하여 살폈습니다. 그런데 임종의 상황에서 중요한 것은 영적 상태와 영적 대처입니다.

죽음의 시기를 아는 것은 큰 축복입니다. 당신은 다음 14단원에서 위대한 죽음을 맞이한 사람들이 어찌 죽음을 대처했는지 배우게 될 것입니다. 죽음의 시기를 가늠하고 준비하는 경우는 대개 암이나 치료가 힘든 질병을 진단받을 때일 것입니다. 많은 위대한 하나님의 사람도 결국 암과 같은 병을 통하여 육체의 기능을 마무리하고 천국으로 가게 됩니다. 비전과 사명이 남아 있는데 암이 온 경우라면 암이 이겨야 할 적이지만 인생의 가을과 겨울에 오는 암은 단풍처럼 천국의 초청장입니다.

죽음의 시기를 통보받았다면 이 책 『생명의 서』가 가장 필요할 때입니다. 이 책에서 인생 계획 중 완성한 것과 완성하지 못한 것을 정리하고 남은 시간에 완성할 수 있도록 필요한 시간과 방법에 관한 계획을 세우십시오. 무엇보다 회개, 용서, 화해를 통한 관계 회복이 중요합니다. 그리고 감사하는 마음으로 모든 것을 전수하는 시간을 가져야 합니다.

그리고 계획을 잘 실천하지 못했다면 이 『생명의 서』 내용을 자녀와 멘티, 혹은 주변 사람들에게 전수하는 시간을 가지십시오. 이 책을 다시 꺼내 읽으며 완성하지 못한 것을 행하고, 이미 완성했다면 그것에 감사드리십시오. 또한 유언, 유산 분배 등 공개적으로 할 일은 축복으로 하고, 가족 개개인에게도 축복 기도를 해 주되 그 내용을 녹음하여 잘 간직하십시오.

죽은 사람은 엄청난 권세를 가지고 있습니다. 사람들이 장례식에 모이게 합니다. 진정한 권세자는 임종하시기 전에 전도할 사람들을 한 명씩 부르는 사람입니다. 그리고 이렇게 말해 주십시오. "내가 지금 죽음을 앞둔 상황에서 인생을 돌아보니 결국 종착역은 천국과 지옥이라는 것이 저 앞에 보인다. 당신은 어찌할 것인가? 내가 당신을 위해 죽기까지 기도할 테니 이제 주님께 돌아오라, 이것이 당신이 받을 최고의 선물이 될 것이다."

그리고 영적인 대처법은 천국에서 살 것을 대비해 천국 언어로 기도하기, 천국적 사고 방식 갖기 위해 하나님과 하나님의 나라에 관한 성경 이야기를 읽고 묵상하고 은혜 받기, 성령님과 천사들과 친숙하기 위해 깊은 기도드리기, 임종 때가 가까이 오면 영의 세계에 가기 위해 영안으로 귀신과 천사들과 예수님 보기, 귀신이 올 경우 권세로 쫓아 내기, 천사들이 올 경우 감사의 대화 나누기 등을 준비하는 것입니다.

그리고 숨이 넘어갈 때 마지막으로 드릴 찬양과 마지막 묵상할 말씀을 미리 준비하고 시시 때때 암송하며 관련 찬양을 부르고 말씀을 묵상하십시오. 그리고 자녀들과 멘티들을 위한 중보기로의 끈을 강력하게 유지하십시오. 임종 시 애창 찬송을 틀어 달라고 부탁도 하십시오. 임종 전에 많은 분들이 영의 눈이 열려 마중 온 천사나 주님을 뵙기를 바랍니다. 활짝 웃을 준비를 하십시오.

의사 로스 박사의 죽음 전 연구

멘토: 많은 사람이 죽음을 외면할 때 그 죽음에 대하여 정면 도전을 한 의사가 있습니다. 그녀는 미국 시사 주간지 『타임』이 '20세기 100대 사상가' 중 한 명으로 선정한 의사 엘리자베스 퀴블러 로스(Elisabeth Kübler Ross)입니다.

일반적으로 죽음에 대한 관심을 터부시할 때 그녀는 죽음에 직면한 사람들을 인터뷰하면서 관찰 연구를 했고, 1969년에 쓴 『죽음과 죽어감』(On Death and Dying)에서 인간이 죽음을 직면하면 다음 과정을 거친다는 놀라운 이론을 발표했습니다.

Denial, 그럴 리가 없어라고 말하는 죽음에 대한 부정
Anger, 왜 나만 이렇게라는 식의 죽음에 대한 분노
Bargaining, 살려만 준다면라고 말하는 죽음에 대한 협상
Depression, 포기와 체념을 하는 죽음으로 인한 우울
Acceptance, 받아들이는 방법 외엔 없어라는 죽음에 대한 수용[39]

이 5가지 감정과 과정은 사실 죽음뿐 아니라 중대한 사건에 직면한 인간이 일반적으로 거치는 인식 단계입니다. 그런 면에서 로스 박사는 매우 중요한 것을 파악한 것입니다.

그러면 죽음을 직면한 이들이 위의 5가지의 감정만 가질까요? 두 단계가 더 있다고 봅니다. 그 두 단계는 무엇일까요? 위에서 살핀 5개의 감정과 단계는 죽음을 인식하고 자신이 수용하는 것까지입니다. 그런데 죽음은 내가 수용한다고 다 끝나지 않으며 인간이 좌우할 수 없는 요소가 있습니다. 이 요소는 어떤 존재가 죽음으로 인도하는가에 따라 다릅니다. 예수님이나 천사가 죽음을 인도하러 오는 경우와 악마가 오는 경우가 있습니다.

예수님과 천사가 마중을 온 경우라면 그를 보는 사람의 감정은 다음과 같습니다.
Hope, 들어갈 영적 세계와 천국에 대한 희망
Joy, 자신을 마중 나온 예수님이나 천사와 함께 천국으로 향하면서 갖는 기쁨

악마가 마중을 온다면 앞서 살핀 대로 섬망 증세를 보일 것입니다.
Despair, 지옥으로 향한다는 직감에서 오는 절망
Terror, 자신을 마중 나온 마귀와 함께 지옥으로 향하면서 갖는 공포

만약 예수님께서 마중을 온 경우라면 환자의 상태가 어떠하든지 손을 들어 환영하며 얼굴에서 광채가 나고 희망과 기쁨이 충만할 것입니다. 반면 악마가 온 경우라면 아무리 화장을 잘하고 있었더라도 얼굴은 흑빛이 되고 절망과 공포에 사로잡혀 어쩔 줄 모르게 될 것입니다. 그 상황이 우리가 이미 살핀 섬망의 과정을 통하여 표출되는 것입니다. 당신의 경우 귀신을 보고 당황하는 섬망이 아니라 천국에 갈 희망과 소망으로 가득 차기를 바랍니다.

멘토: 죽은 후의 일을 인간이 과학적으로 관찰한 증거가 있을까요?

죽음을 앞둔 환자들을 인터뷰하던 로스 박사는 그들 중에 죽었다 살아난 사람들을 만나게 되고 그들을 인터뷰하면서 그들에게 어떤 공통점이 있다는 것을 발견합니다. 한국에서도 '사후생'으로 번역된 『On Life After Death』라는 책에서 그녀는 죽음 이후를 세 단계로 구분합니다.

첫째, 애벌레가 나비가 되는 것처럼 육체의 죽음으로 혼이 육에서 분리되는 단계
둘째, 정신적 에너지로 살아나 농아도 말하고, 맹인도 보는 단계
셋째, 육체와 정신에 근거한 의식이 없어지고 새로운 "앎을 소유"하게 되는 단계[40]

죽었다 살아난 임사체험을 한 사람이 공통적으로 고백하는 경험은 다음과 같습니다.

1. 의사의 심장 정지 선고가 들렸다 (이 단계에서는 이미, 병실을 정확하게 묘사할 수 있는 등 의식이 깨어나는 경우가 많습니다).
2. 표현할 수 없는 마음의 안도감이 들었다.
3. 물리적 육체를 떠나는 유체이탈을 했다.
4. 귀에 거슬리는 윙윙 소리가 나고 터널과 같은 통 모양 안을 통과했다.
5. 죽은 친족이나 그 외의 인물을 만났다.
6. 빛의 생명을 만났다(신이나 자연광 등).
7. 자신의 과거가 주마등과 같이 지나갔다(인생 회고[라이프 리뷰]의 체험).
8. 사후 세계와의 경계선을 봤으며 몸이 돌아오고 소생했다

이런 경험을 한 후 사람들의 변화는 대체로 다음과 같습니다.

1. 인생에 대해 재평가하며 자기를 있는 그대로 긍정적으로 수용합니다.
2. 다른 사람을 비롯해 환경과 생태계, 생명에 대한 존중심이 높아집니다.
3. 사회적인 성공, 물질적인 보수에 대한 흥미가 줄어들고 정신적, 영적인 지식에 관심이 높아지며, 인생은 의미로 가득 차 있으며 모든 인생에는 신성한 목적이 있다는 의식이 증대됩니다.
4. 죽음에 대한 공포는 완전히 극복됩니다(죽음의 과정 자체에 대한 공포는 남아 있을 수 있습니다).[41]

이러한 내용이 증명하는 것은 죽음 이후에 영적 세계가 존재한다는 것입니다. 그러나 임사체험을 다 신뢰하면 안 됩니다. 임사체험은 영적세계에서 일어나기에 마귀의 미혹이 많아 비성경적 간증들이 많이 존재합니다. 그럼으로 미혹된 차원에서 경험한 임사체험자들도 있다는 것을 분별해야 합니다.

멘토: 오늘은 진 다넬(Jean Darnell) 목사의 어머니 그레이스(Grace)에 대한 간증을 살필 것입니다. 이것은 천국이 실제로 있다는 확실한 영적 보고서가 될 것입니다. 이 이야기를 직접 들은 사람도 많고 목사님의 책 『Heaven-Here I Come』을 통해서도 확인할 수 있습니다.[42]

진 다넬 목사님은 오하이오주 톨레도에 살았는데 그녀는 16세 때까지 예수님을 모른 채 살았습니다. 그런데 그녀가 심각한 신장염을 앓고 있었고, 아버지가 1차 세계대전 중 콜린 개스 중독으로 폐가 심각하게 손상되어 고통이 심했으므로 어머니가 "예수님께서 고치신다"(Jesus Heals)라는 문구를 보고 교회에 찾아 간 것이 예수님을 믿게 된 계기가 되었습니다. 교회 포스퀘어(Four Square) 교단에서 파송된 성령 사역자 애이미 셈플 맥퍼슨 여사(Amiee Semple McPherson) 기도를 받고 모두 기적적으로 치유됐습니다. 그 후 그녀는 신학교에 가서 6년간 공부하고 호주, 파나마, 영국 등 선교지에서 큰 부흥운동을 일으켰습니다. 2003년에 LA로 돌아온 후 LA두란노서원에서 주최한 '하나님 음성 듣기' 세미나를 인도하는 등 한국계 외국 교회들에도 영향력을 끼치다가 2019년 96세 나이로 소천했습니다. 이야기의 주인공은 진 다넬 목사님과 그녀의 어머니 그레이스입니다.

진 목사님의 엄마 그레이스는 미국 오하이오주 톨레도에서 식당을 운영하던 신실한 분으로, 당시는 아침 식사 후 가족 예배를 드리며 함께 기도를 하는 것을 생활화하고 있었을 때였습니다. 그레이스는 소동이 일어난 그날 오전 기도 시간에 특별할 감동을 받았습니다. 그날은 주일인지라 교회에 갔고 그레이스는 예배가 끝난 후 오랫동안 담임인 엘런 목사님과 대화를 나누었습니다. 이야기가 길어지자 차에서 기다리고 있던 아빠가 빵빵 신호를 보냈고 엄마가 다급하게 말을 접고 뛰어왔습니다. 목사님의 얼굴은 왜 그런지 무척 당황한 기색이었습니다.

집에 돌아와 저녁식사를 마치고 엄마는 기도를 하기 위해 방에 들어 갔습니다. 진도 엄마와 함께 하고 싶다는 강한 느낌을 받고는 엄마에게 갔습니다. 엄마는 그런 진에게 자기 옆에서 함께 기도할 수 있도록 자리를 내어 주었습니다. 한참을 사랑하는 사람들을 위하여 함께 통성으로 기도를 했고 엄마가 기도를 멈추었습니다. 진은 엄마가 혹시 목사님과 대화를 나눈 어떤 특별한 것에 대하여 혼자 기도하기를 원할지도 모른다는 생각이 들어 조심스럽게 문 밖으로 나갔습니다. 그러나 한참 후에 방문을 열며 잠시 엄마를 힐끔 보았는데 엄마는 자세가 어색했고 얼굴도 무표정했습니다.

이상하게 생각한 진이 엄마를 흔들어 보았을 땐 이미 엄마는 이 세상 사람이 아니었습니다. 놀란 진이 아빠를 불렀고 동네의 간호사와 목사님을 불렀습니다. 간호사인 메리는 엄마가 죽었다는 것을 확인하여 주었고 황급히 달려온 엘런 목사님은 아빠와 진을 불러서 아침에 있었던 일을 설명하면서 스스로 놀라워했습니다. 엄마가 아침 가정예배 때 자신에게 예수님으로부터 부르심을 받을 것이라는 영감을 받았으며, 자신의 장례 절차와 남편과 딸에 대하여 부탁하는 말을 하였다는 것이었습니다. 그것이 이렇게 현실이 되자 목사인 자신도 너무나 신기하고 놀랐다는 것이었습니다.

진은 엄마 없는 삶을 상상할 수도 없고 당황스러워서 그때부터 울면서 엄마를 돌려 달라고 기도를 하기 시작하였습니다. 목사님께서 엄마가 하나님의 완전한 뜻에 의하여 부름을 받았음으로 그것을 존중해야 한다고 말했지만 진은 막무가내였습니다. 진이 울먹이며 부르짖던 기도를 마치자 사방은 조용해졌습니다. 모든 사람이 무엇인가 기다리는 것 같았습니다. 그때 진의 아빠가 말했습니다. 엄마가 눈을 움직였다는 것이었습니다. 잠시 후 간호사인 메리가 엄마가 입을 움직였다고 말하였고 그런 후 엄마가 머리를 돌리면서 눈을 뜨고 진을 바라보며 말하였습니다. "왜 나를 돌아오게 했니?" 슬프고 조용한 목소리였습니다. 간호사인 메리가 엄마의 맥박을 짚었고 그때 의사인 브레들리 씨가 도착했습니다. 눈물로 범벅이 되어 퉁퉁 부은 얼굴을 한 진을 내보낸 후 브레들리 씨와 메리는 엄마를 면밀히 살핀 후 아빠에게 말했습니다. 엄마가 심장 마비와 혈관 파열을 겪었고 극심한 뇌출혈 증세가 있으므로 오늘 밤을 넘기지 못할 것이라고 말했습니다. 또한 어떻게 이런 상태로 그녀가 살아 있을 수 있는지가 놀랍다는 것이었습니다. 그는 그녀가 죽었다가 살아난 것을 믿지 못하였습니다.

엄마는 의사의 말과는 달리 차츰 회복되었고 며칠 동안 엄마는 주로 자면서 휴식을 취했습니다. 몸을 추스를 수 있을 때 엄마는 거실에서 그 날 있었던 일들을 진에게 말씀해 주셨습니다. 엄마는 주일 아침 가정예배 때 주님의 부르심을 받아 천국에 갈 것을 알았습니다. 그래서 예배 후 엘런 목사님과 대화 나누고 하루 종일 그 순간을 기다리고 있었습니다. 저녁 식사 후 기도를 할 때 진이 들어왔고 주께서 가까이 계시다는 것을 느낄 수 있었습니다. 기도를 마쳤을 때 엄마는 "주님을 보았고, 주께서 '그레이스, 내가 너를 집으로 데려 가려고 왔다'는 음성을 들었다"라고 말씀했습니다. 엄마는 예수님께서 자신의 이름을 부르자 큰 기쁨이 있었고, 예수님이 손을 자기 머리에 대는 순간 자신의 영이 몸에서 빠져나오는 것을 느꼈다고 했습니다.

영이 몸에서 빠져나왔을 때 어떤 걱정, 긴장, 고통이 없는 편안함 그 자체였습니다. 엄마는 영으로 자신의 200파운드가 되는 큰 육체가 침대에 쓰러져 있는 것과 진이 그 옆에서 무릎을 꿇고 있는 것을 보았습니다. 다음 순간에는 모든 것이 사라지고 깊은 흑암이 있었으며 오직 예수님과 자신에게만 밝음이 있었습니다. 그런 후 긴 빛의 줄기가 하늘과 연결되었는데 예수님과 손을 잡고 그 빛의 줄기를 따라 올라갔습니다. 그곳은 시간도 거리도 개념 없이 방향만 존재하는 곳이었습니다. 그곳은 세상의 잔디와는 다른 재질의 형용할 수 없이 아름다운 초원이 펼쳐져 있었습니다. 그곳에서는 신비한 오케스트라의 음악이 울려 퍼지는데 음악에 휘 감싸여 음악을 호흡할 수 있었고, 음악의 선율에 따라 색들로 표현되는 것을 볼 수 있었습니다.

엄마는 천국에서 만났던 많은 사람의 이름들을 말하였는데 성경에서 나오는 이름들이었습니다. 그곳에서 처음 보는 사람들이지만 그들의 이름을 사람을 보자 마자 알 수 있었습니다. 성경 지식이 많지 않은 터라 많은 성경 인물 색인에서 그 이름들을 확인하며 엄마의 말이 사실인 것을 확인할 수 있었습니다. 또한 엄마는 그곳에서 진의 할머니 곧, 자신의 엄마를 만났습니다. 그레이스의 엄마는 딸을 낳은 지 3일 만에 하늘 나라로 갔습니다. 그래서 그레이스는 자신의 엄마를 전혀 기억하지 못했지만, 천국에서는 자신의 엄마를 금방 알아볼 수 있었습니다. 그렇게 천국에서 예수님과 그곳의 모습과 소리에 취하여 있을 때 천국에서 울려 퍼지는 소리를 들었는데 바로 진이 엄마를 돌려 달라고 울부짖는 기도 소리였습니다. 그때 예수님은 엄마에게 "너를 돌려보내야 하겠구나"라고 말씀하시고는 다시 손을 잡고 내려왔습니다.

살아난 엄마의 첫 마디가 "왜 나를 돌아오게 하였니"였습니다. 몇 달 후 엄마의 말들을 증명할 수 있는 일이 생겼습니다. 엄마가 더 이상 심장에 고통을 느끼지 않게 되었을 때 웨스트 버지니아에 있는 엄마의 큰 이모이자 진의 큰 할머니인 시스의 농장을 방문하기로 하였습니다. 큰 할머니 시스는 죽음을 앞두고 침대에 누워 왕과 같은 풍모로 자녀들에게 농장의 일을 지시하였습니다. 그녀는 자신의 조카 그레이스의 믿음 생활에 대하여 듣고 기뻐 울면서 조카 가정을 위하여 드렸던 자신의 기도가 응답된 것에 대하여 감사기도를 하였습니다. 그리고 큰 할머니는 엄마에게 오래된 트렁크를 주었는데 그것은 그레이스의 엄마의 유품들이었습니다. 엄마 그레이스가 그것을 열고 하나씩 쓰다듬듯 살펴볼 때 사진 한 장이 떨어졌습니다. 그레이스는 사진 속의 많은 사람들 중에서 자신의 엄마를 금방 찾아냈습니다. 그러자 큰 할머니는 놀라며 어찌 그것을 아느냐고 놀랐습니다. 큰 할머니는 그 사진이 그레이스의 엄마가 찍은 유일한 사진이었으며 그때 그녀는 19세였다고 말해 주었습니다. 엄마는 바로 이 얼굴이 자신이 천국에서 본 그 아름다운 얼굴이라고 말하며 진에게 보여주었습니다.

집에 돌아온 후 엄마는 부엌에 앉아 진에게 말하였습니다. 천국은 멀리 있지 않다고. 하나님께서 우리의 눈과 귀를 열어 주시기만 하면 지금 이곳에서 천국을 보고 들을 수 있다고. 천국은 단지 다른 차원에서 존재한다고. 그리고 그녀는 말을 하다가도 때로 멈추고 천국의 실체와 음악 소리를 들었습니다. 엄마는 때로 무엇에 홀린 듯 모든 하던 일을 멈추고 그녀의 얼굴을 하늘로 향하며 무엇인가 음미하곤 하였습니다.

진 다넬 목사님의 어머니 그레이스의 이야기는 천국에서 경험한 것을 말해줌으로 죽음 이후의 현실과 천국과 하나님의 진실성을 말해 줍니다.

14장. **위대한 죽음을 맞이한 사람들**

여기에서는 다양한 인종, 국가, 직업, 성별, 질병 등을 가진 분들이
어떻게 위대하게 죽음을 맞이했는지를 살피면서 당신도 의연하게
죽음을 맞이할 수 있는 영감을 얻게 될 것입니다.

멘토: 참으로 고귀한 죽음을 맞이한 사람 중에 스데반이 있습니다. 그는 예수님 승천 후인 AD 30년에 예루살렘 초대교회의 최초 7집사 중의 한 사람입니다. 이름은 면류관이라는 뜻입니다. 사도행전 6-7장에 그의 짧지만 위대한 순교의 이야기가 기록되어 있습니다.

스데반은 헬라파 유대인으로 좋은 배경을 가지셨습니다. 헬라파 유대인이라는 말은 헬라의 교육을 받고 그 문화권에서 살던 이민자라는 것입니다. 그는 유대인으로서 "은혜와 권능이 충만하여 큰 기사와 표적을 민간에 행하"였고(사도행전 6:8), 헬라 문화권 사람으로서 "지혜와 성령으로 말함을 그들이 능히 당하지 못하"였다고 말합니다(사도행전 6:10). 즉, 유대인이 소중히 여기는 기사와 표적을 행하면서도 헬라파로서 지식과 지혜도 있었다는 것입니다. 헬라파 유대인인 바울 사도의 롤모델이라고 말할 수 있습니다.

그는 그를 죽이려는 유대인 장로와 서기관들에게 아브라함에서 시작하여 모세와 다윗과 솔로몬을 지나 예수님에 이르는 하나님의 구원의 계획을 말해 주지만 유대인들은 스데반의 말에 "귀를 막고 일제히 그에게 달려들어 성밖으로 내치고 돌로" 쳐죽입니다(사도행전 7:57-58). 그런 무서운 죽음의 위협 속에서 스데반의 행동은 우리로 하여금 성도의 죽음을 생각하게 합니다.

> 스데반이 성령 충만하여 하늘을 우러러 주목하여
> 하나님의 영광과 및 예수께서 하나님 우편에 서신 것을 보고 말하되
> "보라 하늘이 열리고 인자가 하나님 우편에 서신 것을 보노라" 한대
> 그들이 돌로 스데반을 치니 스데반이 부르짖어 이르되
> "주 예수여 내 영혼을 받으시옵소서" 하고 무릎을 꿇고 크게 불러 이르되
> "주여 이 죄를 그들에게 돌리지 마옵소서" 이 말을 하고 자니라. | **사도행전 7:55-56, 59-60**

이러한 스데반의 죽음을 통하여 알 수 있는 것이 있습니다.

첫째, 인간이 가장 고귀하고 능력이 있을 때는 성령 충만을 받을 때입니다.
둘째, 영안이 열리면 언제든지 하늘 보좌를 볼 수 있고 영광을 돌릴 수 있습니다.
셋째, 예수님께서 행하신 것을 따라 자신을 죽이는 자들을 용서해 달라는 간구를 우리도 할 수 있습니다.
넷째, 그의 죽음은 안타깝고 헛된 것 같지만 그의 죽음은 사울이라는 청년을 훗날 위대한 전도자로 세우는 기폭제가 됩니다. 즉, 우리의 죽음도 누군가를 위한 생명의 출발점이 되도록 해야 합니다.

어떻게 보면 스데반은 3년 반을 예수님과 동거동락했던 사도들보다 더 짧은 시간에 더 깊은 복음의 비밀을 깨달았고 그로 인해 주님을 영화롭게 하였습니다. 당신의 죽음을 통해서도 하나님을 영화롭게 하고, 죄인을 용서하며, 사역자를 응원해주며 주님께 영혼을 드리는 복된 죽음을 완성하길 바랍니다.

멘토: 1963년 10월 19일 강원도 인제에서 군인 신분으로 장교 부부와 9세, 5세, 3세된 자녀와 가정부를 무참하게 살해한 후 도주, 24일 만에 검거되어 최종 사형을 언도받은 사람이 있습니다. 그리고 사건 6개월도 안 된 다음 해인 1964년 3월 10일 경기도 부천에서 총살로 죽습니다. 그는 어떻게 죽어갔을까요? 다음은 그의 마지막을 지켜본 사람의 증언입니다.

"살인마 고재봉은 군인 감옥에 수감되었습니다. 그곳에서도 그의 눈에는 살기가 가득했고 말썽을 부렸습니다. 어느 날 안국선이라는 전도자가 하나님께 영감을 받고 그를 면회합니다. 그 전도자가 자신도 죄인이었는데 구원받았노라고 공손히 말하는 것을 듣고는 고재봉이 호기심에 성경을 읽게 됩니다. 성경을 읽으면서 궁금한 것이 많았는데 마침 그 감옥엔 독실한 성도인 이인수 중령이 사형 언도를 받고 수감되어 있었습니다. 그는 육군사관학교와 국방대학원의 교수를 역임했고, 5.16후에는 국가 재건 최고회의 의장 비서실장과 특별보좌관까지 지냈으나 군인은 군인으로 돌아가야 한다고 주장하여 반혁명 죄로 사형 언도를 받은 상태였습니다. 그는 고재봉이 궁금해하는 것들을 설명해 주며 신앙의 멘토가 되어 주었습니다. 고재봉은 성경을 5번을 읽고 울면서 기도하다가 방언이 터지면서 성령님의 임재를 체험하게 됩니다.

그 이후 이 중령은 고재봉에게 전도하는 방법에 대하여 설명해 주었습니다. 그러자 고재봉은 감방 별로 돌아가며 전도하고, 재소자 2,000명을 모아 놓고 자신의 살인을 고백했으며 자신이 만약 성경을 진작 읽고 예수님을 믿었더라면 오늘 이곳에 있지 않을 것이며 여러분도 마찬가지라고 울며 말했습니다. 그러면서 너무 감사한 것은 이제라도 예수님을 영접하여 지옥에 가지 않게 되었다며 하나님을 찬양했습니다. 그의 간증을 들은 2,000명 중 무려 1,800명이 결신하게 되었습니다.

그는 자신이 사형 받을 날을 이미 감지하고 있었기에 이 중령께 마지막 예배를 부탁했고 이후 사형장으로 불려 나갔습니다. 그는 사형을 받으러 가는 중에도 자신을 데려 가는 간수들에게 전도하였습니다. 사형 집행 절차가 끝난 후 마지막으로 하고 싶은 말을 하라고 했을 때 그는 요한복음 3장 16절을 암송합니다. 그리고 그곳에 있던 집행 요원들에게 꼭 예수님을 영접하라는 당부의 말과 감사 인사를 한 후, 아래 찬송가를 부른 후 죽여 달라고 부탁합니다.

인애하신 구세주여 내 말 들으사 / 죄인 오라 하실 때에 날 부르소서
주여 주여 내 말 들으사 / 죄인 오라 하실 때에 날 부르소서

하늘가는 밝은 길이 내 앞에 있으니 / 슬픈 일을 많이 보고 늘 고생하여도
하늘 영광 밝음이 어둔 그늘 헤치니 / 예수 공로 의지하여 항상 빛을 보도다

찬송이 끝날 때 총이 발사되었고 죽은 그의 얼굴을 보니 고통의 찡그림이 아니라 평화로운 미소가 남아 있었습니다. 그곳은 곧 울음 바다가 되었습니다. 또 다른 기적은 고재봉의 감옥 신앙 멘토 이 중령은 성경을 50독 했을 때 사형에서 무기로, 70독 했을 때 15년 형으로, 100독을 했을 때 출소하는 기적을 체험합니다. 이 중령은 살인마 고재봉의 반전의 마지막을 지켜본 증인으로서 여러 교회들을 방문하며 간증했습니다."

멘토: 의사 출신의 위대한 설교자가 있습니다. 그는 과연 죽음을 어떻게 맞이하였을까요? 그의 죽음에 대한 이해와 대처는 놀랍기만 한데 그 이유는 보통 사람이 일반적으로 생각하지 않는 것이기 때문입니다.

영국의 대표 교회인 웨스트민스터 교회의 사역자로 섬겼던 로이드 존스 목사님이 있습니다. 그는 1939년부터 1968년 은퇴할 때까지 30년간 사역을 했습니다. 말씀을 논리적으로 풀어 설명하는 탁월한 능력이 있었고 2차 세계대전을 겪을 때 많은 영국인에게 용기를 주었습니다. 그는 1899년에 태어나 1921년부터 연봉 2,500파운드를 받는 의사로 활동했지만 1927년부터 연봉 225파운드를 받는 목회자가 되었습니다. 그리고 1968년에 결장 폐색증으로 인한 대장암 수술을 받은 후 30년간의 사역을 내려 놓아야 했습니다. 그 이후 로마서 강해 14권 시리즈를 출간하기도 했습니다. 1980년 6월8일에 건강 검진을 통해 죽음을 피할 수 없다는 것을 알았고, 10개월 후인 이듬해 3월 1일에 소천했습니다. 그때 그가 한 결정들은 놀랍습니다.

그는 먼저 주치의에게 연명 치료를 거부했고
가족들에게는 치유와 회복을 위하여 기도하지 말라고 당부했습니다.
하나님과 함께하는 영광스러운 자리로 가는 것을 막지 말라는 이유였습니다.

그리고 또 이렇게 말했습니다.

우리는 모두 죽기 때문에 죽음을 사실로 맞이해야 한다.
그리스도인은 하나님께서 홀로 버려두지 않겠다고 보장하고
죽을 때 천사들이 동반하게 될 것이란 사실 때문에 두려워할 필요가 없다.
나는 이 천사들의 사역을 믿는다. 갈수록 더 그렇게 생각하고 있다.[43]

존스 목사는 요한복음 14장 1-3, 27절에서 주님께서 아버지 집에 거할 곳을 예배하시니 평안하라고 하신 말씀을 그대로 믿었습니다. 그리고 그는 50년 이상 동안 로버트 맥체인이 만든 성경 읽기표를 따라 매일 성경을 읽었는데 그가 죽기 하루 전에 마지막으로 읽은 곳이 고린도전서 15장의 부활장이었습니다.

그리스도께서 죽은 자 가운데서 다시 살아나셨다 전파되었거늘 너희 중에서 어떤 사람들은
어찌하여 죽은 자 가운데서 부활이 없다 하느냐
사망아 너의 승리가 어디 있느냐 사망아 네가 쏘는 것이 어디 있느냐. | **고린도전서 15장 12, 55절**

의사이자 목사였던 그는 육체와 영적인 문제들에 대하여 잘 알고 있었기에 죽음에 대처하는 방식도 남달랐다고 생각됩니다. 꼭 더 오래 살아야 최선이 아니라 천국과 하나님 중심적인 인생이 중요하다는 것을 보여줍니다. 주님이 부르실 때 그 초대가 복되다고 믿는 이들이 기쁨으로 달려 갈 것입니다. 1968년에 폐색증이라는 진단을 받고도 그는 30년을 더 살았습니다. 의사의 최후통첩을 주님께 가는 초대장으로 여기고 치유를 위한 기도가 아니라 삶의 완성을 위한 기도를 하였고 기쁨으로 천국에 담대히 간 것입니다.

멘토: 카톨릭 국가인 아르헨티나의 정글에서 예수님을 전도한다고 돌까지 맞는 핍박을 받았고, 폭동자들을 피해 경찰서에 갇혔을 때 경찰에게 전도했던 사람이 있습니다. 그는 젊었을 때 성령 사역으로 세계를 몇 바퀴 돌았고, 중년에는 제자 훈련을 개발하여 세계를 몇 바퀴 돌며 교회 개혁과 부흥에 큰 영향을 준 위대한 분입니다. 이 분이 죽음 선고를 받은 후 어떻게 반응했는지 살펴보겠습니다.

후안 카를로스 오르티즈 박사는 2000년에 피부암을 선고받고 앞으로 길면 2년을 더 살 수 있다는 말을 의사에게 들었습니다. 이 말은 영적인 거장에게도 실로 충격이었습니다.

당시 오르티즈 박사는 미국 캘리포니아 가든그로브시에 위치한 유명 교회인 수정교회(Crystal Cathedral)에서 '능력의 시간'(Hour of Power)이라는 TV 프로그램을 진행하며 전 세계 스페니쉬권에 엄청난 영향력을 끼치고 있었습니다. 그 프로그램의 영어 버전은 수정교회의 담임인 로버트 슐러 목사가 담당하고 있었습니다. 슐러 목사는 영어 외에 전 세계 가장 많은 이들이 사용하는 언어인 스페니쉬권 설교자를 찾다가 오르티즈 박사에게 강청하여 어렵게 청빙하였던 것입니다. 그런 세계적인 분이 시한부 판정을 받았을 때 어떻게 반응했을까요?

오르티즈 박사도 다른 사람들처럼 크게 당황했습니다. 자신은 늘 천국에 관한 설교를 했지만 막상 죽는다니 '이게 뭐지'라는 생각이 들었고 적응이 안되었습니다. 그는 어떻게 해야 하나 고민하던 중 자신이 천국에 가면 만날 분들의 목록을 작성하기 시작했습니다.

예수님, 어머니, 아버지...

그랬더니 갑자기 죽음이 전혀 다른 차원으로 느껴졌고 천국 가는 것이 어색하지 않았습니다. 오히려 죽음의 공포가 아닌 천국의 기쁨이 샘솟았습니다. 하지만 아내 마르따는 "그럼 남겨진 우리는 어떻게 하라고 죽을 생각을 그렇게 기쁘게 하냐"며 울상을 지었답니다.

오르티즈 박사는 그 이후 2년이 아니라 21년을 더 살았습니다. 의사의 2년 판단이 잘못되었던 것일까요? 어쩌면 그는 이 병을 통하여 교회를 사임하고 특별한 일을 해야 했는지도 모릅니다. 그는 은퇴 후 여러 유명 신학교에서 초청받았지만 다 마다하고 작은 한국계 신학교에서 가르치기 시작했습니다. 그곳에서 학장으로 섬기면서 부학장이었던 필자와 다이나믹 듀오가 되어 학교를 운영하면서 필자에게 그의 삶과 사역의 모든 핵심적인 것을 전수하고 멘토링을 해주었습니다. 오르티즈 박사의 제자 훈련 개념과 그의 멘토링은 훗날 필자가 비전 멘토링이라는 개념으로 예수님 제자 훈련의 원형 시스템을 개발하는데 매우 중요한 역할을 하였습니다. 2021년 오르티즈 박사는 집에서 가족들의 찬송과 더불어 편안하게 하늘 나라로 돌아가셨고, 후에 마르따 사모님은 오르티즈 박사의 가운을 필자에게 전해주었습니다. 때로 죽음 통보는 이처럼 새로운 일을 시작하게 하는 계기가 됩니다.

멘토: "천국이 그렇게 좋으면 왜 빨리 안가세요?"라고 비아냥거리는 사람들이 있습니다. 이 시간에는 그 질문에 답을 한 사람을 만나 봅시다.

독일계 영국인 중에 미스터 홀저펄이 있습니다. 그의 아들은 에릭 홀저펄(Eric Holzapfel) 목사입니다. 에릭은 치유 사역자입니다. 그가 치유 사역자가 된 계기가 있습니다. 그는 유럽에서 골동품상으로 잘나가던 사업가였고 돈도 많이 벌었습니다. 그러나 간혹 편두통이 시작되면 백약이 무효였고 죽고 싶을 정도고 고통스러웠습니다. 그런데 어느 날 기적이 일어났습니다. 그의 친척인 한 장로님의 기도로 그렇게 오랫동안 고통받던 편두통이 사라졌던 것입니다.

그는 너무나 놀라서 질문했습니다. 아니 기도로 병이 나을 수 있다는 것을 왜 아무도 내게 안 알려 준 거지? 그때부터 그는 치유에 관한 모든 것을 배우기 시작했고, 그는 매일 말씀 묵상을 하면서 최소 세 시간을 기도하며 치유 사역을 감당하고 있습니다.

오늘 이야기는 그의 아버지에 관한 것입니다. 그의 아버지는 일찍 재산을 모아 이른 나이에 은퇴를 하였는데 당시 영국에 성을 몇 개 가지고 있던 성주였습니다. 그의 성에는 믿음의 사람들이 자주 머물며 믿음의 이야기를 오래 나누다 가기도 하였고 가정적으로도 사랑이 넘쳐서 더 이상 부러운 것이 없는 분이었습니다. 일찍 사업에서 은퇴한 후 그는 책을 쓰기도 하였는데, 가장 기쁨으로 했던 일은 성경 연구였습니다. 그러면서 어린 에릭이 아버지 서재에 들어가면 늘 성경을 들어 보이시며 "이 세상에게 가장 중요한 책은 바로 이것이다"라고 말씀하셨습니다.

그렇게 신앙, 돈, 명예, 가족의 사랑, 건강 등 부족할 것 없었던 그가 금식을 선포했습니다. 이유가 놀라웠습니다. 자신은 이 땅에서 누릴 수 있는 것을 다 누렸고 이제 한 가지 관심사 밖에 없다. 이제는 하루라도 빨리 천국에 가서 사랑하는 하나님을 뵙는 것이라고 했습니다. 당시 그는 정신과 건강에 문제가 있지도 않았고, 삶에 어떤 문제도 없었습니다. 다만 그간 늘 성경을 읽고 묵상하면서 하루라도 빨리 그 천국에 가서 사랑하는 주님을 속히 뵙고 싶다는 열망을 품게 되었던 것입니다. 그리고 결정대로 금식 기도와 자녀들과 세상을 위한 중보기도를 하다가 아주 편안하게, 큰 기쁨으로 천국에 갔습니다. 마치 하나님과 동행하다가 천국에 간 에녹처럼 말입니다.

미스터 홀저펄은 도대체 무슨 생각으로 그렇게 행할 수 있었을까요? 많은 경우 불치병에 걸렸다거나 인생에서 돌이킬 수 없는 비관적인 상황이 닥쳤다면 이런 결정이 당연해 보입니다. 하지만 그의 경우는 전혀 해당되지 않았습니다. 단지 그는 하나님과 천국을 너무 사랑하여 하루라도 빨리 가고 싶었던 것이었습니다. 그후에 자녀들도 모두 성실한 신앙생활을 하고 있고, 그중 막내인 에릭 홀저펄은 목사가 되어 천국의 치유를 이 땅에 증거하며 헌신적인 삶을 살고 있습니다.

멘토: 만약 국제적인 기업의 CEO가 100일밖에 못 산다는 판정을 받았다면 어떻게 반응했을까요?

유진 오켈리(Eugene O'Kelly) 미국 4대 회계법인 중 하나인 KPMG의 회장 겸 CEO로 국제적인 기업 활동을 하며 매우 바쁜 스케줄을 살던 사람이었습니다. 그러던 그가 2005년 5월에 뇌종양으로 인하여 3개월 시한부 판정을 받습니다. 그는 놀랍게도 그 상황을 선물로 받아들입니다.

그의 딸 지나가 고 2로 올라가는 가을에 그는 더 이상 이 세상에 없다는 것을 의미했지만 그는 그것을 선물로 받습니다. 유쾌한 일은 아니지만 올 것이 조금 빨리 온 것뿐이고 나머지 100일, 즉 3개월을 어떻게 보낼 것인지 민첩하게 생각하고 실행에 옮길 준비를 했습니다.

첫번째로 그는 18개월의 꽉 찬 스케줄에도 불구하고 회사에 사직을 통보합니다. 회사에서 충성스럽게 일하며 함께했던 사람에게 자리를 3일 만에 전화로 인수인계를 끝냅니다. 그리고 두번째 계획으로는 정신과 몸을 너무 지치게 하는 화학요법을 거부하고 방사선 치료만 받기로 결정합니다. 이 모든 결정들은 세번째 계획을 위한 것이었습니다.

세번째 일은 책을 써서 자녀와 사람들에게 갑자기 찾아온 죽음을 준비하며 남은 삶을 잘 완성하는 지혜를 전수하기 위한 것이었습니다. 뇌종양 환자로서 그 고통을 견디는 것만 해도 힘들었을 그는 남은 인류에게 삶과 죽음에 관한 중요한 것을 전하기로 결단합니다. 이 영웅적인 결단의 열매로 『인생이 내게 준 선물: 다가오는 나의 죽음이 어떻게 나의 삶을 변화시켰는가』라는 책을 쓰게 되었고 그는 이렇게 말합니다.

이 작별 의식에서 나는 그들에게 무엇인가 특별한 것을 해주고 싶었고, 나의 부재로 인해 생길 공백을 메워주고 싶었다. 먼 훗날까지 그들에게 기쁨이 될 만한 무언가를 해주고 싶었다. 이를 테면 내가 멘토링을 해주었던 사람들에게 나중에도 도움이 될 만한 조언을 들려준다든지 하는 것 말이다.

언젠가 때가 되면 자신의 마지막 날들을 계획하겠다고 생각하는 사람들이 있다면 '더 일찍 생각해 보라'고 말해주고 싶다.

나는 마지막 몇 주 동안 너무나 많은 것을 배웠다. 그래서 다른 사람들에게도 인생의 이 마지막 시기가 경험할 만한 가치가 있는 그 무엇임을 알게 해주고 싶었다.[44]

그는 또한 틈틈이 남은 시간을 생애 최고의 날로 만들기 위하여 가족과 시간을 보냈고, 남은 100일간 1,000명이 넘는 사람에게 편지, 이메일, 전화 혹은 음식과 와인이 있는 식사를 같이 하며 감사를 전했습니다. 재산도 암 치료 재단에 기부하고 책을 완성하고 죽습니다. 어떤 사람은 이처럼 남은 100일간 좋고 의미 있는 일을 많이 했으나 어떤 이는 100년을 살면서도 한 가지도 못할 수 있습니다.

랜디 포시 _180일 시한부 교수

멘토: 오늘은 의사로부터 6개월, 즉 180일의 시한부 판정을 받은 교수를 방문할 것입니다.

랜디 포시(Randolph Rederick Pausch)는 카네기 멜론 대학 공대 교수였습니다. 그는 2006년에 췌장의 문제를 알게 되었고 2007년 8월에 6개월의 시한부 생명을 선고받습니다. 시한부 판정을 받은 그는 2007년 9월 18일 피츠버그 캠퍼스에서 400명의 학생들과 교수들 앞에서 마지막 수업을 합니다. 인생의 은퇴식을 했던 것입니다. 그의 강의는 유튜브에서 선풍을 일으켰고 후에 『마지막 강의』(The Last Lecture)라는 제목으로 출판되어 베스트셀러가 됩니다.

그의 삶과 죽음이 특별한 이유는 자신의 삶과 죽음을 솔직하고 담대하게 드러낸 그의 용기와 지혜 때문입니다. 그는 죽음이 다가왔을 때 다음을 질문하고 행동합니다.

시간은 당신이 가진 전부다. 생각보다 시간은 얼마 남지 않았다.
지금이 마지막이라면 어떤 지혜를 세상에 나눠 줄 수 있을 것인가?
내일 당장 사라진다면 무엇을 유산으로 남길 것인가?[45]

그는 자녀들에게 남겨줄 유산으로 마지막 강의를 합니다. 랜디 포시는 2008년 7월 25일에 아빠로서 자녀에게 남기는 마지막 강의 동영상을 촬영하고 47세에 죽습니다. 그의 자녀들은 아버지의 부재로 고통스럽겠지만 그래도 그가 남긴 동영상과 책을 통하여 아버지를 기억하고 기념하며 건강하게 자라고 있습니다.

그가 특별한 사람이라서 이렇게 죽음의 고통 속에서도 이런 일을 할 수 있었을까요? 그는 가정적으로 아주 평범한 남편과 아빠였습니다. 랜디 포시는 2000년에 제이와 결혼했고 2008년 47세로 죽던 해에 그에게는 6세 딜런, 3살 로건, 그리고 2살 클로이가 있었습니다. 포시 부부는 접시를 식기 세척기에 넣지 않는다든지, 옷을 옷걸이에 걸지 않는다든지 하는 작은 일로 여느 부부들처럼 부부 싸움도 하는 평범한 사람들이었습니다. 그들이 모든 면에서 완벽한 사람은 아니었다는 것입니다.

그러나 죽음을 앞두고 그들은 그런 것들로 싸울 시간이 없다는 것을 인식하고 정말 중요한 일에 집중하도록 서로를 감싸 안았습니다. 아내 제이는 남편에게 바가지 긁을 일이 생겨도 내용을 일기에 쓰면서 해소하였고 투병과 죽음을 앞둔 남편에게 스트레스가 가지 않도록 했다고 합니다. 그는 자신의 분야에서는 전문가였지만 삶에서는 모든 부부가 겪는 것을 겪었고, 죽음에 대하여는 문외한이었습니다.

그가 그런 삶을 완성하는데 도움을 준 영적 멘토가 있었습니다. 멘토 목사님은 포시 교수가 죽기 전 가족이 자신이 없이도 살 수 있는 새 주택 계획을 세우게 하고 장례 준비를 할 때 영생에 대한 확신과 정서적 유산을 자녀들에게 남기도록 조언했습니다. 삶의 열정에 좋은 영향을 주는 배우자와 멘토는 그의 삶을 온전하게 완성하도록 하였습니다.

멘토: 죽음을 앞두고 위대한 불꽃을 피운 사람 중에 이어령 박사가 있습니다. 그는 암이 몇 군데에 전이되기 시작하자 치료를 거부합니다. 치료를 받느라 고통당할 시간에 책을 써서 자신의 사명을 완수하기를 원했습니다.

이어령 박사, 그는 충남 아산에서 출생하셨고 작가이자 문학평론가, 신문사 논설위원, 이화여대 국문과 교수, 초대 문화부 장관, 88서울올림픽 개폐회식 총괄기획위원장 등을 역임하였습니다. 1963년 『흙 속에 저 바람 속에』라는 책으로 베스트셀러 작가가 되었고 이후 60여 년 동안 130여 권의 책을 저술했습니다. 2007년 74세의 나이에 세례를 받고 영성 깊은 책도 저술하였습니다.

2019년 1월부터 암 투병을 했고 항암 치료에 효과가 없자 병 치료에 연연하지 않고 나머지 삶을 가족과 함께하시면서 자신이 기프트로 받은 것에 최선을 다하기로 합니다. 그리고 조선일보 김지수 기자와 마지막 수업을 하고 김 기자가 그것을 정돈하여 책으로 나온 것이 『이어령의 마지막 수업』입니다.

병원에 들락날락하는 시간에, 글 한 자라도 더 쓰고 죽자. 그것이 평생 '메멘토 모리'(죽음을 기억하라)라고 외쳐왔던 내 삶의 최후진술 아니겠는가. 내가 내 삶은 다 기프트라고 했었지? 내가 산 물건도 따져보면 다 글을 써서 산 거야. 내 물건 중에서 글과 관계없는 게 하나도 없어. 글 쓰는 걸 기프트로 받았고, 글을 통해 또 세상으로부터 수많은 선물을 나는 받았네. 그 은총을 나는 끝까지 완수하려 하네.

이어령 박사님의 위대함은 자신의 정체성과 완성해야 할 사명을 알고 행한 사람이라는 것입니다. 그것은 자신이 하나님께 받은 기프트, 선물이 무엇인지 알고, 하나님께서 그것을 통하여 무엇을 하라고 하시는지를 알며 그것을 끝까지 완수하려 했던 것입니다. 그래서 그는 다음과 같이 외칩니다.

"넌 존재했어? 너답게 세상에 존재했어? 너만의 이야기로 존재했어?"
"남의 신념대로 살지 마라. 방황하라. 길 잃은 양이 돼라."
"세상은 생존하기 위해서 살면 고역이야. 의식주만을 위해서 노동하고 산다면 평생이 고된
  인생이지만, 고생까지도 자기만의 무늬를 만든다고 생각하며 즐겁게 해내면, 가난해도
  행복한 거라네."
"한순간을 살아도 자기 무늬로 살게"[46]

그는 자신이 써야할 이야기를 가지고 있었고 그 이유는 자신의 무늬로 하나님께서 주신 사명의 삶을 살았기 때문입니다. 그는 가족들과 의미 있는 시간을 가지고 예배 드리고 찬송과 기도를 드리며 편안하게 삶을 완성했습니다. 작가로서의 비전과 사명을 알아차리고 죽음의 순간에 이르기까지 최선을 다하는 모습은 이긴 자의 모습을 보여줍니다.

멘토: 일본에서 40년 근속 직장 정년퇴임을 앞둔 한 사람이 청천벽력으로 암판정을 받고 시한부 인생을 선고받습니다. 그런데 그가 위대한 죽음을 계획하고 맞이합니다.

[엔딩 노트](Ending Note)라는 영화를 아십니까? 2011년에 이 영화의 주인공 스나다 도모아키의 막내딸인 스나다 마미가 직접 감독과 내레이션을 맡아 만든 다큐멘터리 영화입니다.

스나다 도모아키는 정년을 코앞에 두고 위암 5기 판정을 받습니다. 그는 예상치 못한 죽음의 선고 앞에서 죽음을 직면하면서 자신의 엔딩(ending)을 준비하는 노트를 씁니다. 그리고 죽음에 낙심하고 슬픔에 머물기 보다 죽음 전까지 자신이 해야 할 일과 장례 절차, 장례식에 초청할 사람들 명단, 가족들에게 남기는 유언, 재산 상속, 기부 등을 기입한 '엔딩 노트'를 작성하며 죽음까지의 남은 시간을 보냅니다. 그는 죽기 전에 할 것, 그의 엔딩 노트 10가지를 다음과 같이 적었습니다.

1. 평생 믿지 않았던 신을 한번 믿어 보기
2. 손녀들 머슴 노릇 실컷 해주기
3. 평생 찍어주지 않았던 야당에 투표하기
4. 꼼꼼하게 장례식 초청자 명단 작성하기
5. 소홀했던 가족과 행복한 여행하기
6. 빈틈이 없는지 장례식장 사전 답사하기
7. 손녀들과 한 번 더 힘껏 놀기
8. 나를 닮아 꼼꼼한 아들에게 인수인계하기
9. 이왕 믿은 신에게 세례 받기
10. 쑥스럽지만 아내에게 사랑한다 말하기

그는 자신이 암으로 죽어가고 있다는 사실을 그대로 받아들이고 죽음의 과정을 진취적으로 참여합니다. 즉, 병원에 가서 건강검진을 하면서 죽음이 어느 정도 가까이 왔는지 확인합니다. 그리고 살아 있는 동안에 10가지 목표들을 달성하여 한치의 오차 없이 살고 죽으려 합니다. 그래서 그가 묻힐 묘지도 방문하고, 장례식장에도 가봅니다. 왜 그럴까요? 죽음도 자신의 삶의 일부라고 생각했기 때문입니다. 그는 예수님을 영접하고 세례도 받습니다. 그의 아내와 자녀, 그리고 손주들과 의미 있는 시간을 보내기도 합니다. 마지막을 서로 알고 있기에 의미 있을 수밖에 없는 시간을 보내며 철저하게 준비된 죽음을 맞이합니다. 죽음을 외면하면서 차일피일하다가 유언도 제대로 못하거나 의미 있는 삶을 완성하지 못하고 죽어가는 많은 사람에게 도모아키의 마지막 삶은 새로운 경종을 울려 줍니다. 그래서 이 영화와 책 이후에 "엔드 노트" 쓰기가 일본과 한국에서 유행을 했습니다. 유튜브에 들어가서 아래 주소나 "엔딩노트 편집"이라고 입력하면 요약본을 한글 자막으로 볼 수 있습니다.[47]

그렇다면 버킷 리스트나 엔딩 노트와 이 책 『생명의 서』와는 어떤 차이가 있을까요? 버킷 리스트는 죽기 전에 하는 소원 풀이쯤으로 이해될 것입니다. 엔딩 노트는 단순 소원 풀이가 아니라 삶을 온전하게 완성하고자 하는 리스트라는 점에서 동양적 깊이가 가미된 것으로 이해됩니다. 이 책 『생명의 서』는 소원 풀이도 하고 인생을 마감하면서 복된 완성도 하게 할 뿐 아니라 버킷 리스트와 엔딩 노트에는 없는 죽음의 대처와 죽음 이후의 삶에 대한 심도 있는 정보를 주며 대처하고 누릴 수 있게 하는 차원에서 비교 불가한 것이라 할 수 있습니다.

멘토: 오늘 방문할 사람은 자신의 무덤을 빈 무덤으로 만드는 사람입니다. 무슨 말일까요?

　　미국 LA에 거주하시는 최금옥 권사는 『그것은 찬란한 고난이었다: 코마병동 13년 하나님과의 대화』라는 책으로 큰 은혜와 감동을 준 분입니다. 권사님은 2007년 추락 사고로 2020년까지 13년간 코마 상태에 있던 남편을 돌봤습니다. 이 과정엔 놀라운 것들이 많습니다.

　　먼저 그런 일이 있을 것을 예언의 은사가 있는 한 교수님을 통해 미리 알고 준비했다는 것입니다. 더 놀라운 것은 권사님께서는 13년 동안 깨어나지 못하는 남편과 더불어 매일 찬송과 예배를 드리면서, 하나님과 대화하듯이 질문하고 답을 얻으면서 주변 환자와 노숙자들에게 전도도 하였습니다. 또 놀라운 것은 그 13년간 아무 일도 할 수 없는 상황이었으나 양식이 떨어지지 않았고, 딸 은영(Ellen)이와 지영(Jane)이가 미국의 명문 스텐포드 대학과 하버드대학과 그리고 유 펜(UPenn)을 졸업하였고 지금은 미 주류 사회의 지도자로서 믿음 생활도 잘하고 있다는 것입니다. 유튜브에서 최금옥 권사님의 간증을 들을 수 있습니다.

　　하나님과 권사님은 고난 같아 보이는 일을 통하여 놀라운 일을 함께 행하셨습니다. 많은 사람이 돈을 벌기 위해, 자녀 교육을 위해 여러 고생을 합니다. 그러나 권사님께서는 하나님께서 사명으로 주신 일을 예배 드리며 최선을 다했을 때 돈과 교육 모두를 책임져 주신다는 증인이 되셨습니다.[48]

　　최 권사님은 남편의 소천 후 책을 쓰라는 감동을 받았고, 그 이후에 간증으로 고난 속에 있는 성도들을 세우는 일을 하고 있습니다. 70세인 최 권사님은 현재 건강하지만 죽음을 미리 준비하고 삶을 완성할 필요를 느꼈습니다. 정리할 것 중 하나가 자신의 육체였습니다. 그리고 기도 중에 캘리포니아 주립대 얼바인의 의과대학 병원 UCI에 신체 기증을 하기로 하였습니다.

　　권사님은 시체 기증 신청서를 작성한 후에 자녀들의 동의서도 받았습니다. 서류를 발송하기 전에 빈 무덤이 될 예정인 부부 합장묘지를 방문했습니다. 그리고 서류를 남편 묘의 동판 위에 올려 놓고 남편에게 육신은 이곳에 못 오지만 더 아름다운 모습으로 천국에서 만나자고 말했습니다. 또한 그 빈 무덤이 자녀들에게 물질과 육체를 초월하는 천국에 대한 강력한 메시지가 되기를 기도했습니다. 천사가 육신 없이 하나님 사랑의 일을 도모하는 존재라면 권사님께서는 지난 13년간 몸을 움직이지 못하는 남편에게 천사가 되어 주셨고, 이제 앞으로 건강한 장기로 살아날 사람들을 위하여 천사가 되실 것입니다.

　　한국에서도 대학병원 등에 시신 기증을 할 수 있습니다. 인터넷에 시신 기증을 검색하여 각 병원이 요청하는 서류와 사망 후 절차를 확인하십시오. 병원마다 장례 절차와 시신 인도와 비용 지원 등 제공하는 편의 사항이 다릅니다. 한국장기조직기증원*도 다양한 가족 지원 서비스를 통하여 기증자의 사진 액자 만들어 주기, 장례 절차 돕기, 복지 상담 등을 도우면서 누군가의 마지막이 누군가의 새 출발이 되도록 돕고 있습니다.

* https://www.koda1458.kr/

15장. **장례 매뉴얼**

여기에서는 죽음을 앞두고 장례 예식을 어떻게 의미 있게
할 수 있는지를 살필 것입니다.

멘토: 믿음의 사람들은 장례식 때 울어야 할까요? 아니면 천국을 가시니 기뻐해야 할까요?

애도는 죽음에 대하여 함께 슬퍼하며 동정심을 표현하는 것입니다. 성경에서도 많은 죽음과 애도가 있습니다. 가장 궁금한 것은 예수님의 애도입니다. 성경에서 예수님은 세 번 애도하시며 우셨습니다.

1. 요한복음 11장: 죽은 나사로로 인하여 우는 가족들에 대한 눈물
2. 누가복음 19장: 앞으로 예루살렘 성이 멸망당하며 죽을 사람들에 대한 눈물
3. 히브리서 5장: 십자가에서 죽임당할 자신과 죽이는 참혹한 인간들에 대한 눈물

예수님께서 세 번을 우셨는데 모두 죽음과 관련된다는 것은 이만큼 죽음이 강력한 울음거리, 애도거리라는 것입니다. 예수님의 애도를 통하여 배울 것이 있습니다.

1. 나사로의 가족을 위하여 한 것처럼 슬플 때는 함께 울어야 합니다.
2. 십자가 죽음을 앞 둔 상황에서 단순히 울기만 한 것이 아니고 기도하고 응답을 받았습니다
   (심한 통곡과 눈물로 간구와 소원을 올렸고 말미암아 들으심을 얻었느니라). | 히브리서 5:17
3. 예루살렘 성의 멸망에 관하여도 미리 경고하고 대비하도록 하십니다. | 누가복음 19장

그런데 이러한 울음과 슬픔과 애도가 십자가 부활 이후 바뀝니다.

천사들이 이르되 여자여 어찌하여 우느냐
예수께서 이르시되 여자여 어찌하여 울며 누구를 찾느냐 | 요한복음 20:13, 15

예수님의 시체가 없어졌다고 생각하고 하염없이 우는 막달라 마리아에게 부활하신 후 천사와 예수님께서 울지 말라고 하십니다. 우리가 애도에 대하여 적용할 점은 다음과 같습니다.

1. 죽음의 진실을 알면 안 울어도 됩니다. 이유는 성도의 죽음은 천국 본향으로의 귀국, 부활을 위한 해외 여행입니다. 눈물이 없는 곳에 여행 가는 사람을 앞두고 우는 것은 어색합니다.
   모든 눈물을 그 눈에서 닦아주시니 다시는 사망이 없고 애통하는 것이나 곡하는 것이나 아픈 것이 다시 있지 아니하리니 처음 것들이 다 지나갔음이러라. | 요한계시록 21:4

2. 그러나 비성도의 죽음에 대하여는 진정으로 애도해야 합니다. 이유는 그들이 천국이 아닌 곳에서 영원히 고생할 것이기 때문입니다.
   임금이 사환들에게 말하되 그 손발을 묶어 바깥 어두운 데에 내던지라 거기서 슬피 울며 이를 갈게 되리라 하니라. | 마태복음 22:13

결론적으로 주님의 관점과 상을 당한 가족의 관점에서 판단하되 우는 자와 함께 울고 웃는 자와 함께 웃어야 할 것입니다. 그러나 천국의 복음을 가진 가족이라면 다시 못 볼 것처럼 우는 것보다는 고인께서 부탁한 것들을 완성해 드리기 위한 다짐의 표정이면 좋다고 봅니다.

멘토: 다음은 죽음의 의미를 심도 있게 생각하며 장례 혁명을 꿈꾸는 사람의 이야기입니다.

죽음은 하나님께서 성도를 천국으로 부르시는 방법이고,
장례는 그 하나님의 뜻에 순종하여 떠난 이의 삶을 기념하고
떠난 이가 남긴 비전 실현을 다짐하며 재회를 다짐하는 의식입니다.

한국 가정사역의 개척자 송길원 목사는 오늘날의 장례식 문화는 수정되어야 할 부분이 너무 많다고 이야기합니다. 그는 죽음은 죽은 자가 산 자에게 주는 최고의 선물이라고 봅니다. 죽음을 통하여 이 땅과 영적인 세계인 천국을 연결하여 줄 수 있기 때문입니다. 이전에는 성도가 소천하면 교회가 그 죽음을 존엄하게 보고 사역자들이 염도 해드리고 교회장으로 치르므로 유족들이 교회에서 영적 체험을 했지만 지금은 장례식장에서 돈으로 산 프로그램으로 대치된 것을 안타깝게 생각하며 회복해야 한다는 것입니다.

그는 2020년에 『죽음이 배꼽을 잡다』와 2021년에 『죽음의 탄생: 장례 혁명을 꿈꾸다』 라는 책을 출판했습니다. 그리고 4월1일을 유언의 날로 제정할 것을 청원했습니다. 그는 "죽음에 대한 유쾌한 반란"을 꿈꾸는 메멘토 모리 스쿨을 운영하여 진정한 "해피엔딩으로의 초대"를 하고 있습니다. 여기에서는 맞이하는 죽음, 존엄한 마무리, 끝(END)으로서가 아닌 연결(AND)로서의 ANDING STORY 쓰기, 그리고 관과 무덤 대신 나무를 키우는 수목장에 대한 안내 등을 해줍니다.[49] 다음은 청란교회 웹사이트에서 소개하는 내용입니다. 청란교회는 차원이 다른 장례를 성도들에게 제공하면서 죽음과 장례에 대한 새로운 이해를 제시하십니다.

"'장례는 그 집안의 마지막 얼굴'이라는 말이 있다. 청란교회는 성경적이고 아름다운 장례 문화와 장례 절차를 다음과 같이 제정한다."

중심 성구

"성도의 죽는 것을 여호와께서 귀중히 보시는도다." (시 116:15)
"의인은 그 '죽음' 에도 소망이 있느니라." (잠 14:32)

장례 문화

1. 천국의 소망을 가진 청란인은 고품격 장례 문화를 통해 참된 하늘의 위로와 천국 잔치를 미리 맛보며 경험한다.

2. 일제시대의 잔재, 유불교의 허례허식, 반 기독교적 요소들에서 벗어나 기독교 장례 문화를 만들어낸다.

3. 청란인들은 '죽음도 실력이다' 는 믿음을 따라 평소 유언의 날(4월 1일) 지키기, '해피엔딩 스쿨' 등으로 죽음 지수를 높여 행복 인생을 가꾸며 산다.

4. 죽음이 가까왔을 때, '내 생애 마지막 세족식' 으로 온 가족이 유훈과 함께 축복의 시간을 갖는다.

5. 청란인들은 집안에 장례가 났을 때 가장 먼저 교회에 알리고 장례위원회의 지도를 따른다.

6. 허겁지겁 치르는 장례가 아닌, 준비된 장례를 치른다. 유족들은 임종 후 첫 하루를 가족끼리 충분한 애도와 치유의 시간을 가진다.

7. 청란인들은 병원 장례보다는 '교회에서의 가족장'을 우선한다. 교회는 시신 안치실을 준비하는 등으로 최대한 지원한다.

8. 장례예배는 '천국환송예배'로 드리며 장소는 교회 본당과 부속시설 (카페, 게스트 룸, 아너스 클럽 로비, 어닝 광장, 청란교회 등)을 사용한다.

9. 가족 중 신앙을 갖지 못하거나 타 종교를 가진 자를 배려하며 신앙의 본으로 가족 간의 평화를 지키는 일에 지혜를 구한다.

10. 염습은 병원 또는 장례 전문 업체를 통해 하며 수의는 죄수복인 삼베옷 대신 고인이 즐겨 입었던 평상복이나 가장 아름다운 옷으로 입힌다.

11. 입관 또는 뷰잉(Viewing)은 고인을 마지막으로 대면하는 시간으로 가족 친지와 지인들을 중심으로 한다.

12. 입관이 끝나면 유족들의 심리적 충격을 최소화하기 위하여 장례위원회가 화장 절차를 책임지며 유골함을 유가족에게 건넨다.

13. 장례식장에 화환과 꽃 장식은 배제하며 성경 구절이 담긴 '메시지 병풍'으로 격을 갖춘다. 고인의 영정사진 외에 준비된 이젤 위에 고인의 추억의 사진을 전시하여 고인의 삶을 빛나게 한다.

14. 헌화는 일본 황실을 상징하는 흰 국화꽃이 아닌, 고인이 좋아했던 꽃과 고인의 추억이 담긴 꽃으로 한다.

15. 조문객에 대한 접대는 식사 대신 간단한 차와 다과로 한다.

16. 장례예배는 장엄하면서 밝은 분위기로 이끌며 가족(자녀)들의 고인을 기억하는 추모사가 있어야 한다.

17. 안치식은 기도한 후 허토와 함께 와비(臥碑)를 놓는 것으로 마무리한다.

18. 유가족들은 교회가 마련한 애도 프로그램을 통해 마음을 치유하고 회복하는 충분한 시간을 갖는다.[50]

이 시대 기독교 가정 문화 사역의 거장 송길원 목사님과 그의 엔딩플레너 사역에 대하여 살펴보았습니다. 모쪼록 개인, 가정, 교회가 죽음을 주님께서 산 자와 죽는 자에게 함께 주시는 축복된 것으로 인식하고 허례허식이 아닌 참된 의미를 되살리며 삶을 끝(END)이 아닌 연결점(AND)으로 보며 완성해 나가기를 축복합니다.

멘토: 가족의 상을 준비하기 위하여 다음을 잘 알고 대비하면 좋을 것입니다.

한국_사망 당일

한국 자택에서 분명한 노환으로 사망한 경우 장례식장에 연락하여 빈소를 예약하면 장례식장에서 담당자들이 장례차에 시신을 병원으로 옮겨 검안하고 사망진단서를 발급받아 줍니다. 교회에서 이런 일을 대행해 준다면 교회를 통하여 하고 영적 행사로 진행합니다. 그렇지 않은 일반적인 경우에는 다음과 같은 장례 절차를 밟게 됩니다.

1. 교회나 장례식장에 연락 (위로 예배@장례식장)
2. 의사가 사망진단서(시체검안서) 발급
3. 장례식장 안치실에 고인 안치
4. 빈소 선택 및 빈소 설치, 영정사진 등을 준비
5. 장례용품 선택: 수의, 제단 꾸미기, 헌화용품, 관, 기타
6. 부고: 직계가족이 서로 협의하여 전화, 문자, SNS 등을 이용

2일 차-입관과 문상 (입관예배)

1. 염습: 고인을 청결하게 씻거나 소독하여 수의를 입히는 것으로 입관 전에 행하는 절차 (장례지도사)
2. 입관: 고인을 관에 모심
3. 문상객 접객

3일차-장례 (하관예배)

1. 장례물품 및 장례식장 이용료 정산
2. 발인 또는 영결식: 영구가 집 또는 병원의 장례식장을 떠나는 절차
3. 운구: 영구를 장지(화장시설)까지 영구차나 상여로 운반하는 절차
4. 화장의 경우: 정해진 예약 화장터로 이동하여 접수대에 사망진단서 및 관계 증명을 위한 신분증 제출을 하면 정해진 화장방으로 관을 이동하여 대기한 후 화장에 들어 가고 후에 납골함에 모심
5. 납골함을 모시고 정해진 납골당 등으로 이동하여 납골당 담당자의 안내에 따라 납골을 모심

장례 후

장례에 참석해 준 문상객들에게 일일이 전화와 방문으로 감사 표시하기

임종예배: 임종을 앞두고 드리는 예배

사망 후

1. 자택에서 분명한 노환으로 사망한 경우_911에 전화하여 경찰이 사망 경위 확인, 20일 이내에 노환 관련으로 의사 진찰을 받았다면 장례 업체에 연락할 수 있음

2. 호스피스 서비스를 받는 경우_호스피스에 연락, 호스피스와 간호사가 장례식장으로 연결해줌

3. 기타 사고사, 자살의 경우_911전화, 검시관(Coroners)에게 검시(Autopsy)를 받은 후 장례 업체에 연락

4. 사망진단서(Death Certificate)는 10장 정도 발급받아 놓을 것

5. 장기 기증(Organ donation)이나 시신 기증의 경우 관련 기관에 연락

6. 장례식장(Funeral Home)에 연락하고 장례사(Funeral Director)와 상의하기
   A. 관(Casket) 선택
   B. 수의 선택
   C. 방부처리(Embalming) 선택
   D. 뷰잉(Viewing) 예배 시간 선택

7. 교회 목사님과 장례 일정 상의
   A. 천국환송예배_시간, 설교자, 기도자, 특송자 선정
   B. 가족 조사 선정

8. 장지 선택(Cemetery) 선택
   A. 장지 구입
   B. 매장(burial) 혹은 화장(cremation) 선택
   C. 석관(Vault) 구입
   D. 비석 혹은 동판(Marker) 구입

9. 부고 알리기
   *시신을 집에 그대로 방치해 두거나 시신에 손을 대는 것은 위법임
   *한국으로 시신을 운송하는 경우_ 주 한국대사관이나 영사관의 사전 허가가 필요함
     항공사 법규상 완전 밀봉이 되는 철제관, 방부처리 및 기타 서류가 필요함

2일 차

▪ 고별예배 예배 후 Viewing을 합니다.

3일차-장례

▪ 발인예배 고별예배 다음 날 장지로 출발하기 전에 장례식장에서 드리는 예배입니다.
  (편에 따라 발인예배를 생략하고 장지에서 하관예배를 드리기도 합니다.)

▪ 하관예배(매장)
장지에서 드려지며 매장 전 천국에 대한 믿음을 확인하고, 고인의 영혼을 하나님께 의탁하기 위한 예배입니다. 관에 흙을 덮기 전 유가족과 조문객들이 꽃을 드립니다.

멘토: 당신이 장례를 미리 정하여 자녀들에게 알려주어 장례를 의미 있게 할 수 있는 의향서입니다.

나에게 사망진단이 내려진 후 장례를 치를 때 여러 장례의식과 절차가 내 뜻대로 치러지기를 원해 이 사전장례의향서를 작성한다. 나를 위한 여러 장례의식과 절차는 다음에 표시한대로 해 주기 바란다.

1. 부고(이하 다음 중 택일)

☐ 나의 죽음을 널리 알려 주기 바란다.
☐ 나의 죽음을 알려야 할 사람에게 알리되 꼭 초대할 사람은 다음과 같다.
　☐ 가족과 친척:
　☐ 친구:
　☐ 교우:
　☐ 지인:
　☐ 기타:
☐ 나의 죽음을 장례식을 치르고 난 후에 알려 주기 바란다.

2. 장례식 (장례식장:＿＿＿＿＿＿＿＿＿＿)

☐ 우리나라 장례 문화를 바르게 이해하고 전통문화를 계승하는 차원에서 해주기 바란다.
☐ 나의 장례는 가급적 간소하게 치르기 바란다.
☐ 나의 장례는 가족과 친지들만 모여서 치르기 바란다.

3. 장례 형식

☐ 전통 기독교식 ＿＿ 약식 기독교식

4. 부의금 및 조화

☐ 관례에 따라 하기 바란다.
☐ 관례에 따라 받되 ＿＿＿＿＿＿＿＿＿＿＿ 에 기부하기 바란다.
☐ 일체 받지 않기를 바란다.

5. 음식 대접

☐ 음식 등을 잘 대접해 주기 바란다. (식당 ＿＿＿＿＿＿＿＿＿)
☐ 간단한 다과를 정성스럽게 대접해 주기 바란다.

6. 염습(미국은 안함)

☐ 정해진 절차에 따라 해 주기 바란다.
☐ 하지 말기 바란다.

7. 수의

☐ 사회적인 위상에 맞는 전통 수의를 입혀 주기 바란다.
☐ 검소한 전통 수의를 선택해 주기 바란다.
☐ 내가 평소에 좋아하던 옷으로 대신해 주기 바란다. 옷 _____

8. 관

☐ 사회적인 위상에 맞는 관을 선택해 주기 바란다.
☐ 소박한 관을 선택해 주기 바란다.
☐ 친환경적인 종이 관을 선택해 주기 바란다.

9. 시신 처리

☐ 화장
☐ 봉안장 __ 수목장 __ 수장 __ 기 타
☐ 매장
☐ 선산(先山)에 묻어주기 바란다.
☐ 공원묘지 (장소:_____ 연락처:_____)
☐ 기타
☐ 약정한대로 의학적 연구 및 활용 목적으로 기증해주기 바란다.
☐ 기증 지정 병원:_____ 연락처:_____

10. 삼우제와 사구제 (미국은 안함)

☐ 격식에 맞추어 모두 해 주기 바란다.
☐ 가족끼리 예배/추모하기 바란다.
☐ 하지 말기 바란다.

11. 영정사진:

준비할 일시 _____ 보관된 위치 _____

12. 제단 장식(미국은 안함)

☐ 사회적인 위상에 맞게 선택해 주기 바란다.
☐ 소박하게 선택해 주기 바란다.
☐ 내가 평소에 좋아하는 꽃으로 간소하게 해주기 바란다.
　　원하는 꽃들:_____

13. 예배와 배경 음악(예배는 다음 장 참고하기)

☐ 관례에 따라
☐ 평소 내가 좋아하던 음악/찬송가

멘토: 아래에 당신의 천국 귀국 환송 예배 순서지 자료를 만들어 보십시오.
언젠가 당신 차례가 온다는 사실을 직면하고 나머지 삶을 완성하십시오.

故 _____ 직분_____

사진

사용할 사진-보관 장소:

[약력]

19 년 월 일 출생

20 년 월 일 소천 (세)

학교

직업

직위

교회 직분

설교자: _____

기도자: _____

조사자: _____

안내자: _____

특송자: _____

자: _____ 자부: _____
자: _____ 자부: _____
자: _____ 자부: _____
자: _____ 자부: _____
자: _____ 자부: _____
자: _____ 자부: _____
손자: _____ 손자부: _____
손자: _____ 손자부: _____
손자: _____ 손자부: _____
손자: _____ 손자부: _____
손자: _____ 손자부: _____
손자: _____ 손자부: _____
손자: _____ 손자부: _____
손자: _____ 손자부: _____
손자: _____ 손자부: _____
손자: _____ 손자부: _____

장지: _____

식당: _____

멘토: 아래에 장례식 때 주로 사용하는 찬양과 성경 본문이 샘플로 제시되어 있습니다. 장례식을 단순히 치르는 것이 아닌 여러분께서 주님과 가족과 주변에 감사도 드리고, 마지막으로 축복하는 장소와 시간으로 삼아 보십시오.

예를, 들어 찬양을 장례식곡이 아니라 하나님께 감사드리는 찬양, 가족들에게 들려주는 찬양, 안 믿는 이들에게 전하는 찬양 등으로 선곡하시고 사회자에게 어떤 뜻으로 선곡했는지 전하라 할 수도 있습니다. 혹은 당신의 임종 전에 인생을 돌아보니 결국 중요한 것은 천국에 가는 것이고 그 것을 위하여 어찌해야 할 것인지를 짧은 동영상을 남겨 장례식에서 보여 준다면 전혀 다른 개념의 예식이 될 것입니다. 당신의 죽음을 통해 누군가가 영으로 태어날 것입니다. 그런 것을 염두에 두고 아래 빈 칸을 채워보십시오.

샘플 찬양

480장 천국에서 만나보자

494장 만세 반석 열리니

493장 하늘 가는 밝은 길이

607장 내 본향 가는 길

606장 해보다 더 밝은 저 천국

원하는 찬양

_____

_____

_____

_____

_____

샘플 성경 본문

나는 선한 싸움을 싸우고 나의 달려갈 길을 마치고 믿음을 지켰으니
이제 후로는 나를 위하여 의의 면류관이 예비되었으므로 주 곧 의로우신 재판장이 그 날에 내게 주실 것이며 내게만 아니라 주의 나타나심을 사모하는 모든 자에게도니라. | 디모데후서 4:7-8

예수께서 이르시되 나는 부활이요 생명이니 나를 믿는 자는 죽어도 살겠고
무릇 살아서 나를 믿는 자는 영원히 죽지 아니하리니 이것을 네가 믿느냐
이르되 주여 그러하외다 주는 그리스도시요 세상에 오시는 하나님의 아들이신 줄 내가 믿나이다.
| 요한복음 11: 25-27

원하는 성경 본문 장절

_____

_____

_____

_____

_____

기타 특수 순서

_____

_____

_____

_____

사별 대처법_작별하기

멘토: 배우자의 사별은 인간이 겪을 수 있는 최고의 고통 중 하나입니다. 자신의 죽음보다 더 힘들 수 있는 사별, 언젠가는 올 것이기에 소셜워커 켄 브레니만(Ken Breniman)이 소개하는 방법과 당신이 알고 있는 영적인 방법으로 대처한다면 고통이 두 배로 줄고 효과는 2배로 높일 수 있을 것입니다.[51] 다음 글을 통해서 사별 배우자와 작별 인사하기와 자신을 돌보는 것에 대하여 살펴보겠습니다.

"배우자를 잃는 것은 사람이 겪을 수 있는 가장 고통스러운 경험 중 하나입니다. 아무 느낌 없이 멍한 상태거나 쇼크 상태이고 세상이 멈춰버린 것만 같습니다. 사랑하는 사람을 잃으면 삶이 송두리째 바뀝니다. 사랑하는 사람인 동시에 가장 좋은 친구를 잃은 경우에는 더욱 그렇습니다. 그 상실감과 충격 때문에 아주 사소한 결정도 내리기 어렵습니다. 시간이 지나면 상처가 낫듯, 정신적인 고통도 결국에는 치유됩니다. 흉터가 남지 않는다는 것은 아니지만 어쨌거나 살아가게 됩니다. 많은 사람들이 배우자와 사별하고도 시간이 지나면 여전히 충만하고 활기차고 의미 있는 삶을 살아갑니다. 여러분도 그렇게 할 수 있습니다."

1. 거쳐야 하는 이별의 단계가 있음을 이해하기. 모든 사람이 이별의 단계를 거치는 것은 아니고 사람마다 거치는 순서도 다르지만 대개 부정, 분노, 원망, 갈망, 고뇌, 슬픔을 겪다가 결국 죽음을 수용하게 됩니다. 이 순서대로 이별의 단계를 거치는 대신, 애도 기간 동안 이별의 단계를 반복해서 겪기도 합니다.

◆마음껏 고인을 애도하면서 이별의 단계를 거치십시오. 자신의 감정을 숨기지 마십시오.

2. 고인이 사망 전 명확하게 남긴 유언을 실행하기. 사전에 사별 후 어떻게 할 것인지 편안한 시간에 대화를 충분히 나누었다면 좋았겠지만 고인이 갑자기 사망해서 마지막 유언을 남기지 않았다면 고인을 기릴 아이디어를 생각하는 것이 좋습니다. 그러면 마음의 평화가 찾아오고 새로운 삶을 시작하는 데 있어 정신적인 부담을 덜게 됩니다. 반복해서 고인을 기려도 좋고 한 번만 고인을 기린 다음, 최선을 다해 슬픔을 딛고 일어서도 좋습니다. 고인을 기릴 수 있는 방법은 다음과 같습니다.

◆고인을 기념할 수 있는 촛불을 밝혀보십시오
◆고인의 무덤에 헌화하고 대화를 해 보십시오. 마음 속에 있는 말을 털어놓으십시오.
◆고인의 좋은 점을 기억하며 함께 즐겼던 일을 해보십시오.

3. 다시 정상적인 생활로 돌아오려면 시간이 걸린다는 사실을 이해하기. 사랑하는 사람을 잃은 고통은 그냥 사라지지 않고 저절로 치유되지도 않습니다. 이별의 단계를 거치고 있는 자신에게 관대해져야 합니다. 죽음, 고인, 자기 자신, 두 사람의 관계에서 좋았던 점과 나빴던 점 등 관련된 모든 문제를 받아들일 수 있을 때까지 애도 기간을 가지십시오.

4. 애도와 우울증의 차이 이해하기. 애도와 우울증은 상당히 비슷해 보여도 아주 다릅니다. 애도가 우울증으로 발전하면 치료사의 도움을 구할 수 있도록 이 둘의 차이점을 알아두어야 합니다.

- ◆ 건강한 애도의 증상으로 슬픔, 절망감, 애통함을 느낍니다. 피로하거나 기운이 없고 눈물이 나고 식욕이 없으며 잠을 잘 못 자고 집중력이 떨어집니다. 행복한 추억, 슬픈 추억이 떠오르고 가벼운 죄책감을 느낍니다.
- ◆ 병적 우울증의 증상도 애도와 비슷한 증상을 보입니다. 하지만 차이는 자신이 하잘것없게 느껴집니다. 공허감, 무력감, 심한 죄책감, 자살 충동을 느끼고 즐거운 일에 흥미를 잃습니다. 그리고 심한 피로감을 느끼고 체중이 크게 감소합니다.
- ◆ 고인에 대한 좋은 추억이 기분을 나아지게 하는지 살펴보십시오. 건강한 애도는 고인에 대한 좋은 추억을 떠올리면 마음이 편해지거나 즐거워집니다. 하지만 고인에 대한 좋은 추억도 공허함과 상실감을 누그러뜨릴 수 없다면 우울증의 징조일 수 있습니다.

5. 고인을 제대로 애도하지 않는다고 말하는 사람들 무시하기. 중요한 것은 애도하는 마음입니다. 배우자와의 사별은 당사자들이 알아서 할 문제입니다. 얼마나 애도 기간을 가져야 적절한지에 대해 정답은 없습니다.

- ◆ 고인을 제대로 애도하지 않는다고 말하는 사람을 만나면 걱정해줘서 고맙다고 하고 사람마다 애도하는 방식이 다르다고 말해줍니다.
- ◆ 배우자의 죽음을 너무 빨리 극복한다느니, 너무 극복이 늦고 슬픔에 빠져 있다느니 하는 말을 듣기도 합니다. 이런 말을 들으면 배우자를 잃은 충격을 털고 일어나기를 바라는 마음에서 좋은 의도로 한 말이라고 이해하십시오. 언제 털고 일어날지 결정하는 것은 자신에게 달려있습니다.

6. 선택의 여지가 있음을 깨닫기. 배우자의 죽음을 극복하기 위해서는 울고 고뇌하는 시간이 필요합니다. 그러다 보면 새 삶을 시작하기 위해 적극적으로 슬픔을 극복하려는 시기가 옵니다. 배우자를 잃은 것은 선택의 여지가 없었지만 여기에 대처하고 극복하는 방식은 선택할 수 있습니다.

- ◆ 아무리 애써도 배우자와 사별하면 커다란 변화를 맞이하게 됩니다. 배우자의 죽음을 애도하는 중에는 곧바로 다른 커다란 변화를 만들지 않는 것이 좋습니다.

7. 고인을 잊을까 봐 걱정하지 않기. 마지막까지 함께할 정도로 사랑했던 사람입니다. 절대 잊어버릴 리 없습니다. 고인에 대한 추억을 마음 속에 항상 간직하고 있다가 원할 때마다 떠올릴 수 있다는 것을 알면 위안이 됩니다. 바쁘게 살면 배우자를 잃은 슬픔을 극복하는 데 도움이 됩니다.

- ◆ 바쁘게 산다고 해서 고인을 잊거나 무시하는 것이 아닙니다. 자신의 삶에 관심과 노력을 기울여야 합니다. 바쁘게 사는 것이 정상이며 이는 고인을 잊어간다는 신호가 아닙니다.

멘토: 사별 후 중요한 일 중 하나는 자신을 보살피는 것입니다. 소셜워커 켄 브레니만의 방법을 계속 살펴봅니다.

1. 애완동물 입양하기. 연구에 따르면 애완동물을 기르면 행복도가 높아지고 외로움이 덜해지며 애완동물을 키우지 않는 사람들에 비해 생각에 덜 사로잡힌다고 합니다. 애완동물에게 많은 정성을 쏟을 여력이 없다면 고양이 키우는 것을 고려해보십시오. 고양이는 좋은 동반자입니다. 깔끔하고 산책을 시킬 필요가 없습니다. 고양이는 사랑과 애정을 줍니다. 보살펴주고 마음을 붙일 존재가 되어줍니다. 집에 돌아오면 인사를 하고 TV를 보는 동안 무릎에 누워있습니다. 고양이를 좋아하지 않는다면 개를 키우거나 행복감과 자신의 가치를 느끼게 해주는 다른 동물을 키워보십시오.

- 애완동물은 고인을 대신하지 않고 그럴 수도 없습니다. 하지만 애완동물은 사람을 웃게 만들고 외로움을 달래기 위해 말을 걸면 귀기울여 줍니다.

2. 준비가 되거나 여력이 있으면 자원봉사하기. 시간을 내서 취지에 깊이 공감하는 단체에서 자원봉사를 합니다. 남을 돕는 것은 자신에게 좋은 영향을 줍니다. 실제로 연구에 따르면 남을 도와주면 더 행복해진다고 합니다.

- 서두르지 마십시오. 처음에는 일주일에 한 번, 1시간 정도 자원봉사를 해보고 자신과 잘 맞는지 살펴보십시오. 그 다음에 준비가 되면 시간을 늘리십시오.

3. 슬픔을 불러일으키는 상황을 사전에 차단하기. 고인의 생일이나 명절이 다가오면 깊은 슬픔에 빠지게 됩니다. 고인과 관련된 특정 장소, 냄새, 소리도 슬픔을 불러일으킬 수 있습니다. 지극히 정상적인 반응이기는 하지만 이런 정신적인 고통을 완화할 수 있는 몇 가지 방법이 있습니다.

- 특정 마트에서 고인과 함께 식료품을 사곤 했다면 슬픔에 압도당하지 않도록 다른 마트로 가십시오.
- 차를 타고 고인이 좋아했던 디저트 가게를 지나칠 때마다 정신적인 고통이 밀려든다면 경로를 바꾸십시오. 경로를 바꿀 수 없다면 디저트 가게를 지날 때 슬퍼할 일정 시간을 마련합니다. 예를 들면, 차 안에서 마음껏 슬픔을 표출할 수 있게 평소보다 몇 분 일찍 출발합니다.
- 경험하기 전까지는 어떤 상황이 슬픔을 불러일으킬지 모릅니다. 일단 슬픔을 불러일으키는 상황과 마주했다면 다음 번에 이를 대처할 수 있는 계획을 세워 기록해 보십시오.

4. 정신 건강 챙기기. 슬픔은 몸을 죽나게 합니다. 이를 방지하고 우울증에 걸리는 것을 피하려면 규칙적으로 운동하고 건강에 좋은 음식을 먹고 물을 많이 마시며 처방약을 복용합니다. 또 다음날 아침에 가뿐하고 상쾌하게 일어나기 위해 밤에 잠을 충분히 주무십시오.

- 매일 30분 동안 유산소 운동을 하는 것을 목표로 삼습니다.

- 살코기, 견과류, 도정하지 않은 곡물, 과일, 채소 등으로 구성된 균형 잡힌 식사를 합니다. 지방이나 설탕을 너무 많이 섭취하지 않도록 합니다.
- 하루에 마셔야 할 물의 양은 여러 요인에 따라 달라지지만 하루에 물을 8잔씩 마시는 것을 목표로 합니다. 설령 목표에 다소 못 미치더라도 자책하지 않습니다. 꼭 8잔씩 마셔야 하는 건 아닙니다.
- 아침에 가뿐하게 일어날 수 있도록 매일 7-8시간 자는 것을 목표로 삼고 필요에 따라 조정합니다.

5. 술이나 약물 사용하지 않기. 슬픔을 이기기 위해 술이나 약의 힘을 빌리고 싶은 마음이 간절하겠지만 그렇게 하면 이후 더 불안하고 우울해집니다. 일부 약물을 제외한 대부분의 약물과 마찬가지로 술을 마시면 우울증 증상과 불안 증상이 나타날 수 있습니다.

- 알코올을 남용하지 않도록 특히 주의해야 합니다. 특히 남성은 여성에 비해 상실감을 술로 달랠 확률이 더 높습니다.

6. 지역사회 일에 활발하게 참여하기. 사랑하는 사람의 죽음을 극복하는 한 가지 방법은 다른 사람들과 가까워지는 것입니다. 지역사회 일에 활발하게 참여하는 것도 사람들과 친해질 수 있는 방법입니다. 실제로 연구에 따르면 다른 사람을 도와주면 스트레스가 해소되고 사회적 친화력이 향상된다고 합니다.

- 지역사회 일에 참여하려면 인근에 붙어 있는 전단지를 살펴보거나 이웃에게 물어보거나 인터넷에서 홍보하는 행사 중에서 검색해보십시오.

7. 치료사나 상담사와 상담하기. 가급적이면 사별 전문 치료사나 상담사를 찾습니다. 노련한 치료사나 상담사는 슬픔을 극복하고 현재 느끼는 감정을 잘 처리할 수 있게 도와줍니다.

8. 지원 단체에 가입하기. 같은 경험을 한 사람들과 이야기를 나누면 위안을 얻을 수 있을 것입니다. 이들은 오직 사랑하는 사람을 잃어본 경험에서 우러나올 수 있는 관점을 제시해 줄 것입니다.

- 인터넷, 상담사, 치료사, 지역 신문을 통해 지원 단체를 찾을 수 있습니다.

9. 항상 꿈꿔왔던 일 하기. 충분한 시간이 지나서 슬픔이 가신 다음, 다시 인생의 재미를 느낄 수 있는 커다란 변화를 모색합니다. '이제 꿈꿔왔던 일을 실천에 옮길 차례다' 라 생각하며 하고 싶은 일을 합니다. 화가, 비행기 조종사, 스쿠버 다이버가 되어 보는 것입니다. 열기구를 타는 것도 괜찮습니다.

- 무엇보다도 행복감과 성취감을 느낄 수 있게 노력합니다. 꿈을 이루었으므로 삶의 공허함을 메울 수 있을 것입니다. 새로운 사람들을 만나다 보면 혼자서도 만족스럽고 재미있는 삶을 살 수 있다는 것을 깨닫게 될 것입니다.

- 혼자가 아님을 상기합니다.
- 사별 전문 상담사나 치료사를 찾거나 지원 단체에 가입합니다.
- 자살보다 더 좋은 방법이 있습니다. 자살만이 유일한 해결책이라고 생각할 정도로 고통스러운 문제에 대해 이야기를 나누는 것입니다. 몇 분 동안 고통스러운 문제를 털어놓으십시오.
- 이제 배우자가 없으므로 결혼한 친구들과 멀어질 수 있습니다. 슬픈 일이지만 있을 수 있는 일입니다. 새 친구를 사귀는 것을 고려합니다.
- 자녀, 손주 등 나이 어린 가족 구성원을 돌보는 것을 우선시하면 인생에서 진정으로 중요한 것에 초점을 맞추고 활기찬 삶을 위한 새로운 계획을 세우는 데 도움이 됩니다.
- 집에 들어서면 고인을 떠올리게 하는 기념품과 사진들을 정리합니다. 집안 분위기를 띄워줄 새로운 물건을 사서 차차 거기에 익숙해지도록 합니다.
- 사별을 다룬 책에서 긍정적인 글귀를 뽑아 포스터를 만들어 눈에 잘 띄는 곳에 두십시오.
- 친구들과 가족들은 혼자 남겨진 사람을 슬프게 만들지 않으려고 고인에 대한 이야기를 하는 것을 꺼릴 것입니다. 하지만 지인들에게 너무 고인이 존재하지 않았던 것처럼 하면 슬프고 화가 난다고 말해주십시오.

주의

- 자살은 문제 해결 방법이 절대로 아닙니다. 자살 충동이 느껴지면 즉시 자살예방 핫라인, 친구, 상담사에게 전화를 하십시오.

> 한국 자살예방핫라인: 1577-0199
> 한국 생명의 전화: 1588-9191
> LA생명의 전화 상담전화: (213)480-0691, (866)365-0691(영육구원)

멘토: 아래에 여러분의 사전 장례식을 계획하여 기록해 보십시오. 그런데 사전 장례식을 했으나 정작 소천 때에 가족끼리만 장례식을 치르는 것이 아쉽고 장례 예식이 주는 의미를 누리지 못할 수 있기에 사후 장례식을 추천합니다. 사전 장례식이라는 말이 어색하고 사전 장례식을 한 경우 사후 장례식을 안하는 경향이 있는데 사후 장례식도 매우 중요하다고 생각합니다. 그래서 사전 장례식이 아니라 나의 장례 리허설을 하는 개념으로 모임을 미리 가지는 것을 추천합니다.

방법은 다음과 같습니다. 먼저 이 책 『생명의 서』를 잘 완성하십시오. 그 후에 『생명의 서』에 기록된 지혜를 나누어 주고 싶은 자녀와 주변 사람들을 위해 필요한 만큼 책을 출판 인쇄하십시오. 이 부분은 이 책 뒤에 있는 출판사 연락처를 참고하시면 됩니다. 그 후에 자녀들과 함께 출판 기념회를 하시되 나의 장례식_리허설로 행하여 보십시오.

출판 기념회 겸 나의 장례 리허설 때 이 책 『생명의 서』 속에 담긴 삶을 돌아보고, 믿음과 비전의 지혜를 나누는 시간을 가지십시오. 참석자들에게 당신의 죽음과 천국에 관한 견해를 나누어 주신다면 매우 의미 있는 시간이 될 것입니다. 또한 장례식 리허설 차원에서 삶을 보여주는 동영상, 자녀들과 친구들의 조사를 미리 해볼 수도 있을 것입니다. 그것은 참으로 모두에게 죽음의 진면목을 직면하면서 메멘토 모리를 경험하게 할 것입니다. 그리고 진짜 장례식 때는 리허설을 해보았기에 더 충실한 자료를 만들어서 더 의미있게 할 수 있을 것입니다. 조사를 하는 사람들도 죽음, 천국, 전수받은 믿음, 비전, 지혜 등에 대하여 더 깊은 감동을 나눌 수 있고 장례식을 마지막 전도와 성장의 기회로 삼을 수 있습니다. 아래에 간단하게 그것에 대한 아이디어를 적어 보십시오.

언제:

어디서:

초대할 사람들:

진행 방법

16장. **유언과 묘비명_마지막 말의 의미**

여기에서는 최종적으로 성경적인 유언과 믿음의 사람들의 유언에
대하여 살필 것입니다.

멘토: 영어로 유언은 will 혹은 testament라고 부릅니다. Will은 뜻, 의지라는 기본 의미에 남기는 뜻, 미래를 위한 의지, 남은 자들을 향한 뜻으로 볼 수 있습니다. Testament는 증거, 증인, 언약, 유언, 유서를 뜻합니다. 구약 성경을 Old Testament로 신약 성경을 New Testament로 부르는 것은 구언약, 신언약 뿐 아니라 하나님과 믿음의 선조들의 증언과 증거, 유언서라는 의미도 있습니다. 먼저 성경의 인물들이 했던 유언을 살펴보면서 여러분의 유언을 생각해 보십시오.

야곱의 유언, 12자녀 중 유다에게 한 것

유다야
너는 네 형제의 찬송이 될지라 네 손이 네 원수의 목을 잡을 것이요 네 아버지의 아들들이 네 앞에 절하리로다. 야곱이 아들에게 명하기를 마치고 그 발을 침상에 모으고 숨을 거두니 그의 백성에게로 돌아갔더라. | 창세기 49:1-33

모세의 유언, 12 지파 중 유다 지파에게 한 것

하나님의 사람 모세가 죽기 전에 이스라엘 자손을 위하여 축복함이 이러하니라.
유다에 대한 축복은 이러하니라 일렀으되 여호와여 유다의 음성을 들으시고 그의 백성에게로 인도하시오며 그의 손으로 자기를 위하여 싸우게 하시고 주께서 도우사 그가 그 대적을 치게 하시기를 원하나이다. 이스라엘이여, 너는 행복한 사람이로다 여호와의 구원을 너 같이 얻은 백성이 누구냐 그는 너를 돕는 방패시요 네 영광의 칼이시로다 네 대적이 네게 복종하리니 네가 그들의 높은 곳을 밟으리로다. | 신명기 33:1, 7, 29

여호수아의 유언, 이스라엘 전체에게

만일 여호와를 섬기는 것이 너희에게 좋지 않게 보이거든 너희 조상들이 강 저쪽에서 섬기던 신들이든지 또는 너희가 거주하는 땅에 있는 아모리 족속의 신들이든지 너희가 섬길 자를 오늘 택하라 오직 나와 내 집은 여호와를 섬기겠노라 하니 | 여호수아서 24:15

다윗의 유언, 솔로몬에게

다윗이 죽을 날이 임박하매 그의 아들 솔로몬에게 명령하여 이르되
내가 이제 세상 모든 사람이 가는 길로 가게 되었노니 너는 힘써 대장부가 되고
네 하나님 여호와의 명령을 지켜 그 길로 행하여 그 법률과 계명과 율례와 증거를 모세의 율법에 기록된 대로 지키라 그리하면 네가 무엇을 하든지 어디로 가든지 형통할지라. | 열왕기상 2:1-3

멘토: 다음은 예수님께서 다양한 상황에서 우리에게 주신 유언들입니다.

십자가에서 죽으시면서 한 유언

아버지여, 저희를 사하여 주옵소서 자기의 하는 것을 알지 못함이니이다. | 누가복음 23:34

내가 진실로 네게 이르노니 오늘 네가 나와 함께 낙원에 있으리라. | 누가복음 23:43

여자여, 보소서 아들이니이다 보라 네 어머니라. | 요한복음 19:26-27

나의 하나님, 나의 하나님, 어찌하여 나를 버리셨나이까. | 마태복음 27:46

내가 목마르다. | 요한복음 19:28

다 이루었다. | 요한복음 19:30

아버지여, 내 영혼을 아버지 손에 부탁하나이다. | 누가복음 23:46

승천 전에 하신 유언

마태복음 예수께서 나아와 말씀하여 이르시되 하늘과 땅의 모든 권세를 내게 주셨으니 그러므로 너희는 가서 모든 민족을 제자로 삼아 아버지와 아들과 성령의 이름으로 세례를 베풀고 내가 너희에게 분부한 모든 것을 가르쳐 지키게 하라 볼지어다 내가 세상 끝날까지 너희와 항상 함께 있으리라 하시니라. | 마태복음 28:18-20

마가복음 또 이르시되 너희는 온 천하에 다니며 만민에게 복음을 전파하라 믿고 세례를 받는 사람은 구원을 얻을 것이요 믿지 않는 사람은 정죄를 받으리라 믿는 자들에게는 이런 표적이 따르리니 곧 그들이 내 이름으로 귀신을 쫓아내며 새 방언을 말하며 뱀을 집어올리며 무슨 독을 마실지라도 해를 받지 아니하며 병든 사람에게 손을 얹은즉 나으리라 하시더라. | 마가복음 16:15-18

누가복음 이르시되 이같이 그리스도가 고난을 받고 제삼일에 죽은 자 가운데서 살아날 것과 또 그의 이름으로 죄 사함을 받게 하는 회개가 예루살렘에서 시작하여 모든 족속에게 전파될 것이 기록되었으니 너희는 이 모든 일의 증인이라. 볼지어다 내가 내 아버지께서 약속하신 것을 너희에게 보내리니 너희는 위로부터 능력으로 입혀질 때까지 이 성에 머물라 하시니라 | 누가복음 24:46-49

재림을 약속하시면서 한 유언

요한계시록 보라 내가 속히 오리니 이 두루마리의 예언의 말씀을 지키는 자는 복이 있으리라 하더라 보라 내가 속히 오리니 내가 줄 상이 내게 있어 각 사람에게 그가 행한 대로 갚아 주리라 이것들을 증언하신 이가 이르시되 내가 진실로 속히 오리라 하시거늘, 아멘 주 예수여 오시옵소서. 주 예수의 은혜가 모든 자들에게 있을지어다 아멘 | 요한계시록 22:7, 12, 20, 21

멘토: 역사 속에 있었던 다양한 사람들의 다양한 유언들을 살펴봅니다. 이 유언을 했던 분들의 삶과 이런 유언을 남긴 심정을 살피면서 여러분이 남길 유언도 준비해 보십시오.

■ 얀 후스 1372- 1415, 체코 종교개혁가

오늘 당신들은 볼품없는 거위를 불에 태우지만, 100년의 시간이 흐른 후에는 당신들이 영원히 태워 없앨 수 없는 백조의 노래소리를 듣게 될 것이오!

■ 호레이쇼 넬슨 1758-1805, 영국 해군 제독

"신이시여, 감사합니다. 난 내 의무를 다 했습니다."

■ 마이클 패러데이1791 - 1867 영국 물리학자

나는 예수님 곁에 있을 겁니다. 그것으로 충분합니다 (I shall be with Christ, and that is enough).

■ 그레고어 멘델 1822 - 1884, 오스트리아 사제 유전학 창시자

내 평생 힘들 때도 많았지만 아름다운 일과 좋은 일이 더 많았다는 사실에 감사하다. 내가 이룬 과학적 업적에 만족한다. 틀림없이 전 세계가 곧 그 가치를 알게 될 것이다.

■ 어니스트 토마스 베델, 1872 - 1909 조선 선교사,
[대한매일신보], [데일리 코리안 뉴스] 발행인

내가 죽더라도 신문만은 살아서 조선 사람들을 구해야 한다.

■ 디트리히 본회퍼1906-1945, 독일 신학자, 반나치주의자

이로써 끝입니다. 하지만, 나에게는 삶의 시작입니다.

■ 패트릭 번 주교 1888-1950, 초대 주한 교황청 대사, 선교사

신앙을 위해 목숨을 바치는 것이 늘 내 소원이었지요, 좋으신 하느님께서 내게 이런 은총을 주셨어요.

■ 드와이트 D. 아이젠하워, 1890- 1969, 미 34대 대통령

전 항상 내 아내, 내 자식들, 내 손주들을 사랑했습니다. 그리고 전 항상 조국을 사랑했지요. 이제 떠나기를 원합니다. 전 준비가 됐습니다. 주여, 이끌어 주십시오.

■ 강종근 목사 1904-1942, 신사참배반대 순교자

여보, 나는 주님의 곁으로 갑니다. 절대로 나를 취조하고 감옥에 보냈던 일본 경찰들을 미워하지 말고 그들을 위해서 기도하세요. 주님의 길을 따를 수 있어서 기뻐요.[52]

■ 주기철 목사 1897-1944, 신사참배반대 순교자

첫째, 죽음의 권세를 이기게 하여 주옵소서.
둘째, 장기의 고난을 견디게 하여 주시옵소서.
셋째, 노모와 처자와 교우를 주님께 부탁합니다.
넷째, 의에 살고 의에 죽게 하여 주옵소서.
다섯째, 내 영혼을 주님께 부탁합니다.[53] (요약)

■ 한경직 목사 1903-2000, 영락교회 목사

첫째는 올바른 신앙 생활을 하여라.
둘째는 선한 청지기의 원리로 살아야 한다.
셋째는 하나님의 큰 계명, 첫째, 마음과 뜻과 정성과 생명을 다하여 하나님을 사랑하고 둘째, 이웃 사랑하기를 내 몸과 같이 사랑하라고 하였다.
넷째로는 우리는 어느 외국에 가서 살든지 우리 민족을 잊지 말고 나라를 잊지 않아야 한다.
다섯째로 신앙 생활에도 분명히 목표가 있어야 하는데 그것은 하나님께 영광을 돌리는 것이다.
마지막으로 한 가지 남기고 싶은 것은 "심은 대로 거둔다" 이 진리는 내가 지내보는 대로 꼭 그렇다.[54] (요약)

■ 박명수 목사 1915-2008, 청량리교회 목사

1. 칼뱅주의 신앙인 오직 성경, 오직 믿음, 오직 은혜, 오직 하나님께만 영광으로 살기를 바란다.
2. 형제간에 우애하고 세상에 빛이 되어 살기를 바란다.
3. 자자손손 바른 신앙으로 살아 구원의 복을 받기 바란다.
4. 나의 유산은 하나님의 것이니 하나님께 봉헌하였으니 중심으로 박수하기 바란다.
5. 나의 시신은 남을 위하여 연세대학교 의과대학에 기증하기 바란다.
6. 항상 기뻐하고 범사에 감사하고 쉬지 말고 기도하며 집집마다 찬송하기를 바란다.[55]

■ 옥한흠 목사 1938-2010, 사랑의교회 목사

"나는 참 행복한 목회자였다."
"내 그리운 예수님 보고 싶다."
"내가 과대포장된 것 같아 괴롭다."
"내가 아는 모든 사람들을 만나고 싶다."
"교회에 감사해요. 사랑해요."

124 한 아버지의 유언_One More for Jesus

멘토: 지미(Jimmy)라는 목사님의 유언 이야기입니다.

그는 평생 세계 곳곳에서 교회개척 사역을 한 분입니다. 이라크의 독재자 사담 후세인의 핍박을 받는 분들에게 우물과 교회를 지어주었으며 과테말라에 지진과 홍수가 났을 때 달려가서 구호사업을 하면서 교회를 지어 주었습니다. 그러던 목사님도 나이 들어 암으로 투병을 했는데 그런 상황 속에서도 아들을 불러 말씀하셨습니다.

"아들아, 내 마음속에 교회가 하나 더 있다." "시베리아"

그리고는 시베리아에 가셨는데 한겨울이었고 눈발 속에서 교회 지붕에 올라가 못질을 하셨습니다. 암이 말기에 이르렀을 때 목사님께서는 딸 집에서 호스피스 서비스를 받았는데 마지막 1주일 동안에 꿈을 꾸면서 꿈속에서 들은 말씀을 크게 외쳤습니다.

"망치를 좀 가져다 줘, 그리고 제시간에 와야 해, 그리고 전선은 이렇게 연결해야 해,

그리고 소천하시기 하루 전날 밤에 지미 목사님은 꿈꾸시는 것과 같이 흥분된 상태로 침대에서 일어나 내려오려 애쓰셨습니다. 그리고 만류하는 가족들에게 다음과 같이 말씀하셨습니다.

"나는 가서 예수님을 위해 한 명 더 구원해야 해! 예수님을 위해 한 명 더 구원해야 해!"
"가서 한 명 더 예수님께, 예수님을 위하여 한 명 더, 예수님을 위하여 한 명 더!"
"I've got to save one more for Jesus! I've got to save one more for Jesus!"
"One more for Jesus reach one more for Jesus. Save one more for Jesus!"

그는 죽기 한 시간 전부터 이 말씀을 100여 번 넘게 하셨습니다. 목사님의 아들은 아버지의 그러한 열정에 감동하여 병상 옆에 무릎을 꿇고 하염없이 눈물을 흘렸습니다. 그때 지미 목사님이 아들의 머리에 안수하시며 다음과 같이 말씀하시고 소천했습니다.

"가서 한 명 더 예수님께, 예수님을 위해 한 명 더, 예수님을 위해 한 명 더!"
"Reach one more for Jesus One more for Jesus One more for Jesus!"

그런 삶과 그런 죽음을 보고, 그런 유언과 기도를 받은 그 아들은 어떻게 되었을까요? 그 아들은 오늘날 미 대통령의 자문 목사, 세계에서 가장 영향력 있는 교회의 담임, 세계적 베스트셀러 『목적이 이끄는 삶』의 저자가 되었습니다. 바로 미국 남가주 새들백교회의 릭 워렌 목사입니다.

대부분의 사람은 인생의 비전을 모른 채 혼돈스럽게 살다가 대충 죽습니다. 그러나 지미 워렌 목사님은 주님께 받은 비전과 사명을 마지막 순간까지 감당하고자 했고, 그 비전과 열정을 자녀에게 전수했습니다. 자신의 삶 속에서 늘 기도로 축적해 놓았던 비전과 열정을 이 한 마디에 담아 보약처럼, 보물처럼 전수해 주었기에 그것을 들은 이의 삶도 달랐던 것입니다. 당신도 이런 삶과 죽음으로 자녀들을 축복하고 명품 가문을 가꾸고 싶지 않으십니까?

멘토: 추락하고 있는 비행기 속에서 과연 어떤 유언을 남길 수 있을까요?

1987년 5월 9일 폴란드 바르샤바를 떠나 뉴욕으로 가던 비행기가 추락을 했습니다. 기장은 비행기가 민간주택지구에 추락하지 않게 하기 위하여 안간힘을 썼고 마침내 밤 11시 12분에 기장의 마지막 말과 함께 민가에서 멀리 떨어진 곳에 추락했습니다. 이때 183명이 죽었는데 다음은 기장이 교신탑에 남긴 마지막 말이었습니다.

"Good night! Goodbye! Bye! We're dying!"

매우 안타까운 상황에서 안타깝게 남긴 유언이 아닐 수 없습니다. 위기의 순간에 주택지에서 평화롭게 잠을 자는 이들을 살리기 위해 노력한 기장님과 비행기에 탑승했던 모든 분들과 가족들에게 위로와 중보의 기도를 드립니다.

그런데 같은 말인데 희망적인 상황을 만들어낸 한 어머니의 유언이 있습니다.

미국 남부 도시에 이제 장성한 네 아들을 둔 한 어머니께서 임종을 앞두고 있었습니다. 돌아가실 때 세 자녀에게 굿나잇 키스를 해달라고 요청했고 막내 엔디에게는 굿바이 키스를 청했습니다. 잘 자라고 인사하는 것과 잘 가라고 인사하는 것은 차원이 다르기에 막내 엔디가 놀라서 물었습니다. 왜 자신에게만 굿바이(작별 인사)를 요청하였는지 물었습니다.

"왜 제게만 굿바이 인사를 요청하셨나요?
"앤디야, 너의 형들은 이제 머지않아 저 영광스러운 천국에서 엄마와 다시 만나게 된다. 그러나 너와는 마지막이다. 이 엄마는 너에게 예수 그리스도의 진리를 여러 번 간곡히 가르치고 인도했지만 너는 끝내 네 고집대로 어두운 길로 가버리고 말았어. 그러니 나는 너를 다시 만날 수가 없는 것이다. 그래서 네 형제들과는 굿나잇이지만 너와는 굿바이의 인사를 하는 거야."
이 말을 들은 막내 아들은 어머니의 침대에 엎드리며 눈물을 터뜨렸답니다.
"어머니! 저도 굿나잇 키스로 인사할게요. 저도 어머니의 믿음을 따르겠습니다."

이 이야기는 죽음 앞에서 담담하면서도 당당하게 천국으로 향하는 어머니와 아직 준비가 안 된 한 아들의 변화를 말해줍니다. 그리고 어떻게 마지막 순간에 한 어머니의 의미 있는 도전으로 변화가 일어날 수 있는지를 볼 수 있습니다.

여러분들은 어떤 유언을 준비하고 계십니까? 자녀들과 지속적으로 삶을 나누고 삶의 지혜도 나누어 주셔야 합니다. 그리고 이 책 전체가 사랑과 기도가 담긴 유언집이어야 합니다. 살면서 잊지 않고 마지막 순간에 자녀에게 해 줄 한 마디를 늘 품고 사십시오. 그 말을 하실 때 그 말의 의미가 절댓값으로 자녀들에게 전달되어 자녀들의 심비에 새겨지고 평생 나침반이 될 수 있도록 해야 합니다. 그러기 위해 그 마지막 말을 준비하고 자주 되뇌면서 기도를 담아 보십시오.

17장. 나의 유언과 묘비명 계획

여기에서는 당신의 유언과 묘비명을 쓰게 될 것입니다.

멘토: 아래에 모든 내용을 자필로 쓰고 날인하면 한국에서는 법적으로 유효한 유언장이 됩니다.

이름:_____날인: _____ (인)

※ 이름은 자필로 써야 합니다.
※ 날인: 도장 혹은 지장도 유효. 인감 도장이 아니어도 유효, 사인은 무효

주소: _____

※ 법적인 번지수 등 주소 모두가 기록되어야 합니다. 동까지만 쓴다거나 하면 무효

작성일시:_____년 _____월_____일 (연월일이 모두 기재되어 있어야 유효)

※ 이곳에 위와 아래 내용을 다 적절히 자필로 쓰고 도장을 찍은 유언장은 증인이 필요 없습니다.
※ 혹시 수정할 때는 수정 후 도장을 찍으면 됩니다.
※ 사후 유언장 집행을 위하여는 유언의 검인 신청 절차를 거칩니다.
※ 유언 내용 중에 이 책의 6권에서 기록할 물질적 유산 상속과 기증에 관한 내용은 모두 자필로 써야 합니다.
※ 미국에서는 15만불 이상의 유산을 상속하는 경우 리빙트러스트(유산상속계획서)를 변호사를 통해 작성해야
   합니다. 자세한 내용은 6권 155장을 참고하십시오.

초안을 연습 노트에 적어 본 후 『생명의 서』에 적으시고, 시간이 지난 후에 다시 보면서 수정할
수 있습니다. 수정한 후에는 날짜와 사인 혹은 도장을 찍어서 자신이 정식으로 고쳤다는 증거를 남
기십시오. 물론 미국에서 리빙트러스트를 작성할 때 이 책의 자료는 초안으로 활용될 것입니다.

◆ 유언 내용 ◆

나의 사랑하는 자녀들아, 나의 유언은 이 책에 쓰인 모든 것을 포함하며 6권 지혜의 서, 7권 비전의 서에
기록한 모든 내용 즉, 사전 연명의료의향서, 사전장례의향서, 사전장례식, 장례예배 순서, 유언, 묘비명,
유산 분배, 비전 멘토링 계획을 포함한다.
나의 유산은 하나님께서 나에게 주신 믿음과 비전을 계승 발전시킬 사람에게 줄 것이며 이를 위하여
이 책에 기록된 믿음과 비전을 계승한다는 의지와 헌신이 증명되어야 한다.
그러므로 이 책에 기록된 믿음과 비전을 공유하기 위하여
비전 멘토링 시간을 통해 나누는 것이 중요한 전제 조건이다.

비전 멘토링은 너희와 상희하여 다음과 같이
매일 _____ 혹은 매주 _____ 혹은 매 격주 _____ 매월 _____
_____ , _____ , _____ 요일 _____ 시부터 _____ 시까지의 시간 속에서 진행될 것이다.

유언_미래 의료 계획

멘토: 말기적인 상황에서 병원에 입원했을 경우, 이미 작성한 사전 연명의향서에서 말한 것과 같이 따라 달라고 전하십시오. 병원 입원을 하지 않은 상황에서는 어떻게 해주기를 원하는지 미리 기록하여 주십시오.

멘토: 다음은 배우자에게 유언을 남겨보십시오.

멘토: 다음은 자녀들에게 유언을 남겨보십시오.

멘토: 다음은 기타 지인들에게 유언을 남겨보십시오.

묘비명 샘플

멘토: 아래의 묘비명들은 서울 양화진에 있는 외국인 선교사 묘원에 있는 글귀들입니다.

한국 선교라는 비전과 선교사라는 정체성이 잘 담겨 있고 아직 이루지 못한 비전에 대한 절실함과 기도가 담겨 있어 보는 이들로 하여금 동참하고 싶은 영감을 불러 일으킵니다. 한국교회의 귀한 개척자들인 김기범, 방지일, 한경직 목사님의 묘비명도 소개합니다.

양화진 외국인 선교사 묘원 묘비의 글들

Homer B. Hulbert (1863-1949)

"한국인보다 한국을 더 사랑했고 자신의 조국보다 한국을 위해 헌신한 헐버트."
"나는 웨스트민스터 성당에 묻히기보다 한국 땅에 묻히기를 원하노라."

William James Hall (1860-1894), Rosetta Sherwood Hall (1865-1951), Sherwood Hall (1893-1991)

"내가 조선인의 가슴에 청진기를 댈 때 언제나 나의 청진기도 그들의 심장 소리와 함께 두근거렸다. 나는 아직도 조선을 사랑한다."

Ruby Rachel Kendrik (1883-1908)

"만일 내게 천 개의 생명이 주어진다 해도 그 모두를 한국에 바치리라."

Josephine Eaton Peel Campbell (1853-1920)

"내가 조선에서 헌신하였으니 죽어도 조선에서 죽는 것이 마땅하다."

참고: http://www.sehsungm.org/portfolio-item/양화진-외국인-선교사-묘원-묘비의-글들/

방지일 목사, 허경화 사모의 묘비명

"그러나 내가 가는 길을 그가 아시나니 그가 나를 단련하신 후에는
내가 순금 같이 되어 나오리라." | 욥기 23:10

"닳아 없어질지언정 녹슬지 않으리라"

한경직 목사, 김찬빈 사모의 묘비명

하나님이 세상을 이처럼 사랑하사 독생자를 주셨으니 이는 그를 믿는 자마다 멸망하지 않고
영생을 얻게 하려 하심이라. | 요한복음3:16

대한민국 최초의 목사 김기범 목사의 묘 1809. 8. 13 생 1920. 3. 27 소천 박 루 씨의 묘 나팔 소리가 나매 죽은 자들이 썩지 아니할 것으로 다시 살고 우리도 변화하리라 고전 15:52		
김기범 목사	김기범 목사 내외의 실제 묘비	방지일 목사의 묘비

멘토: 다음은 묘비명을 쓰는 방법과 샘플들입니다.

묘비명 쓰는 법

1. 자신의 이름과 직함, 출생일과 사망일을 적습니다.
2. 자신의 정체성을 적습니다(누구의 배우자, 부모 혹은 비전의 직업).
3. 자신의 가장 중요한 정체성을 대변하고 자신을 대표할 말 혹은 자신이 꼭 자손들에게 남기고 싶은 말을 적습니다. 늘 강조하던 말이나 성경 구절도 좋습니다.
4. 묘의 상황에 따라서 실제 묘비명은 간단하게 쓸 수도 있으나 이곳에는 조금 구체적으로 적어서 자녀들이 기록으로 가지고 있을 수 있도록 하십시오.

묘비명의 예들

Rev. Martin Luther King, Jr. 1929-1968 "Free at Last, Free at Last, Thank God Almighty I'm Free at Last!" 마침내 자유, 마침내 자유, 전능하신 하나님 감사합니다. 저는 마침내 자유합니다! (흑인 해방 운동자의 절규를 드러낸 묘비명)	Coretta Scott King 1927-2006 "And now abide faith, hope, love, these three; but the greatest of these is love." I Cor. 13:13 그런즉 믿음, 소망, 사랑, 이 세 가지는 항상 있을 것인데 그 중의 제일은 사랑이라. 고전 13:13	
마틴 루터 킹 목사	코레타 스콧 킹	킹 목사 부부의 묘비 사진

Robert William Gary Moore 4th April 1952 - 6th February 2011 Musician Loved beyond the stars 별들보다 더 사랑받은	Francis Albert Sinatra 1915-1998 Beloved Husband & Father The Best Is Yet to Come 최고는 아직 오지 않았다	Natalie Wood Wagner Beloved Daughter, Sister, Wife, Mother & Friend 1938-1981 "More Than Love" 사랑보다 소중한
게리 무어, 아이리쉬 가수	프랑크 시나트라, 미국 가수	나탈리 우드, 미국 배우

이름, 직함, 출생년도 _____

최고의 정체성 _____

남기고 싶은 말씀 _____

dr. shalom

하늘이여, 귀를 기울이라 내가 말하리라
땅은 내 입의 말을 들을지어다. | 신명기 32:1

그가 나를 물 위에서 건져내게 하시고
그가 나를 물 가운데 걸어가게 하셨도다.

그가 광야에 별을 내어 피할 길을 밝히시고
그가 나무에 불을 내어 들을 귀를 여셨도다.

그가 바다를 갈라 길을 내시고
그가 바위를 갈라 물을 주셨도다.

그가 출애굽으로 노예에서 자유케 하시고
그가 시내산에서 죄악에서 자유케 하셨도다.

그가 율법을 통해 진리를 주시고
그가 성막을 통해 용서를 주셨도다.

그가 너희를 선으로 돌이키사 자녀를 삼으시고
그가 너희를 전으로 돌이키사 성도로 삼으셨도다.

우리의 목적지는 가나안의 젖과 꿀이 아니라
가난한 마음이 찾는 지성소인 것을 알지어다.

삶의 지성소에서 그와 동행하면 그가 행동하사
삶을 소생시키시며 모든 행사를 형통케 하시리라, 셀라.

옛날을 기억하라 역대의 연대를 생각하라
네 아버지에게 물으라 그가 네게 설명할 것이요
네 어른들에게 물으라 그들이 네게 말하리로다. | 신명기32:7

『시편 형식의 큐티 출애굽기』 p.197

멘토: 위의 시는 모세의 유언을 시편 형식으로 기록한 것입니다.

멘토: 모세의 회상 시편과 같이 여러분의 삶을 대변하는 글을 아래에 기록하여 보십시오.

6권
지혜의 서

주님, 지혜를 전수합니다!

멘토 ♛ ─────────────────────────────────

여기에서는 인생을 살아오면서 깨닫고 축적한 지혜, 비법과 인맥 등을 자녀들에게 전수하여 자녀들이 그 지혜로 풍요로운 인생을 살게끔 다음 단원들을 통하여 살필 것입니다.

18장. 지혜로 나누는 성경적 유산

여기에서는 노년의 지혜와 유산에 대한 지혜를 나눌 것입니다.

노년의 영광

[하나님을 가장 닮는 때인 노년에] 내가 보았는데 왕좌가 놓이고 옛적부터 항상 계신 이가 좌정하셨는데 그 옷은 희기가 눈 같고 그 머리털은 깨끗한 양의 털 같고 그 보좌는 불꽃이요 그 바퀴는 붙는 불이며 | 다니엘 7:9

백발은 영화의 면류관이라 의로운 길에서 얻으리라. | 잠언 16:31

젊은 자의 영화는 그 힘이요 늙은 자의 아름다운 것은 백발이니라. | 잠언 20:29

늙은 자에게는 지혜가 있고 장수하는 자에게는 명철이 있느니라 | 욥기 12:12

손자는 노인의 면류관이요 아비는 자식의 영화니라. | 잠언 17:6

노년의 기도

나를 늙은 때에 버리지 마시며 내 힘이 쇠약한 때에 떠나지 마소서 | 시편 71:9

하나님이여, 내가 늙어 백수가 될 때에도 나를 버리지 마시며 내가 주의 힘을 후대에 전하고 주의 능을 장래 모든 사람에게 전하기까지 나를 버리지 마소서 | 시편 71:18

너희가 노년에 이르기까지 내가 그리하겠고 백발이 되기까지 내가 너희를 품을 것이라 내가 지었은즉 안을 것이요 품을 것이요 구하여 내리라. | 이사야 46:4

축복된 노년

모세의 죽을 때 나이 일백 이십세나 그 눈이 흐리지 아니하였고 기력이 쇠하지 아니하였더라. | 신명기 34:7

이제 보소서 여호와께서 이 말씀을 모세에게 이르신 때로부터 이스라엘이 광야에 행한 이 사십오 년 동안을 여호와께서 말씀하신대로 나를 생존케 하셨나이다 오늘날 내가 팔십오 세로되 모세가 나를 보내던 날과 같이 오늘날 오히려 강건하니 나의 힘이 그때나 이제나 일반이라 싸움에나 출입에 감당할 수 있사온즉 | 여호수아 14:10-11

네가 장수하다가 무덤에 이르리니 곡식단이 그 기한에 운반되어 올리움 같으리라. | 욥기 5:26

너는 장수하다가 평안히 조상에게로 돌아가 장사될 것이요. | 창세기 15:15

아브라함이 나이 많아 늙었고 여호와께서 그의 범사에 복을 주셨더라. | 창세기 24:1

노년의 사명

하나님이 가라사대 말세에 내가 내 영으로 모든 육체에게 부어 주리니 너희의 자녀들은 예언할 것이요 너희의 젊은이들은 환상을 보고 너희의 늙은이들은 꿈을 꾸리라. | 사도행전 2:17 (요엘 2:28)

나는 너희를 위하여 기도하기를 쉬는 죄를 여호와 앞에 결단코 범하지 아니하고 선하고 의로운 길을 너희에게 가르칠 것인즉 | 사무엘 상 12: 23

노년의 미래

거기는 날 수가 많지 못하여 죽는 유아와 수한이 차지 못한 노인이 다시는 없을 것이라 곧 백세에 죽는 자가 아이겠고 백세 못되어 죽는 자는 저주받은 것이리라. | 이사야 65:20

모든 눈물을 그 눈에서 닦아 주시니 다시는 사망이 없고 애통하는 것이나 곡하는 것이나 아픈 것이 다시 있지 아니하리니 처음 것들이 다 지나갔음이러라. | 요한계시록 21:4

멘토: 다른 사람들은 노년에 대하여 어떻게 이해할까요? 다음 중 공감가는 것에 표시해 보시고 당신이 기억하는 노년에 대한 격언을 그 아래에 첨부해 보십시오.

- 세바 토바는 노년을 뜻하는 말로 선한, 아름다운 백발이라는 말이다. | 창세기 15:15, 25:8(아브라함), 사사기 8:32(기드온), 역대상 29:28(다윗)
- 노년, 무지한 사람에게는 겨울, 성숙한 자에게는 수확의 시기. | 유다 리브 라제로프
- 사람이 뭔가를 추구하고 있는 한 절대로 노인이 아니다. | 진 로스탠드

- 노인이 되는 것은 비참한 사람이 되는 것이 아니다. 자기의 나이답게 살지 않는 사람만이 비참한 사람이다. | 유진 벨틴
- 늙어가는 법을 안다는 것은 지혜의 걸작으로, 위대한 삶의 예술 가운데서도 가장 어려운 장에 속한다. | 헨리 프레데릭 아미엘
- 사람은 늙은 것이 아니라 좋은 포도주처럼 숙성되는 것이다. | W. 필립스

- 무언가 큰 일을 성취하고 싶다면, 나이를 먹어도 청년이 되지 않으면 안 된다. | 괴테
- 바쁜 사람에게는 나쁜 버릇을 가질 시간이 없는 것처럼 늙을 시간이 없다. | 앙드레 모로아
- 아무리 나이를 먹었다 해도 배울 수 있을 만큼은 충분히 젊다. | 아이스큐로스

- 주름이 생기지 않는 마음, 희망이 넘치는 친절한 마음, 늘 명랑하고 경건한 마음을 꾸준히 간직하는 것이 노령 극복의 힘이다. | 토마스 베일리
- 여자의 나이를 정확히 맞추는 남자는 똑똑할지 몰라도 현명하지는 않다. | 루실 볼
- 중요한 것은 지금 당신이 얼마나 늙었는가가 아니라 어떻게 늙어 있는가이다. | M. 드레들러

- 아무렇게 사는 40살보다 일하는 70살이 더 명랑하고 더 희망이 많다. | 올리버 웬델 홈즈
- 늙어가는 사람만큼 인생을 사랑하는 사람은 없을 것이다. | 소포클레스
- 정신의 가장 아름다운 특권의 하나는 늙어서 존경스럽다는 것이다. | 스탕달

- 늙은 사람은 자기가 두 번 다시 젊어질 수 없다는 것을 알고 있지만, 젊은이는 자기가 나이를 먹는다는 것을 모른다. | 유대인 속담
- 집에 노인이 안 계시면 빌려서라도 모셔라. | 그리스 속담
- 청년은 희망에 살고, 노인은 기억에 산다. | 스웨덴 속담

- 노인이 쓰러지는 것은 도서관 하나가 불타 없어지는 것과 같다. | 아프리카 속담
- 청년 시절에는 노인처럼 행동하고 노인시절에는 청년처럼 행동하라 | 중국 속담
- 늙은 개는 함부로 짖지 않고 [한국 속담] 늙은 말은 길을 잃지 않으며 [몽고 속담], 늙은 새는 올무에 안 들어 가며 [스페인 속담] 오래된 현악기에서 깊은 선율이 울려나고 가장 좋은 술은 오래된 통에서 나온다. [영국 속담]

멘토: 다음은 효도에 대한 성경적 지혜입니다. 당신이 부모님께 혹은 자녀들이 부모님께 해야 할 것들입니다.

1. 효도하는 것이 무엇인가?

네 부모를 공경하라 그리하면 네 하나님 여호와가 네게 준 땅에서 네 생명이 길리라. | 출애굽기 20:12

나오미가 룻이 자기와 함께 가기로 굳게 결심함을 보고 그에게 말하기를 그치니라. | 룻기 1:18

너를 낳은 아비에게 청종하고 네 늙은 어미를 경히 여기지 말지니라. 의인의 아비는 크게 즐거울 것이요 지혜로운 자식을 낳은 자는 그로 말미암아 즐거울 것이니라. 네 부모를 즐겁게 하며 너를 낳은 어미를 기쁘게 하라. | 잠언 23:22-25

자녀들아, 주 안에서 너희 부모에게 순종하라 이것이 옳으니라 네 아버지와 어머니를 공경하라 이것은 약속이 있는 첫 계명이니 이로써 네가 잘되고 땅에서 장수하리라. | 에베소서 6:1-3

2. 효도하여 받는 복(결과)

너는 네 하나님 여호와께서 명령한 대로 네 부모를 공경하라 그리하면 네 하나님 여호와가 네게 준 땅에서 네 생명이 길고 복을 누리리라. | 신명기 5:16

네 아버지와 어머니를 공경하라 이것은 약속이 있는 첫 계명이니 이로써 네가 잘되고 땅에서 장수하리라. | 에베소서 6:2-3

3. 어떤 것이 불효인가

사람에게 완악하고 패역한 아들이 있어 그의 아버지의 말이나 그 어머니의 말을 순종하지 아니하고 부모가 징계하여도 순종하지 아니하거든 그의 부모가 그를 끌고 성문에 이르러 그 성읍 장로들에게 나아가서 그 성읍 장로들에게 말하기를 우리의 이 자식은 완악하고 패역하여 우리 말을 듣지 아니하고 방탕하며 술에 잠긴 자라 하면 그 성읍의 모든 사람들이 그를 돌로 쳐죽일지니 이같이 네가 너희 중에서 악을 제하라 그리하면 온 이스라엘이 듣고 두려워하리라. | 신명기 21:18-21

그의 부모를 경홀히 여기는 자는 저주를 받을 것이라 할 것이요 모든 백성은 아멘 할지니라. | 신명기 27:16

4. 불효자의 결과

그의 부모를 경홀히 여기는 자는 저주를 받을 것이라 할 것이요 모든 백성은 아멘 할지니라. | 신명기 27:16

부모의 물건을 도둑질하고서도 죄가 아니라 하는 자는 멸망 받게 하는 자의 동류니라. | 잠언 28:24

자기의 아비나 어미를 저주하는 자는 그의 등불이 흑암 중에 꺼짐을 당하리라. | 잠언 20:20

멘토: 다음은 [시니어 일보]가 제공하는 시니어들이 지켜야 할 12가지입니다. 공감하는 것에 표하고 혹시 더 추가하고 싶은 것이 있다면 그 아래에 적어 보십시오.

하나: 노인은 벼슬도 감투도 아니다.

둘: 남의 일에 참견 마라.

셋: 신세 타령이나 빈정거림은 바보짓이다.

넷: 의사에게 호통치지 마라. 바로 손해 본다.

다섯: 늙었다는 이유로 대접받으면 반드시 감사를 표해라.

여섯: 일을 시켰으면 잔소리하지 말고 조용히 결과를 기다려라.

일곱: 자기 형편을 이유로 모임의 스케줄에 간여 마라.

여덟: 나에게만 해준 말을 여기저기 옮기지 마라.

아홉: 입 냄새, 몸 냄새에 신경 써라. 손주가 도망간다. 향수와 몸치장은 사치가 아니다.

열: 치매 예방에는 화초 가꾸기보다 10원짜리 고스톱이 훨씬 낫다.

열하나: 빛바랜 자신의 사진이나 2년 동안 입지 않은 옷은 과감하게 버려라.

열둘: 사후 장례나 묘소 걱정은 절대 하지 마라. 남은 가족이 할 일이다.[56]

138 유산의 진실

멘토: 당신은 자녀들에게 물려줄 유산을 많이 준비해 놓으셨나요? 남겨줄 물질적 유산이 적어서 미안하신가요? 남겨줄 물질은 많은데 받을 준비가 안되어 있는 자녀들을 보면서 답답하신가요? 이제 당신은 자녀에게 물려줄 유산이 물질 외에도 다양하다는 것과 자녀들이 좋은 유산 상속자가 되도록 하는 방법을 배우게 될 것입니다.

우리가 누리는 모든 재산과 유산의 본질은 하나님께서 그의 사랑하시는 자녀들에게 은혜로 주신 것입니다. 그 증거는 창세기 1장에서부터 확인할 수 있습니다. 예를 들어, 하나님께서는 천지창조를 하시고 그것들을 아담과 하와에게 은혜의 유산으로 주셨습니다.

그런데 하나님께서 유산을 주실 때 한 가지 조건이 있습니다.
그것은 유산을 통하여 하나님이 뜻하시는 비전을 이루어 드리는 것입니다.

하나님께는 천지창조 때 그분의 뜻과 비전이 있으셨습니다. 지구를 창조하신 후 그것들을 다 인간에게 주시면서 말씀하십니다.

하나님이 그들에게 복을 주시며 하나님이 그들에게 이르시되 생육하고 번성하여 땅에 충만하라, 땅을 정복하라, 바다의 물고기와 하늘의 새와 땅에 움직이는 모든 생물을 다스리라 하시니라. 하나님이 이르시되 내가 온 지면의 씨 맺는 모든 채소와 씨 가진 열매 맺는 모든 나무를 너희에게 주노니 너희의 먹을 거리가 되리라. | 창세기 1:28-29

강이 에덴에서 흘러나와 동산을 적시고 거기서부터 갈라져 네 근원이 되었으니 첫째의 이름은 비손이라 금이 있는 하윌라 온 땅을 둘렀으며 그 땅의 금은 순금이요 그 곳에는 베델리엄과 호마노도 있으며 | 창세기 2:10-12

네가 옛적에 하나님의 동산 에덴에 있어서 각종 보석 곧 홍보석과 황보석과 금강석과 황옥과 홍마노와 창옥과 청보석과 남보석과 홍옥과 황금으로 단장하였음이여 | 에스겔 28:13

즉, 하나님께서는 인간에게 전 지구를 은혜의 유산으로 주시기 전에 이미 지구에 다양한 자원을 배치하여 놓으셨던 것입니다. 바다, 땅, 하늘, 태양과 달뿐 아니라 물과 산소와 각종 광석과 미생물과 풀과 나무, 물고기, 곤충과 새와 동물들을 예비해 주셨습니다. 그리고 인간이 하나님께서 비전으로 주신 일을 할 때 이 자원들이 활성화되고 풍요롭게 되도록 설계하셨습니다. 이런 정황을 종합하면 다음과 같이 이해됩니다.

하나님께서는 하나님의 사람들이 그냥 가정이 아니라 하나님의 비전을
이루기 위해 하나님의 가정을 만들 때 하나님의 사람들로 번성하고 충만하게 하셨고,
그냥 직업이 아니라 하나님의 비전을 이루기 위해 하나님의 직업에 집중할 때
하나님의 사람들로 땅을 정복하며, 생물의 다스림을 형통케 하셨습니다.

멘토: 인간에게 죄가 들어오면서 하나님의 유산에 문제가 생기지만 예수님의 선이 들어오면서 예수님을 믿는 이들에게는 상상할 수 없는 새로운 유산들이 주어집니다.

인류 비극의 시작은
뱀의 미혹으로 인하여 선과 악을 알되 악을 행함으로
풍요롭게 공유하던 에덴에서 추방된 것이고
인류 비극의 발전은
"아비 마귀에게서 [나서] 아비의 욕심대로 행하"므로 (요한복음 8:44)
"진리에 서지 못하고 거짓을" 행하며 강자가 모든 것을 소유하게 된 것입니다.
인류 비극의 종말은
예수님께서 십자가에서 죄를 사하여 주시고 성경과 성령을 주심으로
인간이 선과 악을 알되 선을 행하도록 하심으로
물질, 육체, 세상과 마귀를 이기게 하신 것입니다.

예수님께서는 인류에게 교회라는 새로운 기관을 주시며 새로운 비전과 사명 그리고 자원을 주십니다. 새로운 비전은 일차로 제자화된 전 인류이고 궁극적으로는 하나님 나라화된 전 지구입니다. 이를 위하여 복음 전파라는 사명과 성령의 은사라는 자원이 유산으로 주어집니다.

또 이르시되 너희는 온 천하에 다니며 만민에게 복음을 전파하라
믿고 세례를 받는 사람은 구원을 얻을 것이요 믿지 않는 사람은 정죄를 받으리라
믿는 자들에게는 이런 표적이 따르리니 곧 그들이 내 이름으로 귀신을 쫓아내며 새 방언을 말하며 뱀을 집어올리며 무슨 독을 마실지라도 해를 받지 아니하며 병든 사람에게 손을 얹은즉 나으리라 하시더라.

| **마가복음 16: 15-18**

제자들을 통해 이것이 시행되자 놀라운 일이 생깁니다.

사람마다 두려워하는데 사도들로 말미암아 기사와 표적이 많이 나타나니 믿는 사람이 다 함께 있어 모든 물건을 서로 통용하고 또 재산과 소유를 팔아 각 사람의 필요를 따라 나눠 주며 날마다 마음을 같이하여 성전에 모이기를 힘쓰고 집에서 떡을 떼며 기쁨과 순전한 마음으로 음식을 먹고 하나님을 찬미하며 또 온 백성에게 칭송을 받으니 주께서 구원받는 사람을 날마다 더하게 하시니라. | **사도행전 2:43-47**

결론적으로 예수님의 제자들에 의하여 복음이 전파되자 그간 죄악에 물들어 악을 추구하며 소유욕을 채우던 인류가 아닌 통용하며 사랑하는 새 인류가 출현합니다. 당신이 바로 그 사람입니다.

예수님께서는 제자들이 그냥 믿는 것이 아니라 복음 전파의 사명을 다할 때 각종 성령의 은사들이 활성화되어 기사와 표적이 많이 나타나게 하셨고, 성도들이 그냥 믿는 것이 아니라 필요에 따라 물질을 통용하고 음식을 먹을 때 하나님을 찬미하며 백성에게서 칭송받으며 구원받는 사람을 날마다 더하게 하셨습니다.

140 하나님께서 주신 유산의 종류

멘토: 당신이 가진 유산은 과연 어떤 것이고 얼마나 많은가요? 혹시 현금, 보석, 부동산만을 유산으로 생각하지는 않는지요? 하나님께서 우리에게 주신 유산 자원이 무엇인지 온전히 알아야 그 자원을 누릴 수 있고, 자녀들에게도 전해 줄 수 있습니다. 하나님께서는 우리에게 다양한 종류의 유산을 허락해 주셨습니다.

하나님께서 창조 후에 전 지구를 에덴 정원처럼 만들기 위하여 가정, 직업을 통한 유산을 주시고, 전 지구의 하나님 나라화를 위하여 제자와 교회 영역의 유산을 주셨습니다. 즉 가족유산, 직업유산, 직업을 통하여 창출되는 물질유산, 그리고 영성과 성품유산과 건강유산, 또한 교회, 사회, 환경을 통해서 주시는 유산들이 있습니다. 우리는 편의상 5영역으로 구분하여 이어지는 장들에서 살필 것입니다.

그 종류를 구분하면 다음 표와 같습니다.

구분	2대 비전 영역	핵심구절	세부 비전영역	비전이 실현된 모습	각 영역별 유산
구약	전 지구의 에덴화	창세기 1:28	가정	비전적 하나님의 가정	가족유산
			직업	비전적 하나님의 직업	직업유산 물질유산
신약	전 지구의 에덴화	마태복음 28:19-20	제자	비전적 하나님의 형상	영성/성품유산 건강유산
			교회	비전적 하나님의 나라	교회/사회/환경 유산

유산에는 이처럼 다양한 종류가 있습니다. 이것들을 누리기 위한 비밀은 다음과 같습니다.

가정이 비전적 하나님의 가정이 될 때 가족유산이 넘치고
직업이 비전적 하나님의 직업이 될 때 직업유산과 물질유산이 넘치고

제자가 비전적 하나님의 형상을 이룰 때 영성과 성품적 유산과 건강유산이 넘치고
교회가 비전적 하나님의 나라를 이룰 때 교회, 사회, 환경유산이 넘치게 됩니다.

물론 각자의 시작점이 다르기에 처음부터 모든 것이 풍요롭지는 못합니다.
비전의 1세대는 개척자로 온갖 어려움에 직면하지만
비전의 2세대는 1세대의 모든 유산을 활용하기에 훨씬 풍요로울 것입니다.

성경은 늘 이것을 보여주고, 역사는 늘 이것을 증명하고 있습니다.

멘토: 그렇다면 누가 합당한 유산 상속자일까요? 자녀 외에 다른 사람도 있을까요? 이 답을 결정할 원리는 우리가 이미 살폈습니다.

즉, 모든 유산과 재물은 하나님의 것으로
하나님께서 우리에게 맡겨 주신 비전을 실현하라고 주신 것입니다.
그래서 모든 유산과 재물은 비전을 실행할 사람에게 전달되어야 합니다.

우리는 이따금씩 유산을 교회, 선교단체, 학교, 연구단체 등 자신이 중요하게 생각하는 비전 단체와 개인에게 상속하는 경우에 대하여만 감동으로 받아들입니다. 우리가 감동을 받는 이유는 그렇게 하는 것이 하나님의 뜻이기에 영적 속사람이 기뻐하는 것입니다.

그러면 자녀에게는 어떻게 해야 하나요? 당연히 주어야 합니다. 먼저 그들이 비전의 사람으로서 유산을 받기에 합당한 자들이 되어야 합니다. 그저 자녀이기 때문에 유산을 받는 것은 오히려 주는 사람과 받는 사람에게 독이 됩니다. 이유는 그 유산이 하나님의 비전을 이루는데 전혀 도움이 안 되고 오히려 주는 사람과 받은 사람이 모두 하나님의 비전 반대편에 서기 때문입니다.

그럼 어떻게 자녀를 믿음과 비전의 사람으로 만들 수 있을까요? 이 책에서 여러분이 확증한 비전을 자녀들에게 멘토링 방식으로 전달해 주면 됩니다. 가정예배를 드리는 것도 귀하지만 꾸준히 드리는 것이 쉽지 않았을 것입니다. 하지만 이 책에 기록한 모든 경험, 지혜와 비전을 나누며 자녀와 함께 기도한다면 자녀들도 기쁘게 참여할 것입니다.

방법은 비전 멘토링 방식으로 행하십시오. 비전 멘토링 방식은 1:1, 1:3, 1:12와 같은 눈높이 교육 방식입니다. 이것은 아담을 먼저 지으신 하나님께서 아담과 1:1로 방해받지 않고 비전을 전수해 주신 것에 기인합니다. 또한 예수님께서 5,000명에게 말씀을 전하신 다음에도 제자들에게 돌아오셔서 1:1, 1:3, 1:12로 비전과 능력을 전수해 주신 방법입니다. 오늘날 성령님께서도 우리 각자에게 1:1로 개인 기도제목을 챙기고 비전에 근거하여 인도하시는 것에서 알 수 있는 교육 원리입니다. 그래서 비전 멘토링은 새로운 제자 훈련 방식이 아니라 삼위일체 하나님의 오래된 방식입니다.

이를 위하여 『생명의 서』를 완성한 후 자녀들에게 선포하고 행하십시오.

『생명의 서』비전 멘토링

내가 너희에게 나의 다양한 유산을 물려주고 천국에 귀국하기 위한 준비를 하기 위하여 『생명의 서』를 썼다. 이제 여기에 적힌 나의 다양한 유산을 잘 전수받는 사람이 나의 물질적 유산도 받게 될 것이다.

방법은 매주 ____요일 ____-___시까지 식사하며 나와 함께 즐겁게 대화하는 것이다.

멘토: 장응복 박사는 무일푼으로 38선을 넘어와 평소에 "돈 벌어서 남 주자"는 인생 철학을 가지고 살았습니다. 그는 자신을 위하여는 무섭게 절약하여 평생 모은 113억을 "공부해서 남 주자"는 교육 철학으로 기독교 지도자를 양성하는 한동대학교에 기부하고 22년 3월 6일 99세로 소천했습니다. 기부는 2015년부터 시작되었지만 남 몰래 했다가 소천 후 뜻을 기리기 위해 이 사실을 알리게 되었습니다.

장응복 박사는 1923년 황해도에서 태어나 평양의학전문학교를 졸업하고, 한국전쟁 때 남한으로 온 이후 1958년부터 의사의 길을 걸어왔다. 그는 의료 인프라가 열악했던 1960년대부터 한밤중에도 환자가 병원문을 두드리면 자다가도 깨어서 진료를 했고, 거동이 불편한 환자를 위해서는 직접 찾아가 치료해 주기도 했으며, 형편이 어려운 사람에게는 진료비도 받지 않았다고 한다.

평소 검소한 삶을 살았던 장 박사 내외는 30년 이상 써야 그나마 오래된 물건으로 여기며 근검절약의 삶을 살아왔으며, 그의 아내인 김영선 여사도 손수 뜨개질을 해서 옷을 해 입었고 폐품들을 버리지 않고 재사용하였다고 한다. 장응복 박사는 아흔이 넘을 때까지도 대중버스를 타고 다녔다고 한다. 그리고 장 박사의 세 아들도 평소 '남 주는' 삶에 대한 가르침을 부모로부터 받아왔기에, 전 재산을 기부하겠다는 장 박사의 결정에 기쁘게 동의했다.

장응복 박사는 그저 공부 잘하는 학생에게 돌아갈 장학금이었으면 기부하지 않았을 것이라고 생전에 말한 바 있으며, "배워서 남 주냐? 배워서 남 줘라. 그리고 벌어서도 남 줘라"고 한동대 학생들에게 당부했다고 한다. 장응복 장학금을 받은 한동대 학생은 "저도 장응복 박사님처럼 돈 벌어서 남 주는 사람이 되고 싶습니다. 이것을 제 삶의 목표로 삼고 살아가겠습니다"라고 말했다.

[기독일보] 2022년 3월 10일 자

 장응복 박사님은 자신이 모은 재산을 자신의 것으로 여기지 않았습니다. 하나님께서 하나님의 일을 하라고 주신 것이라 생각하였습니다. 그가 받은 하나님의 일은, 비전은 있지만 돈이 없는 이들의 교육을 돕는 것이었습니다.

 이와 같이 유산은 하나님께서 주신 비전을 대를 이어 실현하게 하기 위하여 행해져야 합니다. 왜냐하면 주님께서 훗날 천국에서 "내가 네게 준 비전과 자원들을 어떻게 활용했느냐"는 질문을 하실 것이기 때문입니다. 그래서 『생명의 서』를 완성하면서 하나님께서 내게 주신 비전 영역이 무엇인지 알고, 유산이 그 비전 영역의 다음 세대를 키우기 위해 활용되도록 준비하십시오.

19장. **가정과 직업유산**

여기에서는 가정과 직업 유산에 대한 지혜를 자녀들에게
전수할 것입니다.

멘토: 하나님께서 천지를 창조하시고 인간에게 제일 먼저 주신 기관은 가정입니다. 이유는 자명합니다. 가정을 통하여 하나님께서 아담에게 주신 비전이 하와와 자녀들에게 전수됨으로 하나님의 비전이 대대로 후손들에게 실현되기를 원하셨기 때문입니다. 따라서 가정이 할 일은 하나님께서 가정에 공통적으로 주신 비전을 공유하며 각 가족에게 주신 비전을 인식하고 실현하도록 지원하는 것입니다.

구약 시편 128편은 구약적으로 모든 인간이 원하는 가정의 복과 유산에 대하여 말합니다.

여호와를 경외하며 그의 길을 걷는 자마다 복이 있도다
네가 네 손이 수고한 대로 먹을 것이라 네가 복되고 형통하리로다
네 집 안방에 있는 네 아내는 결실한 포도나무 같으며
네 식탁에 둘러 앉은 자식들은 어린 감람나무 같으리로다
여호와를 경외하는 자는 이같이 복을 얻으리로다
여호와께서 시온에서 네게 복을 주실지어다 너는 평생에 예루살렘의 번영을 보며
네 자식의 자식을 볼지어다 이스라엘에게 평강이 있을지로다. | 시편 128:1-6

시편 128편에서 "여호와 하나님을 경외하며 그의 길을 걷는 자마다 복"을 받는 것이 가족 전체가 공유할 비전입니다. 모든 가족이 이렇게 할 때 아내는 결실한 포도나무, 자식은 감람나무 같고, 국가에 번영이 있고, 손주를 보며 평강을 누리는 비밀을 말합니다. 가정적 유산엔 물질 외에 더 중요한 비 물질적인 것들이 있다는 것입니다.

그런데 신약에서는 더 놀라운 가정과 유산의 비밀을 알려 줍니다. 그것은 구약에서 감추어졌던 하나님과 우리의 가족 관계와 유산 상속자로서의 관계입니다.

너희는 다시 무서워하는 종의 영을 받지 아니하고 양자의 영을 받았으므로
우리가 아빠 아버지라고 부르짖느니라
성령이 친히 우리의 영과 더불어 우리가 하나님의 자녀인 것을 증언하시나니
자녀이면 또한 상속자(heirs) 곧 하나님의 상속자요 그리스도와 함께 한 상속자니 우리가 그와 함께
영광을 받기 위하여 고난도 함께 받아야 할 것이니라. | 로마서 8: 15-17

율법 아래에 있는 자들을 속량하시고 우리로 아들의 명분을 얻게 하려 하심이라
너희가 아들이므로 하나님이 그 아들의 영을 우리 마음 가운데 보내사 아빠 아버지라 부르게 하셨느니라 그러므로 네가 이 후로는 종이 아니요 아들이니 아들이면 하나님으로 말미암아 유업을 받을 자(heir)니라. | 갈라디아서 4:5-7

신약은 하늘 나라에 계시고 전 우주의 주인이신 하나님 아버지과 가족이 되어 받는 축복을 말합니다. 그 축복의 규모는 상상 이상입니다. 구약적 가정은 이 땅의 가정 유산에 초점을 맞추지만 신약의 가정은 하나님 나라와 아버지 하나님의 유산에 초점을 맞춥니다. 이것을 그대로 믿는 믿음이 복됩니다. 왜냐하면 이 언약은 진실되기 때문입니다.

가정 유산의 종류와 전수할 내용

멘토: 가족은 당연히 비저너리 기업가 부부로 하여금 삶의 동력을 받고 일하면서 자녀들을 다음 세대 비저너리로 키우는 중요한 하나님의 비전 기관입니다. 그러므로 가정은 주님의 신비가 있으며 잘 쉬고 기도하며 비전을 키워나가야 할 곳입니다. 만약 돈 버느라 바빠서 부부가 하나되지 못하고 자녀에게 비전 전수가 되지 않는다면 매우 심각한 문제가 됩니다. 가족이 물려줄 수 있는 유산은 현금과 부동산에 국한되지 않습니다. 오히려 비 물질적 유산들이 더 귀합니다. 왜냐하면 물질은 지진이나 전쟁이 일어나면 흔적도 없이 사라질 수 있지만 정신적이고 영적인 유산은 사라지지 않고 천국의 유산을 받게 하기 때문입니다.

비전적 가족의 유산 중 중요한 것들은 구성원의 현존, 믿음, 비전, 사랑의 가치, 추억, 음식, 문화 유산입니다. 이상적 가정은 부모가 건강하고 신실하며 사랑이 충만하고 가정의 공통 비전을 공유하는 동시에 부부 각자와 자녀들의 비전을 명확히 알고 그 실현을 위하여 노력하는 것입니다. 서로를 지원하고 같이 여가 활동을 하면서 음식, 여행 등으로 추억을 만들며 서로 영적, 정서적, 신체적, 비전적 지원을 해주는 것입니다. 이런 가정에서 자라난 자녀들은 신실하고 사랑이 충만하며 비전을 명확히 알고 영적, 정서적, 신체적, 비전적으로 강인할 것입니다. 아래에 각 영역에서 가정에서 충만한 것과 부족한 것을 기록하여 보십시오.

	충만한 자원 (구체적 내용 쓰기)	부족한 부분 보완 방법
구성원의 현존	예: 부모, 형제, 부부, 자녀, 손주가 모두 건강하게 함께 살거나 가깝게 살면서 서로 힘이 되어 주는 것	
믿음	예: 부모, 형제, 부부, 자녀, 손주의 신앙 생활 여부	
비전	예: 부모, 형제, 부부, 자녀, 손주의 비전 확신 여부	

사랑의 가치	예: 부모, 형제, 부부, 자녀, 손주 모두 성경적 사랑으로 서로 섬기며 사는지의 여부		
추억	가정에 풍성한 추억거리 여부와 주요 추억 리스트		
의식	매년 생일, 결혼 기념일 등을 챙겨주며 우애를 다진 여부, 주요 의식 리스트		
음식	음식은 2장 14단원 음식 편을 참고하십시오.		
물질적 지원	물질적 지원 자원은 20장을 참고하십시오.		
영적 지원	영적 지원 자원은 21장을 참고하십시오.		
정서적 지원	정서적 성품적 지원 자원은 21장을 참고하십시오.		

위의 표에 제시된 것들은 가족들에게 큰 힘과 용기를 주는 비물질적 유산들입니다. 이것들이 긍정적이고 풍성한 사람들은 정신적으로도 건강하여 정신적 불구로 살지 않고 담대하게 자신의 비전을 추구할 수 있게 됩니다. 즉, 가정이 줄 수 있는 중요한 상속 유산이라는 것입니다.

성경적 직업 유산의 이해

멘토: 직업은 하나님께서 우리에게 주신 비전을 실현하기 위하여 우리가 시간과 에너지를 집중적으로 투자하는 전문적 일을 뜻합니다.

> 그래서 직업은 이 세상의 트렌드로 정하는 것이 아니라
> 하나님께서 우리에게 비전을 주셔서 그 비전을 실현하는 과정 속에서
> 가장 적절하게 실현할 직업을 선택하되 만약 없으면 만드는 것입니다.
> 그래서 비전은 천국적입니다. 그러한 직업을 천직이라고 합니다.

그래서 지혜로운 믿음의 선조들께서는 이러한 직업을 영어로 vocation이라고 표현했습니다. 이 보케이션(vocation)은 소환이라는 뜻의 보카시오(vocacio)와 부르다라는 뜻의 보케어(vocare)라는 라틴어에서 왔습니다. 또한 "자신이 하기에 적합하다고 생각하여 모든 시간과 에너지를 쏟아야 하는 직업 혹은 그러한 느낌"으로 파악했습니다. 즉, vocation은 소명감 혹은 소명의 직업으로 이해됩니다.

> 우리가 하나님께 모든 것으로 예배하고 비전의 일을 직업적으로 감당할 때
> 하나님께서 우리에게 모든 자원을 예비하시고 자원이 활성화되어 풍성하게 하십니다.
> 영적 풍요는 하나님께 드리는 기도, 찬양과 예배를 통하여
> 물질적 풍요는 하나님께서 주신 비전의 직업을 통하여 옵니다.

이유는 하나님께서 우리에게 비전과 그것을 실현할 자원을 주실 때 이 비전 실현에 필요한 지능, 체력, 기술, 영감들을 부어 주시기 때문입니다. 그런 자원 중 하나가 부모와 멘토입니다. 비전을 이루기 위하여 직업 활동을 할 때 중요한 사람이 멘토입니다. 부모가 육체의 부모라면 멘토는 비전의 부모입니다. 부모가 멘토가 되는 것이 이상적이고, 다른 전문가가 비전 멘토가 되는 것도 좋습니다.

자녀와 부모가 서로를 너무 잘 알기에 부모가 비전 직업의 멘토가 되어 주면 가장 좋지만, 분야가 다르다면 다른 분을 멘토로 모시고 배울 수도 있습니다. 이것이 매우 성경적인 교육 방법입니다. 이 교육 방법을 가장 잘 실천하고 각 직업 영역에서 최고의 능력을 발휘하는 민족이 바로 유대인들입니다.

> 유대인들은 직업적 비전을 소중하게 여기고 자녀들에게
> 부모가 아는 모든 것을 전수해 주기 위하여 어린 시절부터 노력합니다.
> 그래서 그들은 명예와 부를 다음 세대에 유산으로 지속적으로 전수합니다.

멘토: 비전적 직업 유산은 당신이 그간 가장 집중적으로 행했던 직업 분야를 뜻합니다. 물론 하나님께서 주신 것이어야 하겠지만 혹시 잘 모른 채 했더라도 그간 직업 활동을 하면서 축적한 지혜와 물적, 인적 자원들과 그것을 축적하기까지의 비법들을 전수할 것입니다.

만약 당신의 비전 분야가 자녀가 추구하는 비전과 같다면 상당한 것들을 전수해 줄 수 있을 것입니다. 혹시 다르더라도 성공적 직장 생활의 비법 혹은 창업과 사업 비법은 기본적으로 전수해 줄 수 있을 것입니다.

예를 들어 주부는 매우 중요한 비전/전문 분야입니다. 하나님의 디자인은 주부 역할을 통하여 배우자와 자녀들이 비전 영역에서 전문가가 되도록 기도와 영성, 감성, 건강을 위하여 지원하도록 하신 것입니다. 그래서 최고의 배우자가 되는 법, 자녀 지원법, 가정에서 영성을 유지하며 정서적으로 지원하고 체력이 손상되지 않게 하고, 배우자와 자녀가 비전을 실현하도록 지원하는 것 등의 비법은 소중합니다.

Q. 당신의 비전/전문 분야는 무엇입니까?

Q. 비전/전문 분야에서 당신이 성취한 것들은 무엇입니까?

Q. 비전 분야에서 앞으로 더 성취하고 싶은 것들은 무엇입니까?

Q. 자녀들이 하나님께서 주신 비전을 알고 그 비전 실현을 위하여 직업을 선택하고 기쁨과 보람으로 일하고 있습니까?

Q. 비전 분야를 더 발전시키기 위하여 양육한 비전 멘티 제자들은 누구입니까?

Q. 자녀들이 비전을 아직 모른다면 최대한 빨리 알도록 도와주겠습니까?

비전 직업의 인맥과 비법

멘토: 당신이 그간 살면서 알게 된 각 분야의 최고 전문가, 법, 병원, 교육, 교회, 보험, 자동차 수리소 등 자녀들의 삶 속에서 필요할 전문가를 자녀와 멘티들에게 소개해 주십시오.

분야	전문가 이름	연락처	그들의 특기

멘토: 자녀에게 가정과 직업과 관련해 전수해 줄 중요한 지혜들을 기록해 주십시오.

20장. **물질유산**

여기에서는 물질, 재정 유산에 대한 지혜를 자녀들에게
전수할 것입니다.

멘토: 비전 실행을 사명으로 삼고 집중할 때 그 일은 자연스럽게 직업이 됩니다. 하나님께서는 우리의 직업을 통하여 다양한 물질적 풍요를 누리도록 하셨습니다. 성경은 그 물질의 소유권과 활용처를 우리에게 알려 줍니다.

1. 모든 물질은 주님 것입니다.

> 은도 내 것이요 금도 내 것이니라, 만군의 여호와의 말이니라. | 학개 2:8

내 생명과 모든 것을 포함하여 우주의 모든 자원이 주님 것이라는 것을 인정하는 것은 주님께서 주인이 되신다는 것을 의미합니다. 이럴 때 감사가 온전해집니다.

> 범사에 우리 주 예수 그리스도의 이름으로 항상 아버지 하나님께 감사하며 | 에베소서 5:20
> 범사에 감사하라 이것이 그리스도 예수 안에서 너희를 향하신 하나님의 뜻이니라. | 데살로니가전서 5:18

2. 물질의 공급은 주님으로부터 옵니다.
삶에 필요한 물질의 풍요 여부는 더 많은 노동에서 나오는 것이 아니라 그 물질의 근원되시는 하나님 아버지께 대한 인정과 아버지의 나라와 통치를 인정하고 그 나라의 삶을 의롭게 하는 것에서 근거합니다. 감사하며 하나님 나라를 인정하여 그 통치를 따르고 그 증거로 하나님 나라에서 각자가 부여받은 비전의 일을 의롭게 행할 때 물질적 "모든 것"이 형통과 함께 주어집니다.

> 그러므로 염려하여 이르기를 무엇을 먹을까 무엇을 마실까 무엇을 입을까 하지 말라
> 이는 다 이방인들이 구하는 것이라
> 너희 하늘 아버지께서 이 모든 것이 너희에게 있어야 할 줄을 아시느니라.
> 너희는 먼저 그의 나라와 그의 의를 구하라 그리하면 이 모든 것을 너희에게 더하시리라 | 마태복음 6:31-33

3. 물질의 풍요는 비전의 기업을 통하여 옵니다.
앞서 살핀 것은 모든 사람에게 공통적인 것입니다. 이 말은 주님께서 각자에게 알맞는 축복들을 주셨다는 것입니다. 그 알맞게 주시는 하나님의 전략은 비전을 통한 것입니다. 각 사람에게 다른 비전 영역을 독특하게 주셔서 각자의 영역에서 전문가가 되며 서로의 영향력을 나누며 풍요롭게 하셨습니다.

> 또 어떤 사람이 타국에 갈 때 그 종들을 불러 자기 소유를 맡김과 같으니
> 각각 그 재능대로 한 사람에게는 금 다섯 달란트를, 한 사람에게는 두 달란트를, 한 사람에게는
> 한 달란트를 주고 떠났더니
> 그 주인이 이르되 잘 하였도다 착하고 충성된 종아 네가 작은 일에 충성하였으매 내가 많은 것으로
> 네게 맡기리니 네 주인의 즐거움에 참예할지어다 하고
> 이 무익한 종을 바깥 어두운 데로 내어 쫓으라 거기서 슬피 울며 이를 갈이 있으리라 하니라
> | 마태복음 25:14 -15, 21, 30

즉, 비전과 사명을 주시며 그것을 위하여 주님의 소유를 "각각 그 재능(능력)대로" 나누어 주시어 활용하게 하십니다. 이 일을 통하여 물질적, 관계적 풍요의 열매가 오게 됩니다.

4. 물질의 중요한 사용처는 비전 영역이어야 합니다. 그 이유는 매우 단순합니다. 하나님께서 주신 비전은 하나님의 자녀에게 하나님 나라에서 주신 기업이 됩니다. 하나님 나라는 이 땅에서 시작됩니다. 그러므로 천국에 가서 받는 것이 아닙니다. 이 땅에서 주신 비전의 기업을 충실히 하는 섬기는 사람이 천국에서도 이기는 자로 상급을 받는 것입니다. 그러므로 물질은 하나님께서 주신 비전 영역을 하나님 나라로 만들기 위하여 사용되어야 합니다. 여기에는 좋은 물건의 생산, 유통, 판매와 더불어 미래 사업 개발비 등과 이 비전의 일을 함께 행하는 동료들에게 공평한 분배와 보상, 그리고 소비자가 사는 공동체를 돕는 일까지 모두 포함됩니다. 주님은 일차적으로 이것을 근거로 "착하고 충성된 종"에게는 보상을, "악하고 무익한 종"에게는 징벌을 주십니다.

5. 물질적 소득의 첫번째 사용처는 주님께 감사와 영광을 돌리는 것이어야 합니다. 주님께서 주신 자원을 활용하여 비전의 일을 통해 소득을 얻으면 우선 하나님께 십일조와 하나님의 일을 감당하는 이들을 위한 헌금으로 사용되어야 합니다. 십일조는 구원의 조건이 아니기에 거래하듯 생각하면 안 됩니다. 지극한 감사로 드려야 합니다.

> 만군의 여호와가 이르노라 너희의 온전한 십일조를 창고에 들여 나의 집에 양식이 있게 하고 그것으로
> 나를 시험하여 내가 하늘 문을 열고 너희에게 복을 쌓을 곳이 없도록 붓지 아니하나 보라.
> | 말라기 3:10

> 성전의 일을 하는 이들은 성전에서 나는 것을 먹으며
> 제단을 모시는 이들은 제단과 함께 나누는 것을 너희가 알지 못하느냐
> 이와 같이 주께서도 복음 전하는 자들이 복음으로 말미암아 살리라 명하셨느니라. | 고린도전서 9:13-14

6. 물질적 소득의 두 번째 사용처는 가정이어야 합니다. 가족은 당연히 비저너리 기업가 부부로 하여금 삶의 동력을 받으며 일하면서 자녀들을 다음 세대 비저너리로 키우는 중요한 하나님의 비전 기관입니다. 만약 돈 버느라고 바빠 부부가 하나되지 못하고 자녀에게 비전 전수가 되지 않는다면 매우 심각한 문제가 됩니다. 부부와 자녀가 공통의 가정 비전을 위하여 헌신하고 각자의 비전 또한 실현하기 위하여 물질을 분배하여야 합니다.

7. 물질적 소득의 세 번째 사용처는 사회와 국가 세금이어야 합니다. 사회와 국가 없는 기업은 없습니다. 사회와 국가를 하나님 나라로 만들기 위하여 비저너리는 물질을 사회와 국가를 지원하며 온전한 곳에 사용하도록 영향력을 행사하여야 합니다.

이르되 가이사의 것이니이다 이에 이르시되 그런즉 가이사의 것은 가이사에게,
하나님의 것은 하나님께 바치라 하시니 | 마태복음 22:21

8. 물질적 소득의 세 번째 사용처는 과부, 나그네, 갚을 수 없는 이웃들의 구제여야 합니다. 여기까지가 하나님께서 비저너리들에게 물질을 주시어 섬기라고 하는 영역입니다. 그들이 연약하여 굶주리고 기회를 얻지 못하여 하나님께서 주신 비전을 실현하며 삶을 누리지 못하는 것은 하나님께 큰 아픔입니다. 그래서 우리가 세금을 통해 사회와 국가가 그들에게 복지를 행하게 하면서 동시에 나도 당장 도울 수 있는 이들과 선교지에 있는 이들을 교회나 선교기관 혹은 단기 선교팀 등을 돕는 것을 하나님께서는 매우 기쁘게 그리고 고맙게 생각하십니다. 그리고 그런 일을 지속적으로 할 수 있도록 물질을 맡겨 주십니다.

그들도 대답하여 이르되 주여 우리가 어느 때에 주께서 주리신 것이나 목마르신 것이나 나그네 되신
것이나 헐벗으신 것이나 병드신 것이나 옥에 갇히신 것을 보고 공양하지 아니하더이까
이에 임금이 대답하여 이르시되 내가 진실로 너희에게 이르노니 이 지극히 작은 자 하나에게 하지
아니한 것이 곧 내게 하지 아니한 것이니라 하시리니 | 마태복음25:44-45

9. 그러나 이러한 물질에 대한 진실을 모르고 사는 이들에 대하여 성경은 다음과 같이 경고합니다.

들으라 부한 자들아, 너희에게 임할 고생으로 말미암아 울고 통곡하라.
보라 너희 밭에서 추수한 품꾼에게 주지 아니한 삯이 소리 지르며 그 추수한 자의 우는 소리가
만군의 주의 귀에 들렸느니라. 너희가 땅에서 사치하고 방종하여 살육의 날에 너희 마음을
살찌게 하였도다. | 야고보서 5:1-5

이런 부자는 돈의 벽에 스스로를 가두며 돈의 무게에 스스로를 짓눌러 죽이는 경우입니다. 돈을 활용하여 축복을 받는 유일한 방법은 선한 청지기가 되는 것입니다.

선을 행하고 선한 사업을 많이 하고 나누어 주기를 좋아하며 너그러운 자가 되게 하라.
이것이 장래에 자기를 위하여 좋은 터를 쌓아 참된 생명을 취하는 것이니라.
| 디모데전서 6:18-19

이제 구체적으로 법적인 재산 상속에 대하여 살펴보겠습니다.

멘토: 다음은 한국 유산 상속과 기부에 대한 법적인 이해입니다.

이어서 유산 상속에 관한 법적인 정보와 구체적 상속거리와 분배자 리스트 작성을 해 보겠습니다. 먼저 유산 상속에 관한 한국 법은 다음과 같습니다.

· 상속이 가능한 사람의 범위
(1) 피상속인의 배우자와 직계비속(아들, 딸, 손자, 손녀, 증손자, 증손녀),
(2) 피상속인의 배우자와 직계존속(아버지, 어머니, 할아버지, 할머니),
(3) 피상속인의 형제자매, (4) 피상속인의 4촌 이내의 방계혈족

· 상속이 가능한 것들
1. 재산적 권리_피상속인에게 속하고 있던 물권과 점유권은 원칙으로 모두 상속됩니다.
2. 재산적 의무_채무 기타 재산적 의무도 일반적으로는 상속되나, 채무의 성질상 채무자의 변경으로 이행의 내용까지도 변경되는 경우, 신원보증채무의 경우 등에는 상속되지 않습니다.
3. 재산적인 계약상 또는 법률상 지위_대리인의 지위·사원권·계약상의 지위 등은 그 계약이나 법률상 지위에 따라 상속을 하거나 혹은 안 하기도 합니다.
4. 피상속인이 소송 중 사망한 때에는 소송이 원칙적으로 중단되나 법률에 의해 소송을 계속 시킬 수 있는 사람이 소송 절차를 계수하면 계속됩니다.
5. 모든 일신 전속권, 특히 사망과 동시에 소멸하는 일반적인 인격권은 상속되지 않습니다.[57]

협의 시 주의사항: 모든 대상자가 동의해야 하고, 대리자는 의결권에 흠결이 없어야 합니다.

협의 상속 구분: 자녀의 경우 아들, 딸, 장남, 차남, 적자 서자 구분 없이 모두 동일하게1/N으로 상속됩니다. 다만 배우자의 경우 1.5/N로 상속됩니다.

상속 승인과 포기: 만약 채무를 함께 상속하는 경우 [단순 승인]을 통하여 모든 채무를 상속받는 경우와 [한정 승인]을 통해 상속 재산 안에서 채무 의무를 행하는 제도입니다. 혹은 3개월 이내에 상속 포기를 하면 어떤 재산이나 채무에 대한 상속을 받지 않을 수 있습니다.

· 유산의 기부:
유산 중 일부를 교회, 선교단체, 혹은 사회단체에 기부할 수 있습니다. 재산, 생명보험금 수익자라면 기부하려는 단체명을 지정할 수도 있고, 매월 받는 국민연금, 공무원 연금, 군인연금, 사학연금의 전액이나 일부를 지정할 수도 있고, 주식이나 부동산 등을 기부할 수도 있습니다. 유산을 교회, 선교단체나 사회의 공익법인에 기부할 때 세금 공제가 됩니다. 그러므로 상속인은 결과적으로 상속세 감면의 혜택과 더불어 선한 일을 도모하는 청지기로서 주님께 영광도 드리고, 자녀들에게도 가문의 영광을 물려주게 됩니다.

멘토: 미국에서 합법적인 유산 상속은 리빙 트러스트(Living Trust)를 활용해야 합니다.

· 리빙트러스트(Living Trust)란?

생전 신탁으로 서류상의 신탁 회사를 만드는 것을 말하는 유산 상속 계획(Estate Planning)입니다. 재산 소유자가 살아 있는 동안 신탁(Trust) 회사를 만들고 그 곳에 자신의 재산을 넣고 자신이 정한 신탁 회사의 규정에 따라 살아 있는 동안 재산을 사용하며, 죽은 후에는 정한 대로 유산 분배를 하도록 하는 것입니다.

· 리빙트러스트의 배경

캘리포니아에서는 15만불 미만의 유산에 대하여는 법에서 관여하지 않고 원하는대로 증여할 수 있습니다. 그러나 15만불 이상의 유산에 대하여는 유언을 했든 안 했든 거주지 유언검인 법원(Probate court)에서 유언검인이라는 프로베이트 페티션(probate petition) 과정을 거쳐야 합니다. 이유는 유산 수혜자(자녀, 친지 혹은 기부단체)의 신원을 확인하고, 유산의 가치를 정확하게 하여 유산 분배와 증여세를 정확하게 계산하기 위함입니다. 만약 집이 있다면 집값을 시세로 가치 판단을 하게 됩니다. 이런 과정을 거치려면 법원 수수료와 변호사 비용으로 유산의 30%를 지불해야 하고, 검증 시간도 1-2년이 소요될 수 있습니다.

리빙트러스트는 이러한 법원 검증 절차를 피하고 비용을 절감시키며 유언자가 원하는 사람에게 재산을 정확히 분배하는 방식입니다. 사망 전에 내용을 언제든지 변경할 수 있고 해체할 수도 있습니다. 변호사를 통해 2500-5000불 선에서 작성할 수 있습니다. 주법에 따라 규정이 다르므로 이주했을 경우 거주지 주의 법에 따라 적절하게 대처하는 것도 필요합니다.

· 리빙트러스트 작성을 위하여 필요한 서류

재산 내역, 가족들의 정확한 영어 이름과 생년월일, 상속 집행자, 위임장 대리인, 의료결정 대리인, 미성년자 자녀가 있을 경우 미성년 보호자의 역할을 해줄 사람의 이름과 연락처가 필요합니다.

재산 내역 확인을 위해 재산세 증명서에 나오는 부동산의 등기문서가 필요하고, 유동자산의 경우 은행과 기타 금융재산의 계좌 종류별 은행과 금융기관, 계좌번호 등이 필요합니다.

은행에 있는 현금일지라도 소유자가 죽을 경우 일단 동결되어 자녀들이 마음대로 사용할 수 없습니다. 그러므로 수혜자를 미리 정해 놓고 온라인 구좌의 이름과 비밀 번호를 미리 알려 주어 활용할 수 있도록 해야 합니다.

결론적으로 미국에 살고 있고 15만불 이상의 재산이 있어서 그것을 자녀나 기관에 증여하고 싶다면 변호사를 통해 리빙트러스트를 하시는 것이 좋습니다.

멘토: 인생을 살아오면서 간직해온 많은 소중한 것들이 있을 것입니다. 나름 의미가 있고 가치가 있어서 간직한 것이겠지요. 그런데 간발의 차이로 의미가 달라질 수 있습니다.

살아 계실 때 주면 선물, 돌아가신 뒤 남기면 유품
원하는 이가 받으면 보물, 원하지 않는 이에겐 쓰레기

의미 있는 물품들은 다음과 같이 구분할 수 있습니다.

귀중품: 금품, 통장, 인감 등 직접적인 재산
추억의 물건: 사진, 편지, 저서, 작품들, 수집물들
의류: 의복, 이불
가구나 가전: 장롱과 기타 가전제품들
식료품: 특산물 차, 건강보조식품, 기타 식품

그래서 물건 정리는 다음과 같은 순서로 해보십시오.

1. 자녀와 지인 중 무엇이 필요한지 알아보고 필요한 것을 미리 선물로 주십시오.
2. 그것을 미리 리스트로 정리하십시오. 그리고 누구에게 언제 줄 것인지도 대충 계획하고 실행하십시오. 사후에 주실 것이면 미국의 경우 리빙트러스트에 적은 대리인이 줄 수 있도록 가이드라인을 정해 주십시오.
3. 그리고도 남는 것들 중에 사용 가능한 것들은 복지 시설이나 NGO등에 미리 기탁하십시오. 생전에 줄 것과 사후에 줄 것을 잘 구분하십시오.
4. 중고 물건으로 사용이 가능하지 않는 것들은 하나씩 평소에 버리십시오.

결국 당신의 몸도 땅에 두고 천국으로 날아갈 것입니다.

추억의 미련 때문에 물건을 처분 못하는 것이 아니라
영혼의 미련함이 가득하여 처분하지 못하기 때문입니다.

하늘을 나는 새는 날개 밑에 아무것도 품지 않습니다.

---

5. 반려동물도 분양 예약을 해 놓고, 사료나 방역 기록과 특성을 기록하십시오.
6. 휴대폰, 자동차, 보험 등 정보를 미리 자녀들과 상의하십시오.
7. 유품이 많은 경우 유품정리사를 활용하고 폐품처리해야 할 것들이 많을 경우 폐기물 정리업체 혹은 특수 청소업체의 도움을 받을 수 있습니다.

멘토: 삶을 완성하면서 필수적인 것은 소장품 정리입니다. 소설가 김훈은 소장품 정리에 관한 깊은 지혜를 주는 글을 썼습니다. 그는 다음과 같이 지혜의 소장품을 아낌없이 나누고 있습니다.

돈 들이지 말고 죽자, 건강보험 재정 축내지 말고 죽자, 주변 사람을 힘들게 하지 말고 가자, 질척거리지 말고 가자, 지저분한 것들을 남기지 말고 가자, 빌려 온 것 있으면 다 갚고 가자, 남은 것 있으면 다 주고 가자, 입던 옷 깨끗이 빨아 입고 가자, 관은 중저가가 좋겠지.가면서 사람 불러 모으지 말자, 빈소에서는 고스톱을 금한다고 미리 말해 두자….

가볍게 죽기 위해서는 미리 정리해 놓을 일이 있다. 내 작업실의 서랍과 수납장, 책장을 들여다보았더니 지금까지 지니고 있었던 것의 거의 전부가 쓰레기였다. 이 쓰레기더미 속에서 한 생애가 지나갔다. 나는 매일 조금씩, 표가 안 나게 이 쓰레기들을 내다 버린다. 드나들 때마다 조금씩 쇼핑백에 넣어서 끌어낸다.

나는 이제 높은 산에 오르지 못한다. 등산 장비 중에서 쓸 만한 것들은 모두 젊은이들에게 나누어 주었고, 나머지는 버렸다. 책은 버리기 쉬운데, 헌 신발이나 낡은 등산화를 버리기는 슬프다. 뒤축이 닳고 찌그러진 신발은 내 몸뚱이를 싣고 이 세상의 거리를 쏘다닌, 나의 분신이며 동반자이다. 헌 신발은 연민할 수밖에 없는 표정을 지니고 있다. 헌 신발은 불쌍하다. 그래도 나는 내다 버렸다.

죽음과 싸워서 이기는 것이 의술의 목표라면 의술은 백전백패한다. 의술의 목표는 생명이고, 죽음이 아니다. 이국종처럼, 깨어진 육체를 맞추고 꿰매서 살려내는 의사가 있어야 하지만, 충분히 다 살고 죽으려는 사람들의 마지막 길을 품위 있게 인도해주는 의사도 있어야 한다.

죽음은 쓰다듬어서 맞아들여야지, 싸워서 이겨야 할 대상이 아니다. 다 살았으므로 가야 하는 사람의 마지막 시간을 파이프를 꽂아서 붙잡아 놓고서 못 가게 하는 의술은 무의미하다. 그래서 항상 준비하고 있어야 한다. 모든 사람이 태어나는 방법은 거의 비슷하지만, 그러나 죽는 방법은 천차만별하다. 그래서 인간의 평가는 태어나는 것보다 죽는 것으로 결정된다.

내가 세상에 올 땐 나는 울었고, 내 주위의 모든 이들은 웃었다. 내가 이 세상을 떠나갈 땐 모든 사람들이 아쉬워 우는 가운데 나는 웃으며 홀홀히 떠나가자.

이형기 시인은 [낙화]라는 시에서 "헤어질 결심"을 다음과 같이 표현합니다.

가야 할 때가 언제인가를
분명히 알고 가는 이의
뒷모습은 얼마나 아름다운가.

봄 한철
격정을 인내한
나의 사랑은 지고 있다.
…

나의 청춘은 꽃답게 죽는다

헤어지자 섬세한 손길을 흔들며
하롱하롱 꽃잎이 지는 어느 날

나의 사랑, 나의 결별,
샘터에 물 고이듯 성숙하는
내 영혼의 슬픈 눈

멘토: 다음은 자녀들에게 재정 관리에 대한 지혜를 나누어 주는 부분입니다. 먼저 아래의 질문에 짧게 답해 보십시오.

Q. 삶에서 재정 관리는 어떻게 하셨나요? (해당되는 분야에 모두 표시하십시오)

> ☐ 철저하게 계획하고 관리하며 함부로 낭비하지 않으려 했다.
> ☐ 특별히 계획하지는 않았고 그냥 있으면 쓰고 없으면 안 썼다.
> ☐ 먼저 쓰려고 한 부분은 자기계발과 교육 쪽이었다.
> ☐ 먼저 쓰려고 한 부분은 오락, 여행, 쇼핑 등이었다.
> ☐ 먼저 쓰려고 한 부분은 부동산, 주식 등의 투자 분야였다.
> ☐ 재산 증식 분야에 좋은 멘토나 조언자가 있었다.
> ☐ 십일조는 철칙으로 지켰다.
> ☐ 십일조 외에도 각종 구제에 힘썼다.

Q. 재정 분야의 성공담을 나누어 주십시오(어떤 것에 어떻게 투자했는데 어떻게 되었다든지 등).

Q. 재정 분야의 실패담을 나누어 주십시오(누구 믿고 무엇을 했다가 어떻게 되었다든지 등).

Q. 기회와 위기가 어떻게 왔고 어떻게 대처했는지요?

Q. 지금 다시 일을 시작한다면 재정적인 부분을 어떻게 관리하겠습니까?

Q. 재정 관리를 위하여 추천할 분야나 방법, 혹은 책이나 프로그램이 있습니까?

매월 예상 수입과 지출 155

멘토: 다음 칸에 매월 예상 수입과 지출 내역을 기록하고 필요한 대책을 세워 보십시오.

	예상 수입	예상 지출	만기일	기타 메모
수익				
정부 보조				
은퇴금				
월세 수입				
자녀 보조금				
노동 수입				
기타				
월 예상수입 총계				
지출				
집세				
의료 보험				
약값				
자동차 보험				
생활 공과금				
음식비				
여가활동비				
교회 헌금				
기타 헌금				
손주들 지원금				
기타				
월 예상수입 총계				

물질 유산 분배_현금

멘토: 아래 표에 주요 재산 목록 관련 정보를 기록하고, 누구에게 선물, 상속 혹은 기증할 것인지를 쓰십시오.

번호	재정/재산/채무 목록	장소/은행/기관/사람	가치	지정 분배
1	현금: 금액, 보관 장소			
2	예금: 거래 금융기관 및 계좌 번호, 예금 종류, 금액, 통장			
3	주식: 거래 증권회사 및 증권 번호, 소유 주식 종류 및 주식 수			
4	보험: 가입 보험 종류, 보험회사 및 증권 번호, 금액, 보험 증권			

5	연금: 가입 연금 종류, 연금기관 및 증권 번호, 금액, 연금 증권	
6	받을 채권: 채무자 인적 사항(이름, 주소, 연락처 등), 금액, 일시와 사유, 증빙자료(계약서, 차용증, 각서, 증인 등) 및 보관 장소	
7	갚을 채무: 채권자 인적 사항(이름, 주소, 연락처 등), 금액, 채무 발생 일시와 사유	
8	보증 관계: 주 채무자의 인적사항, 보증 금액, 보증 내용, 보증 기한, 증빙자료	
9	온라인 기관　　　　　　ID　　　　　비밀 번호	

157 물질 유산 분배_부동산

멘토: 다음 칸에 부동산 자산과 분배에 대하여 기록하십시오.

번호	종류 목록	수량	규모	주소	가치	지정 분배
예	주택	1채	60평			
1						
2						
3						
4						
5						
6						
7						
8						
9						
10						
11						
12						
13						
14						
15						

멘토: 다음 칸에 소유한 귀중품, 골동품 등의 선물 리스트와 분배를 기록하십시오.

번호	재정/재산 목록	주소	가치	지정 분배
1				
2				
3				
4				
5				
6				
7				
8				
9				
10				
11				
12				
13				
14				
15				

21장. **영성과 성품유산**

여기에서는 영성과 성품 유산에 대한 지혜를 자녀들에게
전수하게 될 것입니다.

멘토: 영성과 성격적인 것도 유산일까요? 당연히 그렇습니다. 그리고 사실은 최고로 가치 있는 유산입니다. 구약에 등장하는 인물들의 특성은 하나님과 교통할 수 있는 영성과 성품을 갖춘 것입니다. 하나님께서는 준비 안된 사람에게는 정련의 시간을 주시고 영성과 성품을 갖추고 순종한 이들에게 놀라운 축복을 주셨습니다. 순종하지 않은 사람들은 죄와 악 속에서 비참한 삶을 살았습니다.

노아의 경우 그가 500년 동안 기다림의 시간을 가진 이후 의인과 완전함, 하나님과 동행하는 사람이 되어 방주를 통한 구원과 그 자손을 통한 새 인류의 시작의 축복을 누리게 됩니다.

이것이 노아의 족보니라 노아는 의인이요 당대에 완전한 자라 그는 하나님과 동행하였으며
그러나 너와는 내가 내 언약을 세우리니 너는 네 아들들과 네 아내와 네 며느리들과 함께
그 방주로 들어가고 | 창세기 6:9, 18

아브라함의 경우 그의 실수 가운데서도 믿음을 의로 여기시고 창세기 17장에서 다음과 같이 말씀하시고 아브라함이 순종하자 21장에서 아들을 주십니다.

아브람이 여호와를 믿으니 여호와께서 이를 그의 의로 여기시고
아브람이 구십구 세 때에 여호와께서 아브람에게 나타나서 그에게 이르시되 나는 전능한 하나님이
라 너는 내 앞에서 행하여 완전하라. | 창세기 15:6, 17:1

모세의 경우 애굽 병사를 죽일 정도로 혈기가 있었지만 40년 동안 광야에서 양을 치며 온유함을 갖추자 하나님께서 나타나셔서 출애굽을 인도하게 하시고 동행하시며 보호하고 변호해 주십니다.

이 사람 모세는 온유함이 지면의 모든 사람보다 더하더라. | 민수기 12:3

다윗의 경우 하나님의 마음에 맞는 사람이라는 칭찬을 들었고, 두 번이나 굴에서 자고 있는 사울을 죽일 수 있었으나 용서하자 남왕국과 북왕국을 피 흘리지 않고 차지하게 됩니다.

내 아버지여 보소서 내 손에 있는 왕의 옷자락을 보소서 내가 왕을 죽이지 아니하고 겉옷 자락만
베었은즉 내 손에 악이나 죄과가 없는 줄을 오늘 아실지니이다 왕은 내 생명을 찾아 해하려 하시나
나는 왕에게 범죄한 일이 없나이다. | 사무엘상 24:11 (26:12 참고)

예수님의 경우 마음이 온유하고 겸손하였으며 죽기까지 복종하며 십자가를 지시니 하나님께서 그를 지극히 높이시고 모든 무릎을 그 앞에 꿇게 하셨습니다.

나는 마음이 온유하고 겸손하니 나의 멍에를 메고 내게 배우라 그리하면 너희 마음이 쉼을 얻으리니
| 마태복음 11:29
너희 안에 이 마음을 품으라 곧 그리스도 예수의 마음이니 그는 근본 하나님의 본체시나 하나님과
동등됨을 취할 것으로 여기지 아니하시고 | 빌립보서 2:5-6

당신의 경우는 어떠합니까? 마땅히 복받을 만한 영성과 성품을 소유하고 있습니까? 그 영성과 성품을 자녀들에게 물려주었습니까? 그렇지 않다면 이제 이 책의 여정과 더불어 그렇게 변화되면 됩니다.

멘토: 영성의 척도는 다양한 것으로 측정할 수 있지만 우선 1) 성령 은사의 활용 정도 2) 성령의 열매를 맺는 정도 3) 신의 성품을 갖추고 4) 주님께서 주신 비전 실현을 사명으로 삼고 충성스럽게 행하는 것을 통하여 알 수 있습니다. 우선 성령의 은사에 대하여 살펴봅니다.

> 하나님의 영으로 말하는 자는 누구든지 예수를 저주할 자라 하지 않고
> 또 성령으로 아니하고는 누구든지 예수를 주시라 할 수 없느니라. | 고린도전서 12:3
> 누구든지 그리스도의 영이 없으면 그리스도의 사람이 아니라. | 로마서 8:9, 14

우리가 하나님을 믿을 수 있는 것도 성령님께서 믿음의 은사를 주셨기 때문입니다. 은사는 믿는 모든 자녀들에게 주시는 선물인데, 이 선물은 맡겨진 비전의 일을 감당할 때 활성화됩니다. 그래서 성령의 은사는 우리가 하나님의 자녀됨과 주님과 동행하여 성령님과 함께 일하는 것의 중요한 증거입니다. 하나님의 자녀가 세상 사람과 다른 것은 세상 자원과 더불어 이 은사를 활용하여 더 뛰어나게 행한다는 것입니다.

아래 표를 보고 각 은사를 받은 확신이 있는지, 은사를 사용한 경험이 있는지 그리고 얼마나 자주 활용하는지를 1-5로 표시하여 보십시오.

은사명과 출처	확신	경험	빈도	4가지 '진리' 관련 은사 정의
믿음(Faith) 고전 12:9				성경에 있는 모든 것이 진리이고. 모든 것이 현재와 미래에 이루어지리라 믿어지는 은사
지식(Knowledge) 고전 12:8				성령님의 은혜가 있어야 알 수 있는 성경과 하나님, 사람에 관한 깊은 비밀을 아는 은사
지혜(Wisdom) 고전 12:8				성령님의 은혜로 하나님의 지혜 원리를 깨닫고 활용하는 은사
영분(Discerning of spirits)				어떤 사람의 행동이나 말이 하나님께로부터 온 것인지 마귀로부터 온 것인지 분별하는 은사(고전 12:10)
은사명과 출처	확신	경험	빈도	3가지 '언어' 관련 은사 정의
예언(Prophecy) 고전 12:10, 28				자신의 생각이 아니라. 하나님으로부터 받은 말씀이나 감동을 대언하는 은사 (롬 12:16; 엡 4:11)
방언(Tongues) 고전 12:10, 28				배우지 않은 외국어나 인간의 언어가 아닌 천사의 말로 말하거나 기도하는 은사
통변/해석 (Interpretation)				외국어나 천사의 언어 혹은 꿈을 해석해 주어 하나님의 뜻을 알게 하는 은사 (고전 12:10)
은사명과 출처	확신	경험	빈도	2가지 '능력/기적' 은사 정의
신유(Healing) 고전 12:9, 28				성령님의 능력으로 질병을 고치는 능력
능력/기적(Miracles) 고전 12:10, 28				성령님의 능력으로 인간의 능력을 초월하여 역사하게 하는 은사. 귀신을 쫓고, 병을 고치고, 물 위를 걷고, 풍요케 하는 등의 은사

은사명과 출처	확신	경험	빈도	3가지 '섬김' 은사 정의
섬김/봉사(Service) 고전 12:28				하나님의 사람과 나라를 위하여 시간, 재능 등으로 아낌없이 돕고 섬기는 은사(롬 12:7)
긍휼/사랑(Mercy/Love) 롬 12:8				상대의 신분과 처지에 관계없이 불쌍히 여겨 아무 두려움이나 기대 없이 하나님의 은혜와 사랑을 나누는 은사
구제(Giving) 롬 12:8				성령님의 인도하심 속에 주님께서 주신 자원을 주님의 기뻐하시는 일을 위해서 아끼지 않고 드리는 은사

은사명과 출처	확신	경험	빈도	7가지 '직임' 은사 정의
사도(Apostle) 고전 12:28				하나님 나라를 위하여 여러 곳에서 복음을 전하며, 교회를 개척하고, 사역자를 세우고, 감독하는 은사 (엡 4:11)
선지자(Prophet) 고전 12:10, 28				하나님으로부터 받은 말씀을 대언하는 은사 (롬 12:16; 엡 4:11)
목사(Pastor) 엡 4:11				목자가 목숨을 걸고 어린 양을 돌보고 성장시키듯 교회에서 성도들을 돌보며 성장시키는 은사
교사(Teacher) 고전 12:28				성경의 진리, 성장과 사역의 원리를 쉽고 사명감 있게 가르치는 은사
전도자(Evangelist) 엡 4:11				국내나 해외에 있는 불신자들에게 사명감을 가지고 복음을 전하는 은사
관리/감독 (Governing/ Leadership)				믿음의 모범과 지혜와 영적 권위를 통하여 하나님의 사람들의 모임을 관리/통솔하며, 인도하고, 감독하는 직임의 은사(롬 12:8)
위로/상담 (Exhortation) 롬 12:8				친밀하게 옆에서 하나님의 진리, 지식, 지혜와 사랑으로 위로, 권면, 변호하여 사람을 회복시키고 세우는 은사

은사명과 출처	확신	경험	빈도	7가지 성경에는 없지만 인식하는 것들 정의
중보기도자 (Intercessor)				중보자이신 예수님을 본받아 하나님 나라와 성도들을 위하여 중보기도하는 은사 (창세기 24:12-14, 고린도후서 1:11, 야고보서 5:14-16)
찬양자 (Praiser)				특별히 찬양을 통해 하나님께 영광을 돌리는 은사 (역대상 25:3, 골로새3:16)
독신자 (Celibacy)				독신으로 살면서 하나님 나라를 위해 일하며 하나님께 영광 돌릴 수 있는 특별한 은사 (고린도전서 7:7-9)
순교자 (Martyr)				믿음과 사명을 위하여 목숨을 바치는 은사 (마태24:9, 사도행전 21:13)
영권(Spiritual Authority)				하나님께서 뜻하시는 일을 위하여 하나님께서 직접 함께 하시거나 천사들을 보내어 이루게 하시는 은총의 은사 (사도행전 1:8, 10:38, 고전 12)
인권(People Authority)				성령님의 은혜로 하나님의 일을 위하여 사람들의 마음을 얻고, 모이고 함께 하도록 독려하는 은사 (누가복음 5:10, 5:15, 요한복음 21:15-17)
물권(Material Authority)				성령님의 은혜로 하나님의 일을 위하여 큰 재물을 받고 활용하는 은사 (잠언 3:9-10, 역대하 32: 27-29)

멘토: 바울 사도는 우리에게 영성과 성품이 얼마나 밀접한 연관이 있는지를 간단하게 알려 줍니다. 성령의 열매를 알기 위해서는 먼저 육체의 열매를 알아야 합니다.

> 육체의 일은 분명하니
> 곧 음행과 더러운 것과 호색과 우상 숭배와 주술과 원수 맺는 것과 분쟁과 시기와 분냄과 당 짓는 것과 분열함과 이단과 투기와 술 취함과 방탕함과 또 그와 같은 것들이라. 경계하노니 이런 일을 하는 자들은 하나님의 나라를 유업으로 받지 못할 것이요. | 갈라디아서 5:19-21

육체의 일은 이렇게 "자기의 육체를 위하여 심는 자는 육체로부터 썩어질 것을 거두"게 됩니다. 반면 "성령을 위하여 심는 자는 성령으로부터 영생을 거두"게 됩니다(갈라디아서 6:8).

성령의 열매라 할 때 열매는 그리스어로는 카르포(karpo)로 과일의 열매, 행동, 일의 결과, (일을 통해 얻는) 유익, 소득을 뜻합니다. 즉 성령의 사람이 거두는 일의 열매와 소득을 말합니다.

> 오직 성령의 열매는 사랑과 희락과 화평과 오래 참음과 자비와 양선과 충성과 온유와 절제니
> 이같은 것을 금지할 법이 없느니라. | 갈라디아서 5:22-23

성령의 열매는 우리가 어떤 일을 하든지 두 가지 열매를 거둔다는 것을 알려 줍니다. 1차로 일의 결과로 소득을 거둘 것입니다. 그런데 성령의 사람은 돈이 아니라 2차 열매를 더 소중히 여깁니다. 즉 사랑, 희락, 화평 등의 성령의 열매를 맺고 "하나님의 나라를 유업"으로 받게 됩니다. 이렇게 성령의 열매를 소중히 하는 유산을 물려 주는 것은 물질 유산 보다 훨씬 유익합니다.

아래 질문은 우리가 성령의 열매를 맺는 정도를 살피려는 것입니다. 각 질문마다 동의 정도에 따라 점수를 매겨 보십시오.

0	1	2	3	4	5
전혀 동의 안함	거의 동의 안함	조금 동의	많이 동의	거의 대부분 동의	절대 동의

주제	리스트	점수
사랑	나는 지위고하를 막론하고 조건 없는 하나님의 사랑으로 대한다.	
희락	나는 물질, 건강, 사회적 상황에 관계없이 늘 충만한 기쁨이 있다.	
화평	나는 주변 사람들과 화평한 관계를 유지하고 있다.	
오래참음	나는 매사에 오래 참음과 인내로 사명을 감당한다.	
자비	나는 지위고하를 막론하고 자비롭고 친절하게 대한다.	
양선	나는 지위고하를 막론하고 착하고 선하게 대한다.	
충성	나는 하찮아 보이는 일도 충성되고 신실하게 행한다.	
온유	나는 지위고하를 막론하고 온유하게 대한다.	
절제	나는 약점을 알고, 감정과 행동을 절제하여 실수하지 않는다.	
	총계	/45

멘토: 다음은 베드로 사도가 알려주는 신의 성품에 관한 8가지 비밀입니다. 성품으로 번역된 말의 그리스어 원어는 φύσις, 푸시스(phusis)로 자연적인 것, 즉 태생적인 것, 본질, 근원적인 특성에 관한 것입니다. 즉 우리 안에 갖추어야 할 하나님의 본질적인 특성에 관한 것입니다. 우리는 하나님의 형상으로 지음 받았기에 태생적인 것이고 우리가 하나님 나라에 들어가기 위해 갖추어야 할 본질적인 것이라는 것입니다. 신의 성품은 다음과 같습니다.

> 너희 믿음에 덕을, 덕에 지식을, 지식에 절제를, 절제에 인내를, 인내에 경건을, 경건에 형제 우애를, 형제 우애에 사랑을 공급하라. 이같이 하면 우리 주 곧 구주 예수 그리스도의 영원한 나라에 들어감을 넉넉히 너희에게 주시리라. | 베드로후서 1:5-7, 11

우리는 자주 오직 믿음(sola fide 솔라 피데)이라는 말을 사용합니다. 믿음은 정말 소중한 것이기에 아무리 강조해도 지나침이 없습니다. 그런데 믿음만 유일한 것으로 강조하는 것은 전체 숲을 간과하는 것임을 베드로 사도는 알려줍니다. 베드로 사도의 8가지 덕목은 하나님 형상을 입은 한 인간의 삶이 성숙하기 위하여 연관된 대상이 어떤 것들이고, 그 대상에 대하여 어떻게 대처해야 하는지를 알려 줍니다. 그리고 그렇게 할 때 우리가 어떻게 완성되어 어떤 열매를 거둘 수 있는지 알려 줍니다. 결론은 모든 대상 영역에서 모델이 되어 주시는 예수님의 영원한 나라에 넉넉히 늘어 가는 것입니다.

아래 표의 질문에 대하여 동의 정도에 따라 점수를 주십시오. 물론 우리가 신의 성품 성숙도를 객관적으로 수치화할 수는 없습니다. 다만 주관적으로라도 살피고 개선할 점이 있다면 찾기 위한 노력입니다.

주제	대상	리스트	점수
믿음	하나님	나는 하나님과의 관계에 있어서 믿음으로 행한다.	
덕	사람	나는 믿음 위에 인간관계를 상호존중과 배려를 하며 산다.	
지식	지성	나는 덕 위에 성경적 진리, 직업적 전문성, 시대적 지식으로 성장한다.	
절제	감성	나는 지식 위에 감성적 절제를 더하여 충동적 악을 행하지 않는다.	
인내	의지	나는 절제 위에 비전 실현을 위하여 의지적으로 인내하며 살고 있다.	
경건	판단	나는 인내 위에 선한하고 의로운 판단으로 경건한 삶을 살고 있다.	
형제 우애	주변	나는 경건 위에 형제애를 가지고 주변을 대한다.	
사랑	인류	나는 형제우애 위에 하나님의 사랑으로 모든 인류를 대한다.	
	대상	총계	/40

성경은 육체의 일을 하는 자는 "하나님의 나라를 유업으로 받지 못할 것"이지만 신의 성품을 갖춘 사람은 "예수 그리스도의 영원한 나라에 들어감을 넉넉히" 주신다고 합니다. 당신이나 자녀들이 어떤 재물을 가지고 하나님 나라에 들어가겠습니까? 그런데 성령의 열매와 신의 성품을 갖추면 넉넉히 들어갈 수 있습니다. 그렇다면 당신이 가장 소중하게 물려줄 유산이 무엇이라 생각하십니까?

멘토: 그래서 이제부터는 당신이 영성을 개발하고 성품을 고결하게 만드신 비법과 경험을 기록하고 자녀들에게 전수해 주십시오. 언제 어떤 경로로 은사들을 체험했고 열매를 맺었으며, 신의 성품을 개발하기 위해 어떤 노력을 했는지 그 경험을 간략하게 적고 나머지는 자녀들과 대화로 나누어 주십시오.

- 영성개발을 위하여 했던 것들
  (예: 성경 읽기, 성구 암송, 금식 기도, 부흥회와 수련회 참석 등)

- 성품개발을 위하여 했던 것들
  (예: 교육 프로그램 참여, 상담 체험, 책 읽기, 책 추천 등)

22장. **건강유산**

여기에서는 건강 유산에 대한 지혜를 자녀들에게 전수할 것입니다.

멘토: 건강은 하나님께 속하였고 하나님께서 주신 귀한 유산입니다. 그리고 당신이 자녀들에게 물려줄 유산이기도 합니다. 건강은 하나님께서 주신 소명적 비전의 일을 하도록 주신 것입니다. 그래서 그 일에 몰두할 때 뇌가 가장 최대치로 활성화되어 지혜도 샘솟고 지혜와 성실로 행하니 삶에 형통도 있고 스트레스 없이 건강하게 살 수 있습니다. 스트레스가 있더라도 능히 이겨내고 그 스트레스를 오히려 에너지로 활용합니다.

> 스스로 지혜롭게 여기지 말지어다 여호와를 경외하며 악을 떠날지어다
> 이것이 네 몸에 양약이 되어 네 골수를 윤택하게 하리라. | 잠언 3:7-8

> 소망이 더디 이루어지면 그것이 마음을 상하게 하거니와 소원이 이루어지는 것은
> 곧 생명 나무니라. | 잠언 13:12

> 마음의 즐거움은 양약이라도 심령의 근심은 뼈를 마르게 하느니라. | 잠언 13:12, 17: 22

> 이르시되 너희가 너희 하나님 나 여호와의 말을 들어 순종하고 내가 보기에 의를 행하며 내 계명에
> 귀를 기울이며 내 모든 규례를 지키면 내가 애굽 사람에게 내린 모든 질병 중 하나도 너희에게 내리지
> 아니하리니 나는 너희를 치료하는 여호와임이라. | 출애굽기 15:26

모세가 부르심을 받았을 때는 그의 나이 80세였고, 120까지 살았습니다. 그런데 출애굽을 했던 그해에 하나님의 산에 올라 하나님과 머물며 40일 금식을 두 번이나 했으나 말씀을 받고 내려올 때 그의 얼굴에서 광채가 났습니다.

> 모세가 그 증거의 두 판을 모세의 손에 들고 시내 산에서 내려오니 그 산에서 내려올 때에 모세는
> 자기가 여호와와 말하였음으로 말미암아 얼굴 피부에 광채가 나나 깨닫지 못하였더라.
> | 출애굽기 34:29

모세는 120세에 죽었는데 힘이 없어서 죽은 것이 아니었습니다.

> 모세가 모압 평지에서 느보 산에 올라가 여리고 맞은편 비스가 산꼭대기에 이르매 여호와께서 길르
> 앗 온 땅을 단까지 보이시고 이에 여호와의 종 모세가 여호와의 말씀대로 모압 땅에서 죽어 모세가
> 죽을 때 나이 백이십 세였으나 그의 눈이 흐리지 아니하였고 기력이 쇠하지 아니하였더라.
> | 신명기 34:1, 5, 7

모세는 99881234즉, 99세까지 88(팔팔)하게 살고 1~2일 아프다가 3일째 4(사)하는 것이 아니라12088101 즉, 120세까지 88하게 1(일)하다가 01(영원[one])한 곳으로 갔습니다. 그는 120세에 혼자 느보 산에 올라갔고, 눈이 흐리지 않고 기력이 쇠하지 않았습니다.

즉, 사명자에게는 주님께서 그것을 감당할 건강과 자원을 주신다는 것입니다. 이제 여러분이 이 『생명의 서』를 잘 완성한 뒤 매일 하나님 앞에서 나머지 삶을 비전과 사명에 근거하여 기쁨과 감사 충만으로 성실하게 산다면 수명과 건강에 연연하지 않고 살다가 천국에 귀국할 것입니다.

멘토: 이상적 삶의 완성은 하나님께서 주신 비전의 일을 기쁨과 보람으로 행하다가 주님이 부르시면 편안하게 가는 것입니다. 이런 축복된 삶의 완성을 위하여, 우리가 할 일은 하고 나머지는 주님께 맡겨야 합니다. 이러할 때 우리가 붙잡을 주님의 언약은 다음과 같습니다.

> 이르시되 너희가 너희 하나님 나 여호와의 말을 들어 순종하고 내가 보기에 의를 행하며 내 계명에 귀를 기울이며 내 모든 규례를 지키면 내가 애굽 사람에게 내린 모든 질병 중 하나도 너희에게 내리지 아니하리니 나는 너희를 치료하는 여호와임이라. | 출애굽기 15:26

건강 가화만사성령

다음은 아주대학교 의료원 예방의학교실 이윤환 교수팀이 5,853편의 논문을 검색한 뒤 그 중 29편을 분석하여 최종 선정한 "노쇠 예방 7대 수칙"을 만들었고 이를 '건강 가화만성'이라 명명했습니다. 노인학에서도 영적인 활동의 중요성을 인식하지만 여기에 영이 없기에 우리는 영(령)을 추가하여 '건강 가화만사성령'으로 만들어 보았습니다. 이를 실천한다면 누구보다 더 장수하며 비전을 누리게 될 것입니다.

건강: 건강한 마음 다스리기, 강한 치아 만들기
가화: 가려 먹지 말고 충분히 식사하기, 화를 높이는 담배 멀리하기
만사: 만성질환 관리하기, 사람들과 자주 어울리기
성령: 성실하게 운동하기, 영적인 활동하기

ROSE HIPS

이 교수님의 개념에 위생관리(Hygiene)와 영적활동(Spiritual activity)을 추가하여 영어화하면 아래와 같이 기억하기 좋은 Rose Hips(로스 힙스, 들장미 열매들)가 됩니다. 이 개념으로 건강 관리를 하면 도움이 될 것입니다.

Resilience – 심리적 회복탄력성
Oral health – 구강 건강
Smoking cessation – 금연
Eating various kinds of food – 다양한 식사

Hygiene and NCD management – 위생과 만성질환 관리
Involvement in society – 사회 참여
Physical activity – 신체 활동하기
Spiritual activity – 영적 활동하기

나의 건강 현황과 건강의 지혜

멘토: 이제 여러분의 타고난 체질과 현재의 건강 정보를 파악할 것입니다. 비슷한 체질과 기질 그리고 음식 섭취로 인한 유사 건강 상태를 가지고 있을 자녀들에게 건강 관리 비법을 유산으로 전수할 차례입니다. 앞서 살핀 것은 모두에게 해당되는 것이지만 지금부터 여러분이 나누어 줄 것은 가족들에게 특수 맞춤으로 소중한 정보가 될 것입니다.

Q. 지금 건강은 어떠한가요?

Q. 체질적 특성은 어떤 것이 있나요(예: 몸이 차다)?

Q. 체질적 특성에 따라 음식이나 삶의 방식을 조절한 것이 있는지요?

Q. 부모님과 유사한 지병 혹은 당신이 오래 고생한 병이 있었나요?

Q. 투병 생활을 했다면 그 아픔과 고통을 어떻게 이겼나요?
음식이나 기호식품, 체질이나 기호에 맞는 약을 사용한 것이 있나요?

Q. 건강을 위하여 자주한 운동은 무엇인가요?

Q. 투병을 통해 배운 점은 무엇인가요?

멘토: 아래에 과거에 치료받은 주요 병과 의사 및 병원 리스트를 기록하십시오. 이것은 자녀들에게 병의 유전적 요인과 효과적인 치료에 대한 정보를 제공할 것입니다.

연도	나이	병	의사/치료방법/완치여부

현재 치료받고 있는 것들

멘토: 아래에 현재 치료받고 있는 병과 의사 및 병원 리스트를 기록하십시오.

연도	나이	병	의사/병원

멘토: 현재 드시는 약들을 기록하십시오.

드시는 시간	병	약
아침		
점심		
저녁		
밤		

Q. 약 알레르기 때문에 함께 먹으면 안 되는 것들:

23장. 교회/사회/환경 유산

여기에서는 교회. 사회, 환경 유산에 대한 지혜를 자녀들에게
전수할 것입니다.

멘토: 이 세상에 귀한 것이 많지만 그 중에 귀한 것이 교회입니다. 그 이유는 이것이 천국을 가장 잘 대변하는 기관이기 때문입니다. 교회를 이해하려면 신약성경에서 교회라는 뜻으로 쓰인 그리스어 에클레시아(ἐκκλησία)를 이해해야 합니다. 이 말은 "~에서 나온"이라는 뜻의 다(에크)와 "부르심을 받은 이"라는 뜻의 칼레오(kaleo)의 합성어입니다. 그리스 사람들에게 에클레시아는 시의원과 같이 노예가 아닌 자유 시민 중에서 대표로 뽑힌 엘리트 단체를 의미했습니다. 그래서 신약에서 쓰인 에클레시아는 세상에서 하나님의 나라로 뽑혀 나온 택함 받은 고귀한 사람들을 뜻합니다.

교회는 아담과 하와의 비교를 통해 이해해야 그 뜻을 온전히 알 수 있습니다.

아담은 하나님의 형상으로 지음 받았고, 하와는 아담의 갈비뼈를 통해 태어났습니다.
아담과 하와는 남성성과 여성성을 가지고 있고 육적 부부의 관계입니다.

교회는 하나님의 형상인 예수님의 갈비뼈에서 나온 피로 정결케 되어 거듭나고
머리이신 예수님의 몸으로 예수님의 신부가 되는 영적 부부 관계입니다.

아담과 하와는 하나님의 형상을 가진 1:1 남녀로서의 인간이지만
교회는 하나님의 형상을 가진 예수님과 1: 다수의 연합체입니다.

인간들이 교회가 될 때는 땅의 인간보다 하늘의 천사들을 더 닮습니다.
교회는 육체, 물체, 세상의 힘이 아닌 성령의 은사와 열매, 신의 성품으로
머리이신 예수님의 비전을 이 땅에서 실현하도록 부름 받은 비전 공동체입니다.

사도 바울은 교회, 에클레시아에 대한 놀라운 비밀을 다음과 같이 알려줍니다.

또 만물을 그의 발 아래에 복종하게 하시고 그를 만물 위에 교회의 머리로 삼으셨느니라.
교회는 그의 몸이니 만물 안에서 만물을 충만하게 하시는 이의 충만함이니라. | 에베소서 1:22-23

이는 이제 교회로 말미암아 하늘에 있는 통치자들과 권세들에게 하나님의 각종 지혜를 알게 하려
하심이니 곧 영원부터 우리 주 그리스도 예수 안에서 예정하신 뜻대로 하신 것이라. | 에베소서 3:10-11

이 교회(에클레시아)는 "만물 안에서 만물을 충만하게"하시는 예수님의 몸으로 머리이신 예수님께서 뜻하시는 비전을 실현함으로 예수님을 대리하여 만물을 충만하게 합니다. 그것을 성령의 지혜로 행함으로 "하늘에 있는 통치자들과 권세들에게 하나님의 각종 지혜를 알게"하는 놀라운 일을 하는 존재입니다. 그러므로 성도와 교회는 부르심 받아 나온 하나님 나라의 엘리트입니다. 각각 부여받은 비전 영역에서 믿음, 사랑, 소망, 지혜와 능력의 실체가 되어 세상 사람들과 천국의 권세자들에게도 영향력을 미치는 위대한 존재, 차원이 다른 새롭게 창조된 신 종족이며 신 인류입니다.

멘토: 당신이 살고 있는 사회와 국가에 대하여 만족하고 있습니까? 세상을 볼 때 안타까운 이유는 무엇일까요? 사회와 국가를 잘 이해하려면 그 시작점으로 가야 합니다.

인류의 첫 도시는 에덴이었습니다. 그러나 도시화의 특성을 가진 첫 도시는 노아의 홍수 후에 등장합니다. 그곳은 첫 용사로 일컫는 거인 느므롯이 건설한 바벨이었습니다(창세기 10:8-10). 그 바벨에서 흙을 구워 벽돌을 만들고 바벨탑이 건설됩니다. 그 탑을 만드는 목적은 혹시 하나님이 인간들을 또 홍수로 멸하시려 할 때 높은 곳에 올라가 피하려는 것이었습니다. 죄를 짓지 않으면 될 텐데, 죄를 지어도 하나님의 진노를 피하기 위하여 사람들을 노예화하여 탑을 쌓은 것이었습니다. 그 이후 언어 혼잡으로 사람들이 흩어지고 사회와 국가가 건설됩니다.

아담의 원죄 이후 선과 악을 알되 악을 선택하는 사람들에 의하여 여전히 죄악이 관영했으나 예수님께서 오셔서 십자가에서 피 흘려 주심으로 죄악을 용서받게 됩니다. 그리고 십자가의 도를 통하여 선과 악을 알되 선을 선택하는 사람들이 교회(에클레시아)를 형성하고 300년의 핍박과 고난과 죽음을 이기고 로마 고관대작들의 아내과 자녀들을 지혜와 진리로 가르침으로 마침내 로마를 기독교 국가로 만들고 세계 복음화의 문을 열었습니다.

그리고 현대가 왔습니다. 지금 세계는 홍수 후 첫 도시 바벨에서 불로 흙을 구워 바벨탑을 쌓은 것과 같은 일들이 재현되고 있습니다. 당시 흙을 불에 구워 만든 것처럼 컴퓨터 부품인 마이크로 칩을 만들어 쌓고 있습니다. 그들은 이제 지식의 탑을 쌓고 인공지능 로봇을 만들고 복제를 시도해 수명을 연장하면서 과학을 신봉하고 신이 필요 없다고 말합니다. 하나님의 법을 비웃는 바벨론화가 급격하게 가속화되고 있습니다. 요한계시록 17-18장은 바벨론이 끝까지 하나님을 대적하다가 마지막으로 심판 받는 도시라고 말해줍니다.

신기하지 않습니까? 노아 홍수 후에 건설된 의미 있는 첫 도시가 바벨인데, 어떻게 요한계시록에서 마지막으로 멸망 받는 의미 있는 도시의 이름이 바벨론일까요? 이유는 몇 천년이 흘러도 이 두 도시를 장악하는 악한 영이 같기 때문입니다. 앞으로의 사회와 국가는 갈수록 부자와 가난한 자, 자유진영과 공산주의, 우파와 좌파, 성도와 이교도의 양극화가 극에 달하고, 온라인에서 타락한 문화를 너무나 쉽게 접하게 되면서 배교가 가속화될 것입니다.

그러면 온전한 사회와 국가의 모습은 무엇일까요? 하나님께 비전을 받은 사람들이 그 비전 분야를 하나님 나라로 만들어 내는 곳입니다. 이런 이상 국가는 비현실적일까요? 하지만 우리가 만들어 내지 않으면 바벨론 영성에 근거한 이상한 국가에서 우리 자녀들이 살아갈 것입니다. 그렇기에 이런 비전의 사람들이 많아져야 합니다. 그리고 그 일을 할 곳은 앞서 살폈던 그런 교회, 에클레시아입니다. 그리고 당신이 그런 사람 중 한 명이어야 하고, 당신의 자녀들도 그렇게 만들 책임이 당신에게 있습니다. 그것이 하나님께서 당신에게 주신 중요한 비전입니다. 그릴 때 교회, 에클레시아가 머리 되신 주님의 몸으로 세상에 충만을 주게 되고 모든 피조물이 기다리던 그런 사회와 국가가 만들어질 것입니다. 그리고 위대한 추수가 시작될 것입니다.

멘토: 하나님께서는 우리에게 천지를 창조하여 삶의 터전으로 주시고 땅과 동식물을 관리, 개발하도록(창세기 1:28) 하셨습니다. 땅은 각종 과실과 채소로 양식을 제공했으나 죄 이후에 노동을 해야 그것을 얻을 수 있도록 바뀝니다.

> 아담에게 이르시되 네가 네 아내의 말을 듣고 내가 네게 먹지 말라 한 나무의 열매를 먹었은즉 땅은 너로 말미암아 저주를 받고 너는 네 평생에 수고하여야 그 소산을 먹으리라
> 땅이 네게 가시덤불과 엉겅퀴를 낼 것이라 네가 먹을 것은 밭의 채소인즉 | 창세기 3:17-18

이것이 인류의 시작점에서 생긴 것이고, 인류의 마지막 지점의 환경재해는 요한계시록 14-17 장에 언급되는 일곱 나팔과 일곱 대접 재앙을 통하여 자세히 알 수 있습니다.

	대상	일곱 나팔	일곱 대접	현대적 해석
1	땅	땅과 식물 1/3이 불탐	독한 화농성 상처	에이즈, 원숭이 두창과 같은 피부병
2	바다	바다 생물 1/3이 소멸	바다가 피로, 모든 바다 생물이 죽음	바다의 오염: 원자력 폐수, 화학 약품과 석유 누출 오염, 녹조
3	강과 샘	강과 물샘 1/3이 쓰게 됨	강과 샘의 근원부터 피로 변함	가뭄으로 샘과 강과 연못, 저수지가 마름
4	해	밤낮의 1/3이 어두워짐	태양이 힘을 받아 불로 사람을 태움	오존층 파괴로 일사병과 산불 등으로 죽어가는 사람들 숫자가 늘어남
5	짐승 보좌	황충의 괴롭힘	질병과 종기	코로나 19와 같은 팬데믹 질병
6	유브라데강	전쟁 후 1/3이 죽음	아마겟돈 전쟁 준비	처처에 전쟁
7	공중	일곱 대접의 재앙 시작	성전보좌 번개, 뇌성, 음성, 지진, 바벨론 멸망, 우박과 하나님 훼방	번개, 천둥, 지진, 우박, 멸망

2022년에 유럽은 최악의 단기 홍수 혹은 긴 가뭄을 겪었습니다. 어느 도심은 물에 잠겨 심각한 재난을 겪은 동시에 다른 도시들은 강과 저수지들이 말라붙어 비상 대책을 세워야만 했습니다. 미국과 다른 나라들도 극심한 가뭄과 폭염으로 대형 산불이 빈번했습니다. 또한 곡식들이 마르고, 병충해도 극심합니다. 수정을 해야 할 벌떼들이 떼로 죽고 있습니다.[58] 인간은 이를 기후 변화라는 합리적 해석을 하지만 성경 말씀에는 2천년 전에 이미 비전적 예언으로 기록되어 있습니다. 그리고 주님께 돌아오지 않는 한 해법은 없습니다. 주님은 다음과 같은 해법을 오래 전부터 주셨지만 아무도 듣지 않는 세대입니다.

> 내 이름으로 일컫는 내 백성이 그들의 악한 길에서 떠나 스스로 낮추고 기도하여 내 얼굴을 찾으면
> 내가 하늘에서 듣고 그들의 죄를 사하고 그들의 땅을 고칠지라. | 역대하 7:14

그러면 어찌해야 할까요? 당신의 자녀들이 속히 최고 위치의 결정권자가 되어 성경적이며 전문적인 판단과 결정을 내리고 의롭고 효과적으로 실행함으로 지구를 구해야 합니다.

멘토: 아래에 교회에 대한 지혜를 나누어 주십시오.

Q. 그간 다녔던 교회에서 받은 은혜에 대하여 기록하여 보십시오.

Q. 다시 교회를 선택할 수 있다면 이상적인 교회는 어떤 곳입니까?

Q. 자손들이 교회에서 어떻게 행동하거나 섬기면 좋겠다고 생각하십니까?

Q. 교회를 개혁해야 한다면 어느 부분을 어떻게 하면 좋을 것이라 생각하십니까?

멘토: 아래에 사회/국가/환경에 대한 지혜를 나누어 주십시오.

Q. 현재 살고 계신 사회와 국가에 대하여 가장 자랑스럽고 좋은 점은 무엇입니까?

Q. 현재 살고 계신 사회와 국가에 대하여 가장 큰 문제점은 무엇입니까?

Q. 그 동안 사회/국가의 변화에 대하여 무엇을 하였고 앞으로 무엇을 할 계획입니까?

Q. 현재 자연 속에서 하나님 창조의 아름다움을 어떻게 누리고 있습니까?

Q. 현재 환경의 오염과 파괴 이슈에 대하여 그간 무엇을 하였고 앞으로 어떻게 할 계획입니까?

7권
비전경영의 서

주님,
비전을 꼭 실현하겠습니다!

멘토 ♔ ────────────────────────────────

여기에서는 천국에 가기 전 이 땅에서 실현할 비전을 설정하고 비전 실현 계획을 세움으로 이 땅에서 온전한
삶을 완성할 수 있도록 다음 단원들을 통하여 살필 것입니다.

24장. **비전과 실현 원리**

여기에서는 소원 성취의 비결과 하나님의
경영 원리에 대하여 살필 것입니다.

멘토: 당신이 소원하는 것은 무엇입니까? 아래에 그 소원을 적어 보십시오.

이런 소원을 적는 것만으로도 잠시 행복하지 않으셨습니까? 이루어지면 더 행복하겠지요? 그렇다면 이 소원들을 어떻게 이룰 수 있을까요? 그런데 지금 생각하면서 다른 소원도 떠오르지 않았나요?

이것을 통하여 두 가지를 생각하게 됩니다. **첫째**, 원하는 소원이 많을 수 있다는 것입니다. 사람의 삶은 여러 영역에서 필요한 것이 있기 때문입니다. 그래서 다양한 영역에서 소원이 생기며, 소원을 말하고 이루어야 진실로 행복할 수 있음을 알게 됩니다. **둘째**, 기왕이면 소원을 꼭 이루어야 할 텐데 어떻게 하면 그 소원을 이룰 수 있을까입니다. 어떻게 하면 소원을 이룰 수 있을까요?

어떤 사람들은 원하는 것은 무조건 상상하고, 선포하라고 말합니다. 또 누구는 1만 시간 이상 노력하면 그것을 이룰 수 있다고도 말합니다. 그렇게 해서 다 이룬다면 세상이 왜 이럴까요? 물론 원하는 것을 상상하는 것과 1만 시간을 집중하여 노력하면 분명 도움이 될 것입니다. 그러나 보다 좋은 방법이 없을까요?

그런 방법보다 더 좋은 정답이 있습니다. 가장 좋은 것을 소원하고 그 소원을 이루는 방법은 다음과 같습니다.

하나님의 비전을 여러분의 소원으로 삼는 것입니다. 이렇게 되면 가장 좋은 소원을 빠르고 온전하게 이룰 수 있습니다. 하나님께서 당신에 대하여 설정하신 비전은 당신이 무엇을 상상하던 그 이상입니다. 하나님께서는 당신을 목적을 가지고 지으셨기에 당신이 무엇을 하면 좋고, 그것을 할 때 필요한 모든 자원을 당신 안과 밖에 다 예비해 놓으셨습니다. 그래서 하나님의 비전과 내 소원을 일치시키는 사람이 제일 지혜롭고 행복한 사람입니다.

하나님께서 주신 궁극적인 비전을 소원으로 삼고 그것에 집중하는 것이 지혜입니다. 그러나 그것을 온전하게 이루기 위하여 하나님께서 주변에 둘러 주신 것들 잘 관리하는 것도 지혜입니다. 하나님께서는 우리가 주님께서 주신 궁극적인 비전을 지혜로 행하며 행복과 풍요를 온전히 누림으로 안 믿는 이들에게 등대가 되기를 원하십니다. 궁극적인 소원 외에 주변 것들은 자신에 대한 소원, 배우자에 대한 소원, 자식들에 대한 소원, 건강과 물질에 관한 소원, 직장에 관한 소원, 교회에 관한 소원 등 여러 가지입니다.

멘토: 하나님의 비전을 당신 소원으로 삼는 것이 지혜와 행복의 지름길이라는 것을 살폈습니다. 그렇다면 하나님의 비전은 무엇이고, 그 비전의 특성은 무엇일까요?

성경을 통하여 알 수 있는 하나님의 궁극적인 비전은 다음 구절에서 확인됩니다.

하늘에 있는 것이나 땅에 있는 것이 다 그리스도 안에서 통일되게 하심이라. | 에베소서 1:10

이것이 궁극적으로 이루어진 상태는 다음 구절에서 확인됩니다.

또 내가 보매 거룩한 성 새 예루살렘이 하나님께로부터 하늘에서 내려오니 그 준비한 것이 신부가 남편을 위하여 단장한 것 같더라. | 요한계시록 21:2
이기는 자는 이것들을 상속으로 받으리라 나는 그의 하나님이 되고 그는 내 아들이 되리라.
| 요한계시록 21:7

즉 궁극적 비전은 하늘에 있는 하나님의 장막이 내려오고, 사람들이 그곳에 올라가 예수님의 신부와 하나님 아버지의 아들로 연합하고 통일되어 모두가 온전하고 행복한 삶을 사는 것입니다. 이것을 위하여 예수님을 믿어야 하고, 이기는 자가 되어야 하는데 그 방법은 다음과 같습니다.

그러므로 너희는 가서 모든 민족을 제자로 삼아 아버지와 아들과 성령의 이름으로 세례를 베풀고 내가 너희에게 분부한 모든 것을 가르쳐 지키게 하라 볼지어다. 내가 세상 끝날까지 너희와 항상 함께 있으리라 하시니라. | 마태복음 28:19-20

즉 전도와 선교를 통하여 예수님의 진리를 믿고 그 진리의 모든 것을 지킴으로 이기는 자가 되는 것입니다. 이것을 행하는 방법은 예수님께서 몸소 이 땅에 오셔서 모범을 보여 주셨습니다. 예수님은 제자들에게 천국의 사람으로 만드는 사람 낚는 어부의 비전을 주시고 그 비전 실현을 위하여 멘토링 방식의 제자 훈련을 시켜 주셨습니다. 또한 성경과 성령을 주셨고, 비전 공동체인 교회를 주셨습니다. 교회는 각 개인이 하나님의 형상과 하나님의 나라를 완성할 수 있는 방법을 가르치고 예배를 통하여 하나님께 치유와 영감을 받고 영광 돌리도록 돕는 천국의 지상본부입니다. 그러면 이것은 각 성도에게 어떤 의미가 있을까요?

각 성도는 하나님께서 각자에게 주신 비전을 알고 실현해야 합니다. 즉 개인적으로는 영성과 성품을 통해 하나님의 형상을 이루고, 공동체적으로는 가정과 직장을 하나님 나라로 만드는 것입니다. 이것을 위하여 영성과 성품, 가정 영역이 이미 주어졌고, 관건은 직업화 할 비전 영역을 발견하는 것인데 그 방법은 필자의 『비전의 서』와 『나의 비전의 서』를 통하여 찾을 수 있습니다.

왜 비전 멘토링 방식이어야 할까요? 부모가 자녀들의 비전 멘토가 되고, 직장에서 상사가 부하 직원의 비전 멘토가 되어 영성과 직업적 전문성을 멘토링할 때 가장 쉽고 온전하게 복음적 삶이 뿌리내리고 하나님 나라가 실현되며 서로 함께 이기는 자가 되어 예비된 상급을 누릴 수 있기 때문입니다. 이 책 『생명의 서』는 여러분께서 이기는 자가 되도록 도울 것입니다.

멘토: 하나님은 비전의 하나님이십니다. 인간에게도 하나님의 비전을 나누어 주셨고 그 비전을 실현하도록 비전 영역을 구분하여 주셨고 자원도 주셨습니다. 그렇다면 비전의 영역들은 어떻게 구분할 수 있을까요?

1) 공통 영역_모든 인간은 행복한 삶을 살기 위해 공유하는 영역이 있습니다. 그것은 크게 2 영역으로 나뉘는데, 하나님의 형상과 하나님 나라 영역입니다. 하나님의 형상 영역은 영성과 성품으로 구성되어 있고, 하나님 나라 영역은 가정, 직장, 교회, 사회와 환경 등으로 구성되어 있습니다. 구약에서는 이 모든 것이 드러나지 않았습니다.

2) 구약에서는 창세기 1장 28절을 통해서 가정을 번성하게 하고 직업을 다스리기 위한 비전을 주십니다. 이를 위해 에덴을 모델하우스로 주시고 아직 황량한 지구를 모두 에덴처럼 만들어 지구를 아름답고 행복하게 만드는 비전으로 주십니다.

3) 신약에 오면 그 개념이 깊어지고 확대되어 하나님의 형상을 위하여 깊은 영성과 성품을 갖되 성령의 은사와 열매를 맺게 하십니다. 그리고 신의 성품을 통하여 하나님 나라가 가정, 직장, 교회, 사회와 환경으로 확대됩니다.

4) 신구약의 비전 영역은 아래 표와 같이 크게 4 영역으로 구분되고 6개의 하위 영역으로 나눌 수 있습니다. 교회, 사회, 환경도 각각의 하위 개념으로 보아야 하지만 너무 복잡해질 수 있으므로 하나로 묶어 살필 것입니다.

5) 이 6개의 하위 영역에는 각각의 소원들이 있습니다. 행복한 가정, 자신의 비전이 실현되는 직장, 그것을 통해 풍요로운 물질, 성숙한 영성과 성품, 균형 있는 건강, 건전한 교회와 사회 그리고 환경 등입니다.

2대 비전 영역	핵심구절	비전이 실현된 모습	6 하위 비전 영역	주요 자원
전 지구의 에덴화	창세기 1:28	하나님의 가정	가정	부모, 부부, 자녀, 친족, 집
		하나님의 직업	직장	은사, 기질, 적성, 특기, 분별력, 사회성
			물질	동산과 부동산
전 지구의 하나님 나라화	마태복음 28:19-20	하나님의 형상	영성과 성품	성령의 은사와 열매, 신의 성품
			건강	신체, 건강, 음식
		하나님의 나라	(위의 것들을 포함한) 교회, 사회, 환경	사람, 문화, 정책, 아름다움, 기능성, 자원

이제부터 이 영역별 소원과 실현 전략을 살피게 될 것입니다.

25장. **가정의 비전 실현 계획**

여기에서는 가정의 비전 실현을 위하여 하나님의 경영 원리에 따른
계획을 세우게 될 것입니다.

가정에 관한 소원

멘토: 아래에 당신이 가정과 각 가족에 관해 갖고 있는 소원을 마음껏 써 보십시오(직장, 물질, 영성과 성품, 건강과 교회에 관한 것들은 이어지는 장에서 별도로 작성할 예정이니 이곳에서는 가족 관계에 초점을 맞추어 써 보십시오).

아래에는 행복한 가정을 이루기 위해 꼭 해야 할 것들입니다. 당신이 이 땅에서도 행복하고 천국에서도 행복한 가정을 이루기 위해 꼭 이루고 싶은 소원입니다. 당신 가정에도 필요한 것들이라면 빈 박스에 √ 표시해 보십시오.

필수

□ 모든 가족이 예수님 영접하게 하기
□ 가족이 인생 주기별 비전을 알게 하고 실현하도록 멘토링하기
□ 자녀 가정들에게 궁극적 비전을 찾아주고 실현하도록 멘토링하기
□ 매일 저녁 [가족 시간]을 가지고 하루 계획을 돌아보며 감사 기도드리기
　　내일 할 일을 함께 계획하고 지원하며 주님께 축복하며 기도하기

기타 중요

□ 가족들에게 상처를 주고도 회개를 통해 용서를 구하지 않음으로 지속적인 상처 속에 살도록 방치한 것 회개하기
□ 부부간, 자녀들 간에 영적, 정서적으로 상처 준 것 서로 회개하고 화해하기
□ 가정에서 영적 지도력과 성실한 사랑의 배우자 상 회복하기
□ 미혼인 자녀가 영적 배우자를 만나고 영적 가정을 꾸리도록 지원하기

멘토: 예수님께서는 당신의 가정을 어떻게 평가하실까요? 아래 샘플을 보고 예수님의 평가 시스템에 근거하여 가정을 평가해 보고 시급한 것이 무엇인지 파악해 보십시오.

주님의 평가 시스템	가정의 현재와 비전 [샘플]
가족이 이해하는 현재 예수님 모습	나에게는 구주와 공급자, ————, ————에게는 관심 없는 신
칭찬받을 과거 가정 모습	자녀들이 어릴 때 전 가족이 함께 교회를 다니며 예배 드리고 기도와 찬송했던 시절
책망받을 현재 가정 모습	자녀들 대학 진학 이후, 사업 실패 이후 정서적 단절과 식어진 믿음
가정이 현재 해야 할 사명	부부간 그리고 부자간 회개와 용서를 통한 사랑, 신뢰와 믿음과 비전의 관계 회복
사명실패시 받을 미래 징벌	특별히 부모로서 그리고 주된 가해자로서 책망과 징벌을 피할 길이 없음
사명 완수 시 가정이 받게 될 미래 비전의 언약	서로 신뢰, 존경, 사랑하며 함께 비전 실현을 지원하며 예배드리는 행복한 가족, 주님께 칭찬받을 모두

아래에 당신의 가정을 평가하고 행복한 미래의 비전도 적어보십시오.

주님의 평가 시스템	가정의 현재와 비전
가족이 이해하는 현재 예수님 모습	
칭찬받을 과거 가정 모습	
책망받을 현재 가정 모습	
가정이 현재 해야 할 사명	
사명실패시 받을 미래 징벌	
사명 완수 시 가정이 받게 될 미래 비전의 언약	

행복한 가정을 위한 실현 계획

멘토: 이제 행복한 가정을 만들기 위한 계획을 세울 것입니다. 이것이 완성되었을 때 기뻐할 당신과 가족들 그리고 하나님의 모습을 비전으로 설정하고 그것을 실현하기 위한 계획을 목표치와 활용 전략 그리고 행할 시간을 계획해 보십시오. 아래에 샘플을 활용하여 기록하고, 기록한 것을 늘 보면서 실행하시되 완료한 것은 √ 표 해보십시오.

가정 비전 (VISION)	내가 천국에 가서 하나님 앞에 섰을 때 하나님께서 땅에 있는 가족 모두가 신실하게 신앙생활을 하면서 인생 주기별 비전은 물론 하나님께 받은 궁극적 비전을 실현하는 가정이 된 것에 대하여 칭찬하고 기뻐하시는 모습

소원 목표치 (OBJECTIVES)	활용 전략 (STRATEGIES)	시간 (TIME)
☐ 모든 가족이 예수님 영접하게 하기	매일 저녁 [가족 대화] 시간 활용	3개월 이내
☐ 가족이 인생 주기별 비전을 알게 하고 실현하도록 멘토링하기	자녀와 [비전멘토링]시간 활용	6개월 이내
☐ 자녀 가정들에게 궁극적 비전을 찾아 주고 실현하도록 멘토링하기		
☐ 매일 저녁 [가족시간]을 함께 가지고 하루 계획을 돌아보며 감사 기도드리며, 내일 할 일을 함께 계획하고 지원하며 주님께 축복하고 기도하기		
☐		
☐		
☐		
☐		
☐		
☐		
☐		
☐		
☐		

26장. **직장의 비전 실현 계획**

여기에서는 직장의 비전 실현을 위하여
하나님의 경영 원리에 따른 계획을 세울 것입니다.

멘토: 아래에 당신이 직장과 직원에 관해 갖고 있는 소원을 마음껏 써 보십시오

　　직장은 하나님께서 주신 비전의 일터로 그 직장을 하나님 나라로 만들라고 허락하신 것입니다. 직장이 하나님 나라가 된다는 것은 그 직장에서 하는 일을 통하여 세상이 풍요롭고 행복하게 되는 비전으로 주님의 지혜와 사랑과 공의로 행동함으로 실현하는 것입니다. 이것을 위해 당신의 직장과 직원들이 해야 할 것은 무엇인가요? 은퇴를 했다 하더라도 전문 분야에 관한 조언과 자문을 할 수 있을 것입니다. 혹은 지금 섬기는 곳을 하나님 나라로 바꿀 수 있는 방법은 무엇이라고 생각합니까? 아래에 몇 가지 샘플 리스트가 있습니다. 당신의 직장에 필요한 것들이라면 빈 박스에 √ 표 해보십시오.

필수

☐ 직장내 모든 직원 전도하기
☐ 회사의 비전과 가치, 경영이 하나님의 통치와 연결되게 하기
☐ 회사내 전도와 예배 정착시키기
☐ 직장 내에서 『GOD THE CEO』 (최고 경영의 신)의 경영 원리를 접목하여 하나님의 방법으로 경영하게 하기
☐ 직장 내에서 영성과 직업 전문성을 전수하는 비전 멘토링하기
☐ 직장과 직업 영역을 하나님 나라로 만들기

기타 중요

☐ 직장 내 회계 불투명성과 월급 차별 등 불법적 요소 회개하기
☐ 회사 내 고사 지내기, 부적 사용하기 등 우상숭배적 문화 회개하기
☐ 현재 섬기는 기업을 성공시켜 모두의 기쁨이 되게 하기
☐ 직장에서 앞서 갈 수 있도록 신제품 개발하기
☐ 직장 내 만연한 갑질 문화를 개선하고 동등한 인격체로 존중받게 하기
☐ 하나님께 부여받은 비전을 알고 직업을 통하여 실현하기
☐ 직업적 비전을 자녀나 비전 멘티에게 전수해서 대를 이어 비전 영역을 더 발전시켜 하나님 나라로 만들기
☐ 내 기질, 비전, 가치, 기술력을 잘 활용하며 봉사할 수 있는 직장 잡기
☐ 내 기질, 비전, 가치, 기술력을 잘 활용하며 수익에 도움될 직장 잡기

멘토: 예수님의 평가 시스템에 근거하여 직장을 평가해 보십시오. 아래 샘플을 보고 예수님의 평가 시스템에 근거하여 가정을 평가하고 시급한 것이 무엇인지 파악해 보십시오.

주님의 평가 시스템	직장의 현재와 비전 [샘플]
직장과 직원이 이해하는 현재 예수님 모습	나에게는 구주와 공급자, ————, ————에게는 관심 없는 신
칭찬받을 과거 직장 모습	사회에 기여하기 위하여 크리스마스 때————했던 것 어려운 형편의 직원 가정을 도운 것, 이웃을 도운 것
책망받을 현재 직장 모습	고사 지내는 것, 세무 행정의 불투명성, 불의한 접대 관행 진실과 사랑과 공평으로 각 직원을 대하지 않고 갑질하는 것
직장이 현재 해야 할 사명	위 내용을 시급하게 시정하고 『GOD THE CEO』(최고 경영의 신)에 나온 경영법으로 경영하며 회사를 하나님 나라로 만들어 드리는 것
사명실패시 받을 미래 징벌	회사가 세무서와 경찰서에 고소될 위기에 처하고 하나님께도 책망받을 것임
사명 완수 시 직장이 받게 될 미래 비전의 언약	회사를 하나님 나라의 경영 원리와 비전 멘토링 방식으로 경영함으로 사회에 칭찬받고 하나님께 축복받는 모습

아래에 당신의 직장과 직업을 평가하고 행복한 미래의 비전도 적어보십시오

주님의 평가 시스템	직장의 현재와 비전
직장과 직원이 이해하는 현재 예수님 모습	
칭찬받을 과거 직장 모습	
책망받을 현재 직장 모습	
직장이 현재 해야 할 사명	
사명실패시 받을 미래 징벌	
사명 완수 시 직장이 받게 될 미래 비전의 언약	

행복한 직장을 위한 실현 계획

멘토: 다음은 하나님께서 주신 직업과 직장이 실현하고 누릴 구체적인 비전의 모습입니다. 직업 영역은 하나님 나라의 중요한 부분입니다. 앞서 했던 것과 같이 아래 빈 칸에 여러분의 소원 목표치와 전략 그리고 시간 계획을 쓰고 실행하십시오. 완성되었을 때 하나님께 기쁨이 되고 상급도 받을 것입니다.

직장 비전 (VISION)	내가 천국에 가서 하나님 앞에 섰을 때 하나님께서 내 비전의 직장이 하나님 나라로 변화되어 나의 자녀와 비전 멘티들이 대를 이어 그 영역을 하나님 나라로 더 발전시키고 있는 것에 대하여 칭찬하고 기뻐하시는 모습

소원 목표치 (OBJECTIVES)	활용 전략 (STRATEGIES)	시간 (TIME)
☐ 직장 내 모든 직원 전도하기	『생명의 서』 완성 후 가족 유산 전수를 위한 비전 멘토링 활용	6개월 이내
☐ 회사의 비전과 가치, 경영이 하나님의 통치와 연결되게 하기		
☐ 회사 내 전도와 예배 정착시키기		
☐ 직장 내에서 『GOD THE CEO』 (최고 경영의 신)의 경영 원리를 접목하여 하나님의 방법으로 경영하게 하기		
☐ 직장 내에서 영성과 직업 전문성을 전수하는 비전 멘토링하기		
☐ 직장과 직업 영역을 하나님 나라로 만들기		
☐		
☐		
☐		
☐		
☐		
☐		
☐		
☐		

27장. **물질의 비전 실현 계획**

여기에서는 물질과 재정의 비전 실현을 위하여
하나님의 경영 원리에 따른 계획을 세우게 될 것입니다.

물질에 관한 비전

멘토: 아래에 당신의 물질, 재정에 대해 갖고 있는 소원을 마음껏 써 보십시오.

비전이 물질과 재정 자체인 사람은 매우 불행합니다. 물질과 비전은 앞서 살핀 대로 직업적 비전에서 부상으로 주어지는 것으로 그 목적은 비전 실현을 위한 것이어야 합니다. 물질은 당신이 하나님 형상과 하나님 나라를 완성하는데 매우 중요한 자원입니다. 이 자원 확보를 위하여는 더 많은 노동이 아니라 먼저 그의 나라와 의를 구하는 우선순위가 중요합니다. 즉 영성과 성품이 온전하여 매사에 주님을 인정하며 주님의 비전 실현을 위하여 물질을 구하고 사용하면 하나님께서는 화수분과 같이 물질을 공급하십니다. 아래엔 물질적 소원을 이루기 위한 샘플 리스트입니다. 당신에게도 필요한 것들이라면 √ 표 해 보십시오.

필수

☐ 하나님께서 주신 비전을 실현하기 위하여 물질의 우선순위를 정하여 쓰기
☐ 물권을 받고 하나님 나라(가정, 교회, 사회, 가난한 자)를 위하여 우선적으로 사용하기
☐ 재정에 관한 실패와 성공의 원인과 재정 사용에 관한 지혜를 자녀들에게 전수하기
☐ 하나님께서 내게 주신 비전과 가치를 지지하는 멘티를 물질로 지원하기

기타 중요

☐ 물질을 불의한 방법으로 번 것을 회개하기
☐ 물질을 내가 번 것으로 착각하고 나만을 위해 쓴 것 회개하기
☐ 재정을 공의롭게 벌고 사용하기
☐ 재정으로 먼저 하나님께서 맡겨 주신 비전의 일에 투자하기
☐ 세금으로 사회와 국가 지원하기
☐ 약자와 소외 계층에게 지원하기
☐ 현재 섬기는 기업을 성공시켜 모두의 기쁨이 되게 하기, 돈 걱정 안하고 살기
☐ 남은 생애에 활용할 재정 계획 세우기
☐ 매달 고정수입 ____백만 원 확보하기
☐ 자녀, 손주들을 위한 기도가 담긴 물질로 응원하기
☐ 하나님의 비전과 가치를 지지하는 정당을 후원하고 정치인 키우기

멘토: 예수님의 평가 시스템에 근거하여 당신의 물질에 관해 평가해 보십시오. 아래 샘플을 보고 적어 보십시오.

주님의 평가 시스템	물질의 현재와 비전 [샘플]
물질에 관하여 이해하는 현재 예수님 모습	주님은 모든 물질의 주인이시며 공급자이심
칭찬받을 과거 물질에 대한 자세 모습	이전에 열심히 일하고 소득의 십일조와 감사와 구제 헌금을 정직하고 성실하게 드리던 모습
책망받을 현재 물질에 대한 자세 모습	십일조, 감사, 구제 헌금들에 인색해진 나
물질에 대하여 현재 해야 할 사명	모든 소득과 물질이 주님께서 주신 것을 회복하고 과거에 못 드린 십일조와 헌금을 드리며 감사를 회복하기
사명 실패시 받을 미래 징벌	이는 곧 십일조와 봉헌물이라. 너희 곧 온 나라가 나의 것을 도둑질하였으므로 너희가 저주를 받았느니라. 말라기 3:8-9
사명 완수 시 직장이 받게 될 미래 비전의 언약	너희의 온전한 십일조를 창고에 들여 나의 집에 양식이 있게 하고 그것으로 나를 시험하여 내가 하늘 문을 열고 너희에게 복을 쌓을 곳이 없도록 붓지 아니하나 보라. 말라기 3:10

아래에 당신의 물질에 대하여 평가하고 행복한 미래의 비전도 적어 보십시오

주님의 평가 시스템	물질의 현재와 비전
물질에 관하여 이해하는 현재 예수님 모습	
칭찬받을 과거 물질에 대한 자세 모습	
책망받을 현재 물질에 대한 자세 모습	
물질에 대하여 현재 해야 할 사명	
사명 실패시 받을 미래 징벌	
사명 완수 시 직장이 받게 될 미래 비전의 언약	

185 풍성한 물질을 위한 실현 계획

멘토: 다음은 하나님께서 주신 물질에 대하여 실현하고 누릴 구체적인 비전의 모습입니다. 물질 영역은 하나님 나라에서 중요한 자원을 제공합니다. 앞서 했던 것과 같이 아래 빈 칸에 여러분의 소원 목표치와 전략 그리고 시간 계획을 쓰고 실행하십시오. 완성했을 때 하나님께 기쁨을 드리고 상급을 받으실 것입니다.

물질 비전 (VISION)	하나님께서 주신 비전 영역에서 전문가가 되어 섬기며, 영향력과 명예와 물질적 풍요를 누리고, 공의롭게 나누되 갚지 못할 사람들에게 물질을 나누며 사는 모습	
소원 목표치 (OBJECTIVES)	활용 전략 (STRATEGIES)	시간 (TIME)
☐ 하나님께서 주신 비전을 실현하기 위하여 물질의 우선순위를 정하여 쓰기	하나님께서 내게 주신 비전과 가치를 지지하는 멘티를 물질로 지원하기	
☐ 물권을 받고 하나님 나라 (가정, 교회, 사회, 가난한 자)를 위하여 우선적으로 사용하기		
☐ 재정에 관한 실패와 성공의 원인과 재정에 관한 지혜를 자녀들에게 전수하기		
☐ 하나님께서 내게 주신 비전과 가치를 지지하는 멘티를 물질로 지원하기		
☐		
☐		
☐		
☐		
☐		
☐		
☐		
☐		
☐		
☐		

28장. **영성과 성품의 비전 실현 계획**

여기에서는 영성과 성품의 비전 실현을 위하여 하나님의
경영 원리에 따른 계획을 세우게 될 것입니다.

멘토: 아래에 당신의 영성과 성품에 관해 갖고 있는 소원을 마음껏 써 보십시오.

영성과 성품은 하나님의 형상과 밀접한 관련이 있습니다. 그리고 당신이 내면을 완성되는데 핵심 요소들입니다. 당신이 이 땅뿐 아니라 천국에서 행복하기 위하여 영성과 성품이 예수님을 닮아야 합니다. 당신의 영성과 성품에 관한 소원은 무엇입니까? 아래에 몇 가지 샘플들이 있습니다. 동의하는 샘플 앞에 √ 표하고, 그 아래에 기타 소원을 써 보십시오.

필수

☐ 예배를 통해 하나님의 자녀로 살기(Son or Daughter of God)
☐ 전도와 멘토링 방식의 제자 훈련을 통해 예수님을 위한 일꾼으로 살기(Servant for Jesus)
☐ 성령의 은사와 열매 그리고 공의로운 삶을 통하여 성령에 의한 의인으로 살기
　(Saint by the Holy Spirit)
☐ 영적 은사를 개발하고 활용하기
☐ 성령의 열매 중 열매 맺지 못하는 성품 개선하기
☐ 신의 성품 중 닮지 못한 것 개선하기
☐ 자녀들과 멘티들을 위하여 기도 유산 쌓아 주기

기타 중요

☐ 우상 숭배를 하면서 하나님을 찾지 않은 것 회개하기
☐ 나쁜 성품의 문제를 인식하지 못하고 남들에게 피해 준 것 회개하기
☐ 사역자들을 위해 중보기도 해드리기
☐ 영성과 성품 개발을 위해 책 읽고 대화 나누기
☐ 분노 장애 치유 받기
☐ 부정적 중독의 이슈 치유 받기
☐ 하나님 나라를 유업으로 받지 못할 결함 고치기

멘토: 예수님의 평가 시스템에 근거하여 당신의 영성과 성품을 먼저 평가해 보십시오. 아래 샘플을 보고 빈 칸에 적어 보십시오.

주님의 평가 시스템	영성과 성품의 현재와 비전 [샘플]
영성과 성품에 관하여 이해하는 예수님 모습	예수님은 내가 본받아야 할 영성과 성품의 모델이심
칭찬받을 과거 영성과 성품에 대한 자세	이전 착하고 순수했던 시절엔 순수하게 믿고 착하게 살려 했었다.
책망받을 현재 자세 모습	스트레스가 많은 현대 생활에서 너무 찌들고 공격당하면서 위선자가 되었다.
현재 해야 할 사명	성령의 열매를 맺고 신의 성품을 닮기 위하여 피 흘리기까지 노력하고 이루기
사명 실패시 받을 미래 징벌	하나님 나라에 들어가지 못하고 하나님 나라의 어떤 유업도 받지 못함
사명 완수 시 받게 될 미래 비전의 언약	하나님 나라를 유업으로 받고 하나님 나라에서 영원히 살게 됨

아래에 당신의 물질에 대하여 평가하고 행복한 미래의 비전도 적어 보십시오

주님의 평가 시스템	영성과 성품의 현재와 비전
영성과 성품에 관하여 이해하는 예수님 모습	
칭찬받을 과거 영성과 성품에 대한 자세	
책망받을 현재 자세 모습	
현재 해야 할 사명	
사명 실패시 받을 미래 징벌	
사명 완수 시 받게 될 미래 비전의 언약	

행복한 영성과 성품을 위한 실현 계획

멘토: 다음은 하나님께서 주신 영성과 성품의 비전을 실현하고 누릴 구체적인 비전의 모습입니다. 영성과 성품 영역은 하나님 나라에서 중요한 부분입니다. 앞서 했던 것같이 아래 빈 칸에 여러분의 소원 목표치와 전략 그리고 시간 계획을 쓰고 실행하십시오. 완성되었을 때 하나님께 기쁨을 드리고 상급을 받을 것입니다.

영성과 성품 비전 (VISION)	하나님께서 주신 비전 실현을 위하여 받은 성령의 은사를 활용하며 성령의 열매와 신의 성품으로 영, 혼, 육이 성장하여 하나님의 형상을 완성한 모습	
소원 목표치 (OBJECTIVES)	활용 전략 (STRATEGIES)	시간 (TIME)
☐ 예배를 통해 하나님의 자녀로 살기 (Son [or Daughter] of God)	새벽예배, 가정예배, 교회 예배 활용	
☐ 전도와 멘토링을 통해 예수님을 위한 일꾼으로 살기(Servant for Jesus)		
☐ 성령의 은사와 열매 그리고 공의로운 삶을 통하여 성령에 의한 의인으로 살기(Saint by the Holy Spirit)		
☐ 성령의 열매 중 열매 맺지 못하는 성품 개선하기		
☐ 신의 성품 중 닮지 못한 것 개선하기		
☐ 자녀들과 멘티들을 위하여 기도 유산 쌓아 주기		
☐		
☐		
☐		
☐		
☐		
☐		
☐		
☐		

29장. **건강에 관한 비전 실현 계획**

여기에서는 건강의 비전 실현을 위하여 하나님의
경영 원리에 따른 계획을 세우게 될 것입니다.

건강에 관한 비전

멘토: 아래에 당신이 건강에 관해 갖고 있는 소원을 마음껏 써 보십시오.

```
┌─────────────────────────────────────────────┐
│                                             │
│                                             │
│                                             │
│                                             │
│                                             │
│                                             │
└─────────────────────────────────────────────┘
```

건강은 하나님 형상성에서 하나님의 전인 육체가 온전하고 거룩한 열매를 맺게 하는 데 중요한 비전 영역입니다. 이런 이해와 근거 없이 온갖 약과 수술로 건강을 유지하는 것은 언젠가 떨어질 꽃처럼 무의미합니다. 그러나 하나님의 사람들은 건강미가 넘쳐서 오래 살면서 주님의 나라를 이 땅에서 실현하여야 합니다. 아래에 건강한 삶을 누리기 위하여 꼭 해야 할 일들입니다. 당신이 이 땅뿐 아니라 천국에서도 행복하게 살기 위해 꼭 이루어야 할 소원들입니다. 당신에게도 필요한 것이 있다면 √ 표 해 보십시오.

필수

□ 하나님의 성전인 육체를 건강하고 아름답게 유지하기
□ 건강과 아름다움으로 존귀한 하나님의 형상을 대변하기
□ 건강한 영에 깃드는 건강한 혼, 건강한 혼에 깃드는 건강한 육체 만들기
□ 행복한 관계, 지혜로운 식생활, 규칙적인 운동 유지하기

기타 중요

□ 과음, 과식, 운동 부족 등으로 하나님의 전인 육체를 망친 것 회개하기
□ 온전한 영성과 건전한 삶이 아니라 수술과 약으로만 관리하려고 한 것 회개하기
□ 건강하게 마음 다스리기
□ 강한 치아 만들기
□ 가려 먹지 말고 충분히 식사하기
□ 화를 높이는 담배를 멀리하기
□ 위생 관리와 만성 질환 관리하기
□ 사람들과 자주 어울리기
□ 성실하게 운동하기
□ 건강한 화장법 활용하기

멘토: 예수님의 평가 시스템에 근거하여 당신의 건강에 관해 먼저 평가해 보십시오. 아래 샘플을 참고하여 적어 보십시오.

주님의 평가 시스템	건강의 현재와 비전 [샘플]
건강에 관하여 이해하는 예수님 모습	건강을 주관하시는 주님
칭찬받을 과거 건강에 대한 자세	젊은 시절엔 운동도 했고 건강을 유지했음
책망받을 현재 자세 모습	과로, 과음, 과식, 운동 부족, 스트레스 관리 부족으로 하나님의 성전인 육체를 망가트림
현재 해야 할 사명	음식 조절, 규칙적인 운동, 스트레스 관리, 잠 관리, 회개를 통하여 여호와 라파의 은혜를 받고 하나님의 성전인 육체의 건강 회복
사명 실패시 받을 미래 징벌	질병 속에서 비참하게 죽어감
사명 완수 시 받게 될 미래 비전의 언약	모세가 120세까지 강건하게 살다가 주님의 산에 올라 그대로 천국으로 간 것처럼 살기를 소망함

아래에 당신의 건강에 대하여 평가하고 행복한 미래의 비전도 적어 보십시오

주님의 평가 시스템	건강의 현재와 비전
건강에 관하여 이해하는 예수님 모습	
칭찬받을 과거 건강에 대한 자세	
책망받을 현재 자세 모습	
현재 해야 할 사명	
사명 실패시 받을 미래 징벌	
사명 완수 시 받게 될 미래 비전의 언약	

행복한 건강을 위한 실현 계획

멘토: 하나님께서 주신 건강은 비전이 실현되고 누리는데 꼭 필요한 것입니다. 앞서 했던 것 같이 아래 빈 칸에 여러분의 소원 목표치와 전략 그리고 시간 계획을 쓰고 실행하십시오. 완성되었을 때 하나님께 기쁨을 드리고 상급을 받으실 것입니다.

건강 비전 (VISION)	하나님의 영이 거하시는 성전인 몸을 건전하고 건강하게 관리하여 하나님의 비전을 실현한 모습	
소원 목표치 (OBJECTIVES)	**활용 전략 (STRATEGIES)**	**시간 (TIME)**
☐ 하나님의 성전인 육체를 건강하고 아름답게 유지하기	걷기와 유산소 운동 활용 1주에 1회 등산 활용 1년에 1회 여행 활용	매 식사 후 토요일 결혼기념일
☐ 건강과 아름다움으로 존귀한 하나님의 형상을 대변하기		
☐ 건강한 영에 깃드는 건강한 혼, 건강한 혼에 깃드는 건강한 육체 만들기		
☐ 행복한 관계, 지혜로운 식생활, 규칙적인 운동 유지하기		
☐		
☐		
☐		
☐		
☐		
☐		
☐		
☐		
☐		
☐		

30장. 교회, 사회, 환경에 관한 비전 실현 계획

여기에서는 교회, 사회, 환경의 비전 실현을 위하여
하나님의 경영 원리에 따른 계획을 세우게 될 것입니다.

멘토: 아래에 당신이 교회, 사회, 환경에 관해 갖고 있는 소원을 마음껏 써 보십시오.

┌───┐
│   │
│   │
│   │
│   │
│   │
│   │
│   │
│   │
└───┘

　　당신의 교회는 예수님의 몸이고 다른 말로는 예수님을 대리하는 천국의 지상 지방정부로써 너무나 중요한 기관입니다. 그리고 사회와 환경은 하나님 나라의 중요한 기관이고 환경입니다. 그러므로 우리가 그것들을 하나님 나라로 만들어야 하는 중대한 사명이 있습니다. 아래에 몇 가지 샘플들이 있습니다. 당신에게도 필요한 것이 있다면 √ 표 해 보십시오.

필수

┌───┐
│ ☐ 교회가 예수님의 몸으로, 천국의 지상 지방정부의 역할을 감당하여 지구에 충만이 │
│   되도록 비전 분야에서 충성을 다하여 섬기기   │
│ ☐ 교회가 사회의 지도자를 세우고 그들이 사회를 섬기도록 믿음 위에 비전을 찾아주고 │
│   비전 분야에서 지도자가 되어 그 분야를 하나님 나라로 만들기   │
│ ☐ 교회가 하나님께서 지으신 환경을 아름답게 관리하게 하기 위하여 교육하고 지도자를 │
│   양성하게 하기   │
│ ☐ 교회에서 각 비전 분야에 영성과 지도력 있는 비저너리를 키우기 위해 비전 멘토링 │
│   해주기   │
└───┘

기타 중요

┌───┐
│ ☐ 교회가 천국의 지상 지방정부로 구별된 귀한 곳인데 사회 모임처럼 행동한 것 회개하기 │
│ ☐ 사회는 하나님 나라의 일부인데 사회를 비전 분야별로 하나님 나라로 만들지 못하고 │
│   오히려 동화되어 함께 타락한 것 회개하기   │
│ ☐ 환경은 하나님 나라의 귀한 자랑인데 환경 오염 등을 외면하거나 조장한 것을 회개하기 │
│ ☐ 선교지에서 전도하고 지도자 키우기   │
│ ☐ 사회가 하나님 나라화가 될 수 있게 하기   │
│ ☐ 환경 오염과 파괴에 대해 내가 가정에서 할 수 있는 것 감당하기   │
└───┘

멘토: 예수님의 평가 시스템에 근거하여 당신의 교회, 사회, 환경을 먼저 평가해 보십시오. 아래 샘플을 참고하여 적어 보십시오

주님의 평가 시스템	교회, 사회, 환경의 현재와 비전 [샘플]
교회, 사회, 환경에 관하여 이해하는 예수님 모습	교회의 머리가 되시는 주님, 사회와 환경의 주인이신 하나님
칭찬받을 과거 대한 자세	이전에 첫사랑으로 주님을 섬기고 교회 생활을 함, 군대와 직장을 통해 사회에 공헌, 환경적으로 자연에 감사하며 생활
책망받을 현재 자세 모습	첫사랑을 잃음으로 교회 생활에 열정을 잃고, 사회적으로도 비판적일 뿐 회복을 위한 노력을 안하고 환경 회복을 위한 관심이 없음
현재 해야 할 사명	첫사랑을 회복하고 교회 비전 멘토링 공동체에 더 적극적으로 기여하며 사회 회복을 위해 투표권을 행사하며 환경 회복을 위하여도 기여할 것
사명 실패시 받을 미래 징벌	영성의 타락, 사회의 급격한 타락, 환경의 타락으로 계시록에서 언급한 배교와 바벨론화와 환경의 저주를 받게 됨
사명 완수 시 받게 될 미래 비전의 언약	교회 공동체를 통해 비전 멘티 지도자를 키워 직장과 사회를 하나님 나라로 만들고 환경도 정화함으로 이기는 자가 되어 상급을 받음

아래에 당신의 교회, 사회, 환경에 대하여 평가하고 행복한 미래의 비전도 적어 보십시오

주님의 평가 시스템	교회, 사회, 환경의 현재와 비전
교회, 사회, 환경에 관하여 이해하는 예수님 모습	
칭찬받을 과거 대한 자세	
책망받을 현재 자세 모습	
현재 해야 할 사명	
사명 실패시 받을 미래 징벌	
사명 완수 시 받게 될 미래 비전의 언약	

행복한 교회, 사회, 환경을 위한 실현 계획

멘토: 다음은 하나님께서 주신 교회, 사회, 환경의 구체적인 비전의 모습입니다. 교회, 사회, 환경은 중요한 하나님의 나라입니다. 앞서 했던 것같이 아래 빈 칸에 여러분의 소원 목표치와 전략 그리고 시간 계획을 쓰고 실행하십시오. 완성되었을 때 하나님께 기쁨을 드리고 상급을 받으실 것입니다.

교회 비전 (VISION)	하나님께서 축복으로 주신 교회의 일원으로 하나님의 통치 경영에 순종하며, 교회를 중심으로 각 성도가 자신의 비전 영역에서 전문가로 일함으로 그 영역의 사회, 국가, 환경이 하나님 나라화가 된 모습	
소원 목표치 (OBJECTIVES)	활용 전략 (STRATEGIES)	시간 (TIME)
☐ 교회가 예수님의 몸으로, 천국의 지상 지방정부의 역할을 감당하여 지구에 충만이 되도록 비전 분야에서 충성을 다하여 섬기기	이 책을 쓰고 가족 모임 시간을 활용함	1개월 이내
☐ 교회가 사회의 지도자를 세우고 그들이 사회를 섬기도록 믿음 위에 비전을 찾아주고 비전 분야에서 지도자가 되어 그 분야를 하나님 나라로 만들기		
☐ 교회가 하나님께서 지으신 환경을 아름답게 관리하게 하기 위하여 교육하고 지도자를 양성하게 하기		
☐ 교회에서 각 비전 분야에 영성과 지도력 있는 비저너리를 키우기 위해 비전 멘토링 해주기		
☐ 교회가 천국의 지상 지방정부로 구별된 귀한 곳인데 사회 모임처럼 행동한 것 회개하기		
☐		
☐		
☐		
☐		
☐		
☐		
☐		

멘토: 여기에는 위 표에 다 쓰지 못한 부분 혹은 위의 표가 익숙하지 않아서 못 쓴 것들을 편안하게 써 보십시오.

31장. **인생 성공의 비밀**

여기에서는 성경적 성공의 비밀을 살피고 이 책을 마치면서 것
앞으로 할 일들에 대하여 살필 입니다.

멘토: 유대인들은 오늘날 세계 인구의 0.2%이지만 노벨상의 20%, 전 세계 부호의 20%를 차지하며 대부분의 영역에서 시대를 주도하고 있습니다. 그들이 그렇게 뛰어난 비밀이 무엇일까요?

유대인의 성공 비결을 한 개념으로 설명하면 바로 비전 멘토링 방식의 교육법입니다.

비전 멘토링은 성경에서 제시하는 가장 오래되고 온전한 교육 방법입니다. 창세기 1-2장에서 하나님께서 아담에게 1:1로 지구를 창조하셨던 비전을 전수해 주시고 그 비전 실현을 위해 필요한 자원들과 방법들을 전수해 주시는 것에 기인합니다. 후에 모세가 여호수아와 12지파 지도자들에게 그리고 신약에서는 예수님께서 제자들에게 행하신 제자 훈련의 핵심 원리입니다. 비전 멘토링에 대한 자세한 내용은 필자의 다른 책 『비전 멘토링 바이블』을 참조하십시오.

유대인들은 이 교육법을 진작 알아차리고 적용하였기에 국가도 없고, 자원도 없었지만 비전과 자원을 전수한 비전 멘티(자녀와 제자들)를 통하여 세상을 주도하고 있습니다. 유대인 비전 멘토링의 중심에는 부모와 유대인 학교가 있습니다. 그들의 비전 멘토링은 자녀들이 어린 시절부터 아빠의 무릎에서 1:1로 나누는 대화에서 시작됩니다. 그리고 성장하면 학교에서 하브루타 방식의 1:1 혹은 소그룹 대화를 통하여 자신이 믿는 것과 실현해야 할 비전에 관한 끊임없는 질문을 하고 답을 찾습니다. 그러면서 부모로부터 그 가정에 주신 직업적 비전을 전수받고 멘토로부터 가정 외에서 받아야 할 비전적 자원을 전수받습니다. 그러니 앞서 갈 수밖에 없습니다.

한국 부모님들도 뜨거운 교육열로 자녀들을 위해 과외 등 교육비에 많은 투자를 합니다. 다만, 유대인들과는 달리 하나님께서 주신 비전도 없고 비전과 무관한 성적 향상을 목표로 무조건 선생님으로부터 지식 전달만 받게 하는 것입니다. 이런 과정에서 교육에 대한 열정이 식기도 하고, 부모로부터 받아야 할 비전과 정서적 지원이 없으므로 쉽게 지치고 때로 탈선하기도 합니다. 그렇게 성장하여 운 좋게 좋은 직장에 취직해도 부서별, 회사별 치열한 경쟁에서 살아남기 위해 애씁니다. 그러는 사이 가정에 있는 자녀들은 외롭게 혼자 자라납니다.

그렇게 자라 자녀들이 성인이 되면 일이 바쁘다는 이유로 소원해지고 나이든 부모들은 집에서 외롭게 살아갑니다. 그리고 부모님이 평생 축적한 지혜는 은퇴를 하면서 다 사장되고, 결국 외롭게 죽어가며 무덤에 묻히고 맙니다. 그리고 자녀들은 모든 것을 또 늘 새롭게 혼자 감당해야 합니다.

이제 그 악순환의 고리를 끊고 새로운 교육 혁명을 일으켜야 할 때입니다.

멘토: 유대인들의 성공 뒤에 비전 멘토링의 원리가 있지만, 기쁜 소식은 오늘날 우리에게는 유대인들보다 더 온전한 비전 멘토링 원리와 자원이 있다는 것입니다. 이 책『생명의 서』는 비전 멘토링의 원리에 근거하여 쓰였고 다음 세대에 전달되도록 구성되어 있습니다. 이 책의 여정을 완주한 여러분은 그간 세상에서 어느 누구도 하지 못했던 귀한 일을 할 것입니다. 이 책과 과정을 완성하고 계획한 것들을 실행한다면 여러분과 자녀들은 이기는 자가 되어 예비된 모든 언약을 누리는 분들이 될 것입니다. 그러기에 이제 여러분은 새로운 권세와 지혜를 자녀들에게 전수해 주어야 합니다.

이제 이 『생명의 서』를 통하여 여러분은 권세 있게 자녀들에게 지혜를 전수해 줄 준비가 되었습니다. 죽은 후에 책으로만 남기기 보다 죽기 전에 자녀들에게 귀중한 지혜를 한 주에 한 장 혹은 한 주제씩 전수하는 것이 중요합니다. 자녀들과 대화를 나누기 전 다음과 같이 선포하십시오.

"하나님께서 내게 주신 비전과 그 실현을 위하여
내가 축적한 지혜를 전수받는 사람이 가장 많은 유산을 받을 것이다.
나의 유산을 받으려면 나와 비전 멘토링의 시간을 갖자."

그리고 일주일에 하루씩 정기적으로 만나 식사하면서 비전 멘토링의 시간을 가지십시오. 그러면서 자녀와 비전 멘티들의 삶의 비전과 고충도 들어주며 그들의 삶의 멘토가 되어 주십시오. 상상해 보십시오. 여러분이 깨닫고 축적한 비전과 지혜와 비법들과 자원을 영성, 지성, 감성, 체력, 관계성의 모든 영역에서 통합적으로 전수해 준다면 우리 자녀들은 시대를 주도할 지도자로 성장할 것입니다. 그런 사람들이 모인 교회는 사회를 하나님 나라로 변화시키며 영향력을 행사할 것입니다. 여러분께 비전 멘토링 방식의 교육을 받은 자녀들도 자신의 자녀에게 일찌감치 비전과 비법을 가르칠 것이며 삶을 나누는 이러한 교육 방식은 놀라운 미래를 선사할 것입니다.

우리는 유대인들 보다 더 완벽한 비전 멘토링으로 더 귀한 열매를 맺을 수 있습니다.

이유는 우리에게 유대인들에게는 없는 예수님과 성령, 성령의 은사와 열매와 신약 성경이 있고 교회가 있기 때문입니다. 또한 유대인들이 받지 못한 새로운 비전과 그 실현을 위한 경영 자원 그리고 삶 전체를 평가할 다음과 같은 자원들이 있습니다. 그 자원들은 비전 멘토링 시리즈의 책들로 여러분과 자녀와 비전 멘티들의 삶을 완성시켜 줄 것입니다.

청소년, 청장년의 비전 찾기를 위한 『비전의 서』와 『나의 비전의 서 워크북』
비전을 찾고 하나님의 경영법으로 실행하기 위한 『GOD THE CEO, 최고 경영의 신』
하나님의 경영 원리로 매일의 삶을 기획하고 실현하도록 돕는 스케줄러 『비전 라이프』
장년과 노년이 비전의 삶을 평가하며 자녀 비전 멘토링을 위한 『생명의 서』
비전 멘토링의 성경적 근거와 방법을 배우기 위한 『비전 멘토링 바이블』이 있습니다.

1H4B VISIONARY BELIEF | 1H4B 비저너리 신조

나는 성경이 말하는 대로 하나님의 모든 진리와 언약을 믿으며
내게 유업으로 주신 비전 실현을 위하여 동행하시는
하나님의 임재와 풍요로운 공급과 다음을 믿는다.

BEING 신분 | 나는 성경이 말하는 대로 존재한다.

하나님의 자녀, 예수님을 위한 일꾼, 성령님에 의한 의인,
참된 예배자, 강력한 잠재력의 비저너리, 행복한 사명자로
하나님께서 주신 비전 실현을 위하여 존재한다.

HAVING 소유 | 나는 성경이 말하는 대로 소유한다.

하나님께서 주신 비전과 이를 실현하기 위해 필요한
물질적, 육체적, 정신적, 관계적, 영적 자원을 소유하고 있다.

BELONGING 소속 | 나는 성경이 말하는 대로 소속된다.

천국과 영원 그리고 나를 지원하는
삼위일체 하나님과 비전 멘토링 가족들에 속해 있다.

BECOMING 비전 | 나는 성경이 말하는 대로 성장한다.

하나님께서 주신 비전 분야에서 주도적인 전문가로서
예수님 형상의 충만에 이르기까지 성장한다.

BEHAVING 사명 | 나는 성경이 말하는 대로 행동한다.

하나님께서 주신 비전 실현을 사명으로 품고,
내 사명의 분야를 하나님의 나라로 만들기 위해
기도와 감사, 그리고 거룩과 온전함으로 행동한다.

멘토: 1H4B 비저너리 신조는 비전 멘토링 인터내셔널의 저자가 성경의 진실을 비전 멘토링 차원에서 요약한 것으로 하나님과 여러분에 대한 진실을 알려 줍니다.

1H4B VISIONARY BELIEF

I believe what the Bible says I believe

in all God's truth and covenants,
His abiding presence and abundant provision
to fulfil the vision given to me as my inheritance and the following:

BEING | I am what the Bible says I am:
a son (daughter) of God, a servant for Jesus, a saint by the Holy Spirit,
a true worshiper, a full potential visionary, and a happy missionary
to fulfill the God-given vision.

HAVING | I have what the Bible says I have:
the God-given vision, and all the material, the physical, the mental,
the relational and the spiritual resources aligned to realize it.

BELONGING | I belong to what the Bible says I belong to:
Heaven & eternity,
the Holy Trinity and vision mentoring family who support me.

BECOMING | I become what the Bible says I become:
up to the fullness of His image as a leading expert
in my God-given vision field.

BEHAVING | I behave what the Bible says I behave:
holy & wholesomely in prayer and praises to take the God-given vision
as my mission, and to make my mission field, kingdom of God.

멘토: 1H4B 비저너리 신조는 철저하게 성경에 근거하며, 주님께서 우리에게 주신 언약과 우리의 사명에 근거합니다. 이 1H4B비저너리 선언문의 근거와 성경 구절들은 『나의 비전의 서』를 참고 하십시오.

멘토: 이제 아래에 일주일 단위로 행할 요일별 일상 반복 스케줄을 만들어 보십시오. 매주 매일 반복적으로 거룩한 습관을 가지고 영, 혼, 육, 관계를 건강하게 할 스케줄입니다. 이것이 황금알 일상 스케줄인 이유는 결국 일상 스케줄을 영적이고 건전하고 건강하게 유지하여 습관을 만들면 영, 혼, 육, 관계에 있어서 복된 열매를 거둘 수 있기 때문입니다. 결국 인생은 시간 활용으로 결정됩니다. 그래서 단순하면서도 반복적으로 영, 혼, 육, 관계를 위한 일들을 매일 조금씩 하고 그것이 쌓여 선한 열매를 거두십시오.

시간	꼭 할 것	일	월	화
4				
5	따뜻한 물 마시기/ 새벽예배/계획 보고와 기도			
6				
7	아침, 양치 및 걷기			
8				
9	물 마시기			
10				
11				
12	점심, 양치 및 조깅			
1				
2				
3	물 마시기			
4				
5				
6	저녁, 양치 및 조깅			
7				
8				
9	가정예배/중보기도 하루 계획 평가하기/ 내일 계획 세우기			
10	따뜻한 우유/차 마시기 취침			
11				
12				

매일 거룩을 추구하는 건강한 습관은 새벽예배와 QT, 중보기도, 세끼 규칙적인 식사, 약 복용, 양치 후 20-30분 동안 담소하며 파워 워킹, 텃밭 가꾸기, 저녁 가정예배, 오늘의 삶을 돌아보고 내일 계획하기, 중보기도 하기 등입니다. 요일별로 매주 교회 주일 예배와 봉사, 자녀들과 비전 멘토링 대화하기, 비전 분야 연구와 멘티들에게 전수하기, 가족과 친구와 이웃 전도하기, 용돈 확보 겸 사회망 유지를 위해 일하기 등을 계획하십시오.

시간	수	목	금	토
4				
5				
6				
7				
8				
9				
10				
11				
12				
1				
2				
3				
4				
5				
6				
7				
8				
9				
10				
11				
12				

199 비전의 다짐

멘토: 다음은 당신이 비전의 모든 영역을 실현하기 위한 좋은 다짐입니다.

비전 영역	하위 영역	실현할 비전의 다짐
비전적 하나님의 가정	가정비전	• 자녀들이 각자 부여받은 비전의 일로 바빠 나를 자주 찾지 않아도 나는 간절한 중보 기도 속에서 그들과 함께 하겠습니다. • 하지만 매주 __요일 ____-____시까지 식사를 하며 유산을 물려주기 위한 비전 멘토링 시간은 꼭 갖겠습니다. • 모든 자녀와 손주들이 주님을 신실하게 섬기며 주님께서 주신 비전 알고 비전을 실현하는데 사명감을 갖고 목숨을 걸도록 내가 먼저 믿음과 비전의 모범을 보이겠습니다.
비전적 하나님의 직업	직업비전	• 나는 주께서 주신 비전을 실현하기 위하여 남은 생애 동안 내 비전 영역을 하나님 나라로 만들기 위하여 최선을 다할 것입니다. 또한 대를 이어 그 영역을 발전시켜 주님을 영화롭게 하도록 비전 멘티들을 양육하겠습니다. • 하여 천국에 귀국했을 때 하나님 나라로 변한 세상을 주님과 같이 보며 꼭 칭찬을 들을 것입니다.
	물질비전	• 하나님께서 주신 비전의 직업을 통해 얻은 물질을 하나님 나라의 비전과 비전 멘티와 가난한 이웃을 위하여 쓰겠습니다. • 이제는 재물을 하나님 나라를 위하여 쓰겠습니다. 땅의 산해진미로 과식하는 대신 검소하고 건강한 식탁을 선호하며 궁극적으로 주의 성찬과 천국에서 먹을 생명과를 기대하며 살겠습니다. • 이제 여행도 관광지가 아닌 전도지와 선교지를 중심으로 갈 것이고 궁극적으로 천국 여행을 기대하며 기쁨으로 살겠습니다.

비전적 하나님의 형상	영성과 성품 비전	• 지식과 기억은 약해지겠지만 말씀을 묵상하며 땅의 지식이 아니라 천국의 지혜로 충만하겠습니다. • 주님과 동행하며 신의 성품을 닮고 성령과 함께 동행하며 성령의 열매를 맺겠습니다. 하나님의 형상을 완성하고, 이 땅에서 천국을 만들어 하나님 나라가 내 가정과 비전 영역에 임하게 하겠습니다. • 몸의 체취는 더 나빠지겠으나 그리스도의 향기가 넘치게 하고 육신은 약해지겠으나 속사람은 더욱 강건하게 만들어 9988134로 살다가 치매 없이 주님 품에 풍덩 안기겠습니다.
	건강비전	• 먹어도 주를 위해, 운동도 주를 위해 함으로 건강과 아름다움을 유지하고 나의 몸이 성령의 거룩한 전이되게 하겠습니다. • 육체는 천천히 살지만 영혼은 天天히 살아 하루를 살아도 내 주변을 하늘 나라로 만들 것이며 내가 혹시 나 스스로 몸을 가누지 못할 치매나 기타 말기 증상이 임한다면 나는 연명치료를 단호히 거부하고 나의 깨어 있는 모든 영성과 지성과 감성을 모아 가족과 비전 멘티들과 마지막 지혜와 유산 전수를 위하여 불꽃처럼 살 것입니다. 나머지 시간은 가족과 비전 멘티와 교회와 다음 세대를 위하여 목숨 걸고 중보기도 하다가 아버지 품에 기쁘게 가겠습니다. • 나는 말기의 상황에서 편안하게 다가오는 죽음을 일상과 삶의 일부로 인정하고 가족과 대화하며 인생의 의미를 더 깊이 누리다 천국에 귀국하겠습니다.
비전적 하나님의 나라	교회, 사회, 환경 비전	• 주의 몸 되시고 천국의 지상 지방정부인 교회를 예배뿐 아니라 전도, 구제, 양육하는데 힘쓰고 헌신과 헌금으로 섬기겠습니다. • 교회의 머리 되신 예수님의 뜻에 따라 내게 허락하신 비전 영역에서 사회, 국가, 환경을 하나님 나라로 만들어 하나님을 영화롭게 하도록 하겠습니다. • 내가 천국에 가서 하나님 보좌 앞에 섰을 때 이 모두로 인하여 감사와 영광을 돌리며 주의 사랑에 감격하며 눈물로 찬양할 것입니다. 그리고 영원히 웃을 것입니다.

멘토: 드디어 당신의 여행이 특별 자서전과 함께 완성되었습니다. 이 자서전은 크게 두 가지 목적이 있었습니다. 첫째는 후손에게 지혜와 유산을 전수하는 것이고, 둘째는 여러분이 천국으로 귀국하기 위하여 두루마기를 빨고 이로써 천국의 두루마리를 고치는 것입니다.

천국 갈 날이 어제보다 하루 더 가까워진 오늘
지혜를 정돈하였으니 자녀들에게 최고의 유산을 남길 준비가 되었습니다.
이제 여러분의 사명이 완수되고 천국에 기쁨으로 귀국하게 될 것입니다.

요한계시록에 나오는 3가지 화에 기록된 것처럼 종말적 시대와 자연 환경이 인간을 죽음으로 내 몰고 있습니다. 지진, 기근, 홍수, 괴질과 일사병과 산불, 강과 바다의 오염, 동식물의 멸종으로 먹거리가 위협받고 있습니다. 공산주의와 이슬람이 발톱을 드러내며 세계 정치, 경제가 양극화되고 정치도 극한 대립을 합니다. 인간이 AI 인공로봇을 만들어 창조자의 자리에 서고 무신론적 사고들이 모든 학문과 문화 영역과 우리 자녀들과 교회에 파고 들어 배교를 부추기고 있습니다.

이런 상황에 여러분이 소중히 받은 믿음의 유산, 비전의 유산, 지혜의 유산을 자녀와 비전 멘티에게 전수하여 그들이 시대를 성공적으로 주도해 나가게 해야 합니다.

진정한 성공은 세상적 큰 명예나 건물이나 돈에 있지 않고
하나님께서 주신 비전 실현을 사명으로 삼고 목숨을 걸고 완성하는 것에 있습니다.

세상에서 아무리 큰 돈을 벌고, 큰 명예를 가지더라도
주님께서 주신 비전을 실현하지 못했다면 그것은 아주 작은 성취일 뿐입니다.

세상에서 발버둥치며 모은 모든 것은
"이긴 자"가 천국에서 받을 상급 하나에도 비교 되지 않는 하찮은 것입니다.

진정한 성공은 내게 부여된 비전을 나만 실현할 뿐 아니라 그 과정에서
나에게 맡겨진 자녀와 멘티 제자들이 나보다 더 큰 일을 감당하도록
나의 모든 것을 아낌없이 전수해 줄 때입니다.

십자가를 통한 비전을 품으셨던 예수님께서 십자가 사명을 성공적으로 감당하신 뒤
대를 이어 구원의 비전을 실현할 제자들에게 모든 유산을 나누어 주셨던 것처럼

예수님의 뒤를 이어 하나님께서 주신 비전을 성공적으로 실현해 드릴 여러분을 축복합니다.

1. [축하] 위대한 일을 완성하셨습니다. 여러분은 지혜 전수와 영원 준비를 위한 세계에서 유일무이한 특별한 자서전을 완성하였습니다. 역사 이래 이런 일을 한 사람은 많지 않습니다.

2. [기도와 형통] 자녀들에게 줄 최고의 유산의 첫째는 하나님을 믿는 믿음을 전수하는 것이고, 둘째 단계는 하나님께서 각자와 가정에 주신 비전을 알게하고 전수하는 것이며, 셋째 단계는 그들을 위하여 기도의 대접을 채워주는 것입니다. 그렇게 부모가 믿음으로 의롭고 사랑이 있는 삶을 사시고, 자녀를 위한 기도가 쌓인 자녀들이 비전의 일에 집중할 때 그 자녀들은 형통할 것입니다.

3. [계획 실행 모임] 7권에서 세운 실행 계획을 실천하기 위하여 『생명의 서』를 완성한 분들과 함께 정기적으로 모여 서로 응원하며 지원하십시오. 7권에서 세운 [비전 실현 계획]의 실현 과정을 [내 인생의 연대기: 61-100세까지]의 빈 칸에 지속적으로 기록하여 채워 넣으십시오.

4. [출판] 자녀들과 손주들, 멘티들과 다음 세대 젊은이들에게 여러분이 완성한 이 책을 출판하여 선물하십시오. 책 뒤에 있는 출판사로 연락주시면 모든 절차를 도와드리겠습니다. 이 책에 다 넣지 못한 다른 내용도 첨가하실 수도 있을 것입니다. 여러분들께서 쓰신 내용을 자녀들의 언어로 번역하여 넣어 드릴 수도 있을 것입니다.

5. [믿음과 비전 전수] 이 책을 완성하시고 감사와 감격이 있는 이 시점이 자녀에게 비전 멘토링을 시작할 수 있는 최적기입니다. 이 책에 기록한 지혜를 다 전수하여 그들이 자신의 비전 분야에서 시대를 주도하게 해주십시오. 이 책에 기록되어 있고 당신이 기록하신 각 단원을 자녀들과 편안하게 나누면서 식사도 하시고 기도도 하시는 시간을 가지시면서 각별한 시간을 가지십시오.

6. [자녀들의 생명의 서] 자녀들도 자신들의 『생명의 서』를 최대한 빨리 기록하도록 해 주십시오. 이 책을 언제 접하고 인생을 죽음과 천국을 포함하여 종합적으로 보느냐에 따라 인생을 보는 관점과 깊이가 달라질 것입니다. 또한 자녀들이 그들의 자녀들에게 비전 멘토링 방식의 교육을 어린 시절부터 시킬 수 있도록 해 주십시오. 그렇게 하신다면 명품 가정과 가문이 될 것입니다.

7. [기도와 교회의 부흥] 인생을 가장 효율적으로 완성하고, 다음 세대인 자녀와 멘티를 축복하고, 다음 세계인 천국에서 복된 삶을 누리가 위한 가장 효과적인 것은 기도입니다. 소일거리를 할 시간에 성전에서 기도하였던 안나와 시므온 같이 천국에 있는 기도의 대접을 채우는 삶을 사는 것은 참 지혜입니다. 그들은 그렇게 평생을 살다가 주님을 눈으로 뵈었습니다. 이것을 위하여 집과 교회에서 함께 기도와 부흥의 불쏘시개가 되십시오.

혼자 타는 것보다 함께 불타면 횃불과 등대가 되고 더 모여 불타면 별이 될 것입니다.

에필로그 EPILOGUE

이 또한 완성되리라

멘토: 다음 성경 구절은 당신이 자녀들에게 진심으로 하고 싶은 말씀일 것입니다. 이 말씀과 더불어 마지막으로 자녀들에게 남기고 싶은 말씀을 아래에 기록하여 주십시오.

내가 너희에게 분부한 모든 것을 가르쳐 지키게 하라 볼지어다
내가 세상 끝날까지 너희와 항상 함께 있으리라 하시니라. | 마태복음28:20

거룩하게 입맞춤으로 모든 형제에게 문안하라
내가 주를 힘입어 너희를 명하노니 모든 형제에게 이 편지를 읽어 주라
우리 주 예수 그리스도의 은혜가 너희에게 있을지어다. | 데살로니가전서 5:26-28

그러므로 사랑하는 자들아
너희가 이것을 미리 알았은즉 무법한 자들의 미혹에 이끌려 너희가 굳센 데서 떨어질까 삼가라
오직 우리 주 곧 구주 예수 그리스도의 은혜와 그를 아는 지식에서 자라 가라
영광이 이제와 영원한 날까지 그에게 있을지어다. | 베드로후서 3:17-18

능히 너희를 보호하사 거침이 없게 하시고 너희로 그 영광 앞에 흠이 없이 기쁨으로 서게 하실
이 곧 우리 구주 홀로 하나이신 하나님께 우리 주 예수 그리스도로 말미암아
영광과 위엄과 권력과 권세가 영원 전부터 이제와 영원토록 있을지어다 아멘 | 유다서 1:24-25

_____

_____

_____

_____

_____

마지막 말
—
자신에게

멘토: 다음은 자신의 비전과 사명의 삶을 완성하려고 다짐하는 사도 바울의 마지막 다짐입니다. 이 다짐이 당신의 고백이 되어 바울 사도이 완성하려 했던 것들을 완성한다면 바울 사도가 받은 상급을 받으며 영원한 삶을 누릴 것입니다. 바울 사도의 말씀 아래에 여러분이 책을 완성하며 느낀 점과 미래에 대한 다짐을 써 보십시오.

내가 이미 얻었다 함도 아니요 온전히 이루었다 함도 아니라
오직 내가 그리스도 예수께 잡힌 바 된 그것을 잡으려고 달려가노라

형제들아, 나는 아직 내가 잡은 줄로 여기지 아니하고
오직 한 일 즉 뒤에 있는 것은 잊어버리고 앞에 있는 것을 잡으려고
푯대를 향하여 그리스도 예수 안에서
하나님이 위에서 부르신 부름의 상을 위하여 달려가노라. | 빌립보서 3:12-14

내가 달려갈 길과 주 예수께 받은 사명
곧 하나님의 은혜의 복음을 증언하는 일을 마치려 함에는
나의 생명조차 조금도 귀한 것으로 여기지 아니하노라. | 사도행전 20:24

전제와 같이 내가 벌써 부어지고 나의 떠날 시각이 가까웠도다
나는 선한 싸움을 싸우고 나의 달려갈 길을 마치고 믿음을 지켰으니
이제 후로는 나를 위하여 의의 면류관이 예비되었으므로
주 곧 의로우신 재판장이 그 날에 내게 주실 것이며
내게만 아니라 주의 나타나심을 사모하는 모든 자에게도니라. | 디모데후서 4:6-8

마지막 말

하나님께

멘토: 다음은 시편의 마지막 장 내용과 성경의 마지막 책 요한계시록의 마지막 장 내용입니다. 이 책을 마치며 하나님께 드리는 여러분의 감사와 찬양의 글과 주님께 대한 기대와 기도를 써 보십시오.

할렐루야
그의 성소에서 하나님을 찬양하며 그의 권능의 궁창에서 그를 찬양할지어다
그의 능하신 행동을 찬양하며 그의 지극히 위대하심을 따라 찬양할지어다
호흡이 있는 자마다 여호와를 찬양할지어다 할렐루야.
| 시편 150:1, 2, 6

또 그가 수정같이 맑은 생명수의 강을 내게 보이니
하나님과 및 어린양의 보좌로부터 나와서
길 가운데로 흐르더라 강 좌우에 생명나무가 있어
열두 가지 열매를 맺되 달마다 그 열매를 맺고
그 나무 잎사귀들은 만국을 치료하기 위하여 있더라. | 요한계시록 22:1-2

자기 두루마기를 빠는 자들은 복이 있으니
이는 그들이 생명나무에 나아가며 문들을 통하여 성에 들어갈 권세를 받으려 함이로다.
| 요한계시록22:14

이것들을 증언하신 이가 이르시되
내가 진실로 속히 오리라 하시거늘
아멘 주 예수여 오시옵소서
주 예수의 은혜가 모든 자들에게 있을지어다 아멘. | 요한계시록 22:20-21

_____

_____

_____

_____

이 또한 완성되리라

dr. shalom

1
다윗에게
솔로몬이 말하기를

고통의 시간도
기쁨의 시간도

건강한 육체도
타락한 육지도

지나가리라.
이 또한 지나가리라.

슬픈 자를 기쁘게
기쁜 자를 슬프게

하여 비우게
하여 배우게

그렇게 감정은 잠시
그렇게 흥분도 잠시

그렇게 탐욕 속에
분열 속에

기대한
모든 것들의 모두가 지나갔나니.

지나가리라.
이 또한 지나가리라.

2
그대에게
샬롬이 말하기를

고독의 시간도
기도의 시간도

고귀한 비전도
절실한 미션도

완성되리라.
이 또한 완성되리라.

슬픈 자를 기쁘게
기쁜 자를 미쁘게

하여 성실하게
하여 성취하게

그러한 감사는 영원
그러한 환희도 영원

그렇게 믿음 속에
비전 속에

기도한
모두의 모든 것들이 완성되었나니.

완성되리라.
이 또한 완성되리라.

THIS TOO SHALL COME TO PASS

dr. shalom

1

To David
Solomon said

The time of pain,
The time of pleasure,

The healthy body,
The hellish earth

Shall pass away,
Surely pass away

To make the sad to be happy,
The haughty to be humble

So that one can empty his pride,
So that one can learn his ride

Of life that emotion is temporal,
All the excitement is transitory.

Thus, everything of everybody,
all the expectations

and divisions in greed
Passed away.

This too shall pass,
Surely pass away.

2

To thee
Shalom says

The time of solitude,
The time of supplication,

The precious vision,
The prayerful mission

Shall come to pass,
Surely come to pass.

To make the sad to be happy,
The happy to be faithful

So that one can be sincere,
So that one can be successful.

Then, tearful thankfulness is eternal,
The Joyful jubilation is everlasting.

Thus, everything of everybody,
all the prayers

and visions in creed
Came to pass.

This too shall come to pass,
Surely come to pass.

1 성어거스틴. 성어거스틴의 고백록. 대한기독교서회, 2003.

2 이청준. 벌레이야기. 문학과 지성, 2013.

3 김기성. "'도시락값 12만원 첫 월급으로 갚습니다.'" 한겨레, n.d.
  https://www.hani.co.kr/arti/society/society_general/129069.html.

4 JONATHAN GOFORTH, D.D. "WHEN THE SPIRIT'S FIRE SWEPT KOREA." The GOSPEL TRUTH, n.d.
  https://www.gospeltruth.net/koreafire.htm.

5 장구슬. "중국집 문닫은 2년뒤 온 봉투…"죄송, 짬뽕 2개로 기억합니다"." THE JOONGANG, August 3, 2022.
  https://www.joongang.co.kr/article/25091705#home.

6 이훈구. 성령의 불이 한국을 휩쓸었을 때. 백합미디어, 2002

7 샬롬 김. 크로스 코드. 비전출판사, 2008

8 David W. Augsburger . Helping People Forgive. Westminster John Knox Press, 1996. 121-122

9 샬롬 김. GOD THE CEO 최고 경영의 신. 비전멘토링코리아 2022

10 참고로 이회장님의 24가지 질문을 박희봉 가톨릭대 신부는 정의채 (몬시뇰)교수에게 드렸고 정교수가
  간직하고 있다가 그의 제자 차동엽 신부에게 주었답니다. 차 신부께서 24년 만에 [잊혀진 질문]이라는
  책으로 답하였습니다. 다음은 온라인에서 확인할 수 있는 자료입니다.

  [j Story] 인간 이병철 "신이 있다면 자신의 존재 왜 드러내지 않나" 2011.12.17
  https://www.joongang.co.kr/article/6916929#home

  성경적으로 한 답을 보실 수 있는 곳입니다.
  http://www.seonjija.net/new/board_lusy58/3450

  그리고 이 질문들에 대하여 이어령 박사께서 답을 하신 것이 책으로 출판되었습니다.
  메멘토 모리 (이어령저 김태완 편. 열림원, 2022년 1월 24일)
  이어령 박사님께서는 이 책을 출판하시고 한달 후 2월 26일에 소천하십니다.

11 김현아. 죽음을 배우는 시간. 창비, 2020. 98

12 김현아 8-9

13 김현아 99

14 이근후. "삶의 마지막에 후회하는 3가지," October 23, 2020.
  https://www.youtube.com/watch?v=RJ0Yzbgf7PI.

15 브로니 웨어. 내가 원하는 삶을 살았더라면. 피플트리, 2014.

16 카렌 와이어트. 일주일이 남았다면 . 예문, 2012.

17 오츠 슈이치. 죽을 때 후회하는 스물다섯 가지. 예문, 2012.

18 스티븐 코비. 성공하는 사람들의 7가지 습관. 김영사, 1989.

19 셰리 케이건. 죽음이란 무엇인가. 엘도라도, 2012.

20 샬롬김. 크로스 코드. 비전북하우스, 2008.

21 Juebin Huang, MD, PhD. "섬망 및 치매 개요." MSD 매뉴얼, March 8, 2021.
   https://www.msdmanuals.com/ko-kr/홈/뇌,-척수,-신경-장애/섬망-및-치매/섬망-및-치매-개요

22 김경남 외 5명. "한국어판 간호 섬망 선별 도구 개발 및 검증." 대한간호학회지 42, no. 3 (2012).
   https://www.koreascience.or.kr/article/JAKO201223052003925.pdf

23 박상은. "'웰다잉, 어떻게 죽음을 준비할까.'" C채널방송, June 27, 2022.
   https://www.youtube.com/watch?v=sTNGikAmbTw.

24 STATISTA. "Average Number of Daily Deaths in the United States among the Leading Causes of Death from March 2020 to September 2022," 2022.
   https://www.statista.com/statistics/1254560/leading-causes-of-death-in-the-us-average-number-daily/.

25 *https://www.who.int/news-room/fact-sheets/detail/the-top-10-causes-of death#:~:text=The%20top%20global%20causes%20of,birth%20asphyxia%20and%20birth%20trauma%2C*

26 Wikipedia contributors, "List of countries by life expectancy," Wikipedia, The Free Encyclopedia,
   https://en.wikipedia.org/w/index.php?title=List_of_countries_by_life_expectancy&oldid=1131295162

27 위키백과 기여자, "최장수인," 위키백과,
   https://ko.wikipedia.org/w/index.php?title=%EC%B5%9C%EC%9E%A5%EC%88%98%EC%9D%B8&oldid=33186833

28 심재율. "인간수명 150년'에 내기 걸었다." THE SCIENCE TIMES, October 28, 2016.
   https://www.sciencetimes.co.kr/news/인간수명-150년'에-내기-걸었다/.

29 FUNERAL NEWS. "집에서 최후를 '홈 호스피스,'" December 20, 2012.
   https://ending.co.kr/346.

30 김태연. "한국인, 임종 맞기원하는 장소는 '내 집.'" 라이프, December 19, 2014.
   http://mbiz.heraldcorp.com/view.php?ud=20141219000292.

31 서영아. '나이 드는게 두렵지 않은' 노후 삶의 터전은…어디서 누구와 늙어갈까[서영아의 100세 카페]
   November 5, 2022
   https://www.donga.com/news/Society/article/all/20221105/116331382/1?ref=main

32 Patrick Schumacher & Leigh Wedenoja. 'Home or Hospital: What Place of Death Can Tell Us about COVID-19 and Public Health.'
   https://rockinst.org/blog/home-or-hospital-what-place-of-death-can-tell-us-about-covid-19-and-public health/#:~:text=Death%20certificates%20document%20and%20categorize,cause%20or%20causes%20of%20death.
   2022년 6월 2일

33 데이비드 재럿. 이만하면 괜찮은 죽음: 33가지 죽음 수업. 월북, 2020.

34 김현아, 329-337

35 안효정. '수많은 죽음을 목격하면서 깨닫게 된 행복의 비밀.' 2022년 7월 10일,
   https//www.youtube.com/watch?v=fAwtLxPWPZ

36 황인철외 5명. 말기암환자에서 임박사건 간 48시간 임종예측도 비교.
   한국 호스피스 완화의료학회지 제14권 제 1호 2011, 28-33

37 삼성서울병원 암교육센터. "암환자의 일상생활," n.d.
   *http://www.samsunghospital.com/dept/medical/healthSub01View.do?content_id=537&cPage=2&DP_*
   CODE=CIC&MENU_ID=004027017&ds_code=D0002817&main_content_id=450.

38 국립연명의료관리기관. "동영상으로 보는 사전연명의료의향서," n.d.
   https://www.lst.go.kr/addt/video.do.

39 엘리자베스 퀴블러 로스. 죽음과 죽어감 On Death and Dying. 청미, 1969.

40 로스. 사후생: 죽음 이후의 삶의 이야기 On Life After Death. 대화문화아카데미, 1991.

41 위키백과 기여자, "임사체험," 위키백과, ko.wikipedia.org/wiki/임사_체험

42 Jean Darnall. Heaven, Here I Come. Marshall Morgan & Scott, 1974.

43 이안 머레이. 로이드 존스 평전 3. 부흥과 개혁사, 2010. 529-530.

44 유진 오켈리. 인생이 내게 준 선물: 다가오는 나의 죽음이 어떻게 나의 삶을 변화시켰는가. 꽃삽, 2006.

45 랜디 포시. 마지막 강의 The Last Lecture. 살림, 2008.

46 김지수, 이어령. 이어령의 마지막 수업. 열림원, 2021.

47 ccrt forever. "엔딩노트 편집," October 25, 2019.
   https://www.youtube.com/watch?v=GtLI43RfQOI&t=163s.

48 최금옥. 그것은 찬란한 고난이었다: 코마병동 13년 하나님과의 대화. 비전멘토링코리아, 2020.

DongshinChurch. "최금옥 권사 간증(1) '그것은 찬란한 고난이었다,'" December 26, 2020.
   https://www.youtube.com/watch?v=ZMPe-ye0HhQ.

49 송길원, 죽음의 탄생: 장례혁명을 꿈꾸다. 하이패밀리, 2021.

50 청란교회. "장례지침," March 1, 2019.
   http://www.chungran.org/skin/page/about06.html.

51 Ken Breniman, LCSW, C-IAYT. "배우자와의 사별에 대처하는 방법." wikiHow, n.d.
   https://ko.wikihow.com배우자와의-사별에-대처하는-방법

[52] 김준수. "고문경찰 미워말라" 유언…강종근 목사를 아시나요?. 2017년 8월 15일.
   http://www.goodnews1.com/news/articleView.html?idxno=76004

[53] 킴스제이. "주기철 목사님의 마지막 설교 '다섯 가지(제목)의 나의 기도문,'" August 11, 2018.
   https://followjesus.tistory.com/241.

[54] "한경직 목사의 유언," n.d.
   http://sjoyfulchurch.com/core/anyboard/content.html?Mode=view&boardID=www39&num=1049.

[55] 박명수 목사의 유언,
   https://m.blog.naver.com/PostView.naver?isHttpsRedirect=true&blogId=gulsame&logNo=50029037415

[56] 배소일. "그대가 노인이면 지켜야 할 12가지." 시니어일보, October 21, 2020.
   http://www.seniormaeil.com/news/articleView.html?idxno=24950.

[57] 위키백과. "대한민국의 상속법," July 23, 2022.
   http://www.seniormaeil.com/news/articleView.html?idxno=24950.

[58] 정철환. "유럽 최악 가뭄… 프랑스 100개 도시 수돗물 끊겨." 조선일보, August 8, 2022.
   https://www.chosun.com/international/international_general/2022/08/08/XGYOPBZJHBBEJGOWPACLI7XDTI/.

저자 샬롬 김은 미국에서 닥터 샬롬 Dr. Shalom으로 알려져있는 학자겸 교육자, 교육 행정가, 비전 멘토이다.

오랫동안 대학에서 학생들을 가르치면서 교육 효과를 높이는 방법을 연구했고, 대학생들의 비전을 찾는 것의 중요성을 발견했다. 그리고 이 비전은 남녀노소 모두에게 중요하게 적용하여야 함을 파악했다.

그는 한남대학교에서 영어영문학 학사를 받은 후, 국제 로타리 클럽 장학생으로 미국에 유학하여, 알라스카 주립대 Fairbanks에서 창작, 문학 비평과 연극 연출을 공부하였고, 남가주에 있는 Fuller 신학대학원에서 가정과 목회 상담학으로 석사를, 그리고 인성, 문화, 신학으로 통합하는 연구로 철학박사 학위를 받았다.

전체적인 삶의 성숙도와 만족도를 측정하는 샬롬 지수 (SQ)의 개발자이며, 미국 개혁 장로교 CRC 교단 가입자들의 정신 감정사로도 섬기고 있다.

세계적인 베스트셀러, 제자입니까의 저자 후안 카를로스 오르티즈 박사의 친구로 미래의 기독교에 대하여 많은 대화를 나누었다. 보다 본질적이고 궁극적인 제자 훈련 시스템으로 비전 멘토링을 개발하고 시행하며 비전을 찾아주고, 멘토링을 통하여 효과적으로 실행하도록 돕고있다.

LA에 있는 미주복음방송국 www.kgbc.com (http://www.kgbc.com/web/home/ch/396)의 컬럼리스트이며, 현재는 한남 대학교에서도 대학생들에게 비전을 찾고 실현 전략을 세우는 강의를 했다.

대표 저서로는 비전의 서, 나의 비전의 서, GOD THE CEO 최고경영의 신, 시편형식의 큐티 출애굽기, 비전 라이프, 크로스 코드, 크로스 시크릿, Human Suffering & Divine Shalom 등이 있다.

연락처 | 웹사이트 www.visionmentoring.org | 이메일 e.vision.mentor@gmail.com
방송 칼럼 | http://www.kgbc.com/web/home/ch/396

비전의 서: 비전있어?

비전의 정의, 비전과 사명의 차이, 성경적 비전과 세상적 비전의 차이를 알며 과거와 현재 그리고 다가올 미래의 모습을 파악하고 시대를 주도 할 비전을 알게 하는 책.

나의 비전의 서: i.A.D.D.R.E.S.S. M.A.P.S. 비전찾기 워크북

하나님께서 주신 개인적인 비전과 정체성을 찾는 책
i.A.D.D.R.E.S.S. M.A.P.S.© 이론에 근거하고 뇌과학, 심리기질, 적성, 지능, 인생주기, 역사주기, 섭리주기등을 망라하여 주도적인 비전을 개인화하는 방법을 알려주는 종합적인 책

GOD THE CEO 최고경영의 신

창세기 1장은 믿어야 할 것이지 이해할 것이 아니다라는 말은 많은 이들에게 성경을 믿지못할 것으로 만든 말입니다. 창조의 7일은 효율적 패턴을 가지고 전개 됩니다. 효율적 패턴엔 경영 원리가 있습니다. 피터 드러커의 경영이론은 성경적 가치를 근거하는데 GOD THE CEO는 그의 이론 보다 더 포괄적인 성경의 경영이론을 소개합니다. 하나님의 경영원리로 창조도 합리적으로 이해하고, 삶의 프로젝트들도 효율적으로 경영하십시오.

비전 라이프: 비전멘토링 스케줄북

비전 멘토링의 이론에 근거하여 궁극적, 장기, 중기, 단기적 비전에 근거한 삶을 전략화하고 실천하도록 특수 고안된 스케줄 북이 노트와 함께하면 모든 순간은 미래를 위한 투자가되고, 최고의 열매를 거두게 된다.

시편형식의 큐티 출애굽기: 위대한 일을 시작하는 사람을 위하여

출애굽기 각장을 묵상하고 받은 영감을 현대어로 시편과 같이 기록한 최초의 책. 각장에 담긴 기독교 복음의 비밀이 창세기, 복음서요한 계시록에 이르기까지 대칭적 의미를 밝히고 노예에서 어떻게 예배자로 서는지를 밝히는 책
비전의 일을 시작하는 사람들이 읽어야할 책!

생명의서 지혜를 전수하며 영원을 준비하는 **특별 자서전 쓰기**

초판1쇄 발행 | 2023

지 은 이 | 샬롬 김
펴 낸 이 | 샬롬 김
디 자 인 | 주은미
펴 낸 곳 | 비전 멘토링 코리아
주   소 | 대전광역시 유성구 계룡로 60번길 86, 101호
전   화 | 010-7926-3425 (한국) | 213-926-3425 (미국)
출판등록 | 2019-000018 (2019. 6.24)

공 급 처 | 솔라피데 출판유통
전   화 | 031-992-8691
팩   스 | 031-955-4433
정   가 | 20,000 원

ISBN | 979-11-967443-5-9
Printed in Korea